KB058671

삼국유사

삼국유사

현실과 환상이 만나고
다투다가 하나 되는 무대

일연 지음 | 서철원 번역·해설

arte

차례

1편   기이, 정치 현실과 신성한 환상(상)

2편   기이, 정치 현실과 신성한 환상 (하)

5편　의해, 불교의 뜻

9편 효선, 효도와 선행의 실천

일러두기

1. 이 책의 번역은 『삼국유사』 규장각 소장본을 바탕으로 하되, 국사편찬위원회 한국사데이터베이스(https://db.history.go.kr)의 삼국유사 교감도 참고하였다.

2. 삼국유사는 여러 이야기의 모음집이므로, 순서대로 읽는 것도 좋겠지만 초심자의 경우 아무 곳이나 흥미로운 부분부터 띄엄띄엄 읽어나가는 방법도 권장한다. 뒤의 내용을 알면 앞의 내용을 더 빨리 이해할 수도 있다.

3. 여기서는 정확한 번역보다는 잘 읽히는 번역을 추구하였다. 이를 위해 관직이나 불교 경전의 이름 등은 그 역할과 의미만 드러나도록 축약하였으며, 연도와 지명, 도량형 등은 가능한 한 서기西紀, 현대 행정구역, 미터법 등으로 바꾸었다. 이 과정에서 기존 번역서와 연구 성과를 두루 활용하였다.

4. 원문에서 생략한 주어와 목적어를 비롯한 문장 성분과 누락된 정보 등을 고딕체로 되살렸다. 한자로 된 고유어 표현도 대강 이해할 수 있도록 풀이하여 고딕체로 덧붙였다.

5. 각각의 이야기 제목도 내용 이해를 돕도록 번역하였다.

6. 한자는 중요한 고유명사에만 병기했으며, 앞서 나왔던 경우에는 생략하기도 했다.

7. 향가는 김완진, 『향가해독법연구』(1980)를 바탕으로 현대어로 의역했다.

8. 다른 부분과 성격이 다른, 표로 된 왕력편은 이번 번역에서 제외하였다.

『삼국유사』 제목과 그 뜻

『삼국유사』라는 제목에서 '유사'는 빠뜨린 일, 남겨둔 일 혹은 버려진 일 등으로 풀이할 수 있다. 그렇다면 어째서 빠뜨린 일들을 애써 모은 것일까? 바로 나라에서 펴낸 역사책인 김부식의 『삼국사기』를 나름대로 의식한 표현이다.

이 때문에 『삼국유사』는 여러모로 『삼국사기』와 비교되곤 하였다. 이를테면 『삼국사기』가 왕권의 강약과 귀족 세력의 부침에 따른 정치사를 바탕으로 서술되었다면, 『삼국유사』는 불교와 고유 신앙의 대립과 화해, 향가를 비롯한 문학과 미술 작품, 건축물의 조성 등 종교를 중심으로 한 문화사의 영역을 해명하고 있다. 이에 따라 『삼국사기』가 본기와 열전에 수록된 현실 세계의 역사를 지향하는 것과는 대조적으로, 『삼국유사』는 기이편과 감통편을 비롯한 여러 대목에서 비현실적인 존재들을 만나고 체험하는 과정에 관심을 기울여 왔다.

　책의 체제를 놓고 보면 『삼국사기』는 일종의 사전에 가까운 책이지만, 『삼국유사』는 짤막한 이야기들을 모아놓은 모음집에 가깝다. 따라서 우리가 『삼국사기』를 읽을 때면 통독을 하고 나서 필요한 내용을 간추리거나, 검색을 통해 선별해서 읽게 된다. 그러나 『삼국유사』를 읽을 때는 꼭 그렇게 뚜렷한 목적을 지니고 읽을 필요 없이, 아무 곳이나 펼쳐 읽고 이해가 되지 않으면 그런대로 다른 곳을 읽더라도 무방하다. 목적 없는 자유로운 읽기야말로 빠뜨린, 남겨둔, 버려진[遺] 일을 부담 없이 대할 수 있는 자세일 것이다.

　여기서 『삼국유사』를 지은이가 왜 『삼국사기』가 빠뜨린 일들을 굳이 정성스레 모았을지 생각해 보자. 그것은 소박하게 말하자면 다양성을 위한 것이었다. 사람마다 눈이 둘인데도 역사를 보는 눈은 하나뿐이라면 얼마나 부자연스러운 일인가? 특히 공식적으로 출간된 역사책에는 등장하지 않았을, 입에서 입으로 전해졌던 특정한 지역과 계층의 목소리는 시간이 흐르면 이내 사라지고 마는 것들이다. 역사를 보는 눈이 여럿이라면 역적이 민중 영웅이 되는가 하면, 악녀가 여성의 입장을 항변한 입체적 인물이 되기도 한다. 『삼국유사』 자체가 그런 혁신적인 생각의 산물이라 할 수는 없어도, 공식적인 사관의 평만이 유일한 역사의 눈이 되는 것을 경계하기에는 충분하다.

　『삼국유사』는 역사 이해의 다양성뿐만 아니라, 세상을 바라보는 다양성을 마련해 주려고도 한다. 좀 낭만적으로 말하자면 '사람의 세상만이 유일하지 않다.', '사람이 세상의 유일한 주인공은 아니다.'라는 관점을 취하고 있다. 『삼국유사』에는 다른 세상에서 온 귀신도 나오고, 도깨비도 나온다. 그러나 그들은 사람을 죽이거나 괴롭히는 괴수가 아니다. 사람을 위해 다리를 놓아주기도 하고, 다른 세상을 오가는 수고를 마다하지 않는 우리 이웃들이었다. 그래서 사람들은 귀신과 도깨비에게 벼슬도 주고 혼인도 시켜서 어울려 살았다. 어떤 연구에서는 처용處容을 비롯한 이런 존재들 가운데 일부를 외국인으로 보기도 한다. 그렇다면 『삼국유사』의 세상은 다문화사회이다. 외국인에 대한 편견이 없을 뿐만 아니라, 다른 세상에서 온 존재들까지도 넉넉한 인심으로 대했다. 이러한 '감통'이야말로 오늘날에도 유효한 고전의 가치가 아닐까?

그리하여 『삼국유사』는 모든 것을 인연의 얽힘으로 생각하고, 인연의 원인과 결과가 맞물린 서사를 무엇보다 소중하게 대하고 있다. 이것은 『삼국유사』를 지은이가 불교에 속해서이기도 하겠다. 그렇지만 우리가 유념할 점은 무엇이 세상을 만들어가는가의 문제이다. 물론 제왕과 귀족들의 정치권력, 국가의 흥망성쇠는 『삼국사기』와 『삼국유사』가 함께 중시했던 요소이다. 그러나 『삼국유사』는 이름을 남기지 못한 사람들의 만남과 헤어짐이 무수히 모여 만들어가는 세상과 역사에도 관심을 남겨두고 있다. 그래서 이름 모를 월명사의 누이를 추모한 〈제망매가〉가 신라 경덕왕 때의 권력 다툼 못지않은 비중을 지닐 수 있는 것이며, 이 시를 읽으며 추모의 정을 공유한 무수한 사람들의 마음이 〈제망매가〉에 천년이 넘는 생명력을 주었다. 너무 짧은 허망함 때문에 도리어 더 소중한 인연은 『삼국유사』속 이야기의 중심을 이루는 서사이기도 하지만, 이 책 바깥세상에서 살아가는 우리가 매일 겪으며 실감하는 일이기도 하다.

『삼국유사』의 체제는 흔히 왕력편, 기이편과 그 밖의 것들을 모은 나머지를 포함한 셋으로 나눈다. 이 가운데 맨 첫 부분인 왕력편은 연표, 계보에 해당한다고 할 수 있을 텐데, 다른 부분과 성격도 다르고 기이편의 내용과 일치하지 않는 부분도 있어 연구 목적이 아니라면 자주 읽지는 않는다.

기이편은 여느 역사책의 '기紀', 그러니까 '본기'에 해당할 부분으로서 임금과 관련된 이야기가 주로 나온다. 그런데 뒤에 '이異'가 붙어 현실 속의 권력관계 못지않게 환상 속 존재와의 관계도 상당한 비중을 차지하고 있다. 주목할 점은 '이'에 해당하는 존재들도 어느 정도는 현실 권력에 이바지하거나, 현실 권력을 존재 기반으로 삼고 있다는 점이다. 건국 신화의 신비한 요소들은 물론, 통일 직후 신라 신문왕이 용에게서 얻었다는 '만파식적萬波息笛'은 나라를 지키는 새로운 상징물이 되었고, 신라 후기 처용의 가무 활동은 나라가 망하기까지의 과정을 예고하고 경계하는 역할을 맡기도 하였다. 따라서 기이편은 환상 속의 존재들이 현실 세계에 영향력을 행사하는 내용이라 할 텐데, 그들이 음악이나 무용, 음악 등 문화와 예술을 매개로 활동하고 있다는 점을 눈여겨볼 만하다. 요컨대 이들에 대한 환상, 상상은 문화 예술의 사회적 힘을 상징하는 것이며,

그 영향은 후대의 문화 예술에까지 끼치고 있다.

기이편 이후에는 당나라, 송나라의 고승전과도 유사한 제목을 많이 취하고 있다. 이 때문에 『삼국유사』 자체를 일종의 고승전으로 보는 시각도 있었지만, 여기서는 『삼국유사』에 적극적으로 활용된 비 불교적 요소들을 고려하여 그렇게까지는 보지 않겠다. 각 편의 제목은 흥법편, 탑상편, 의해편, 신주편, 감통편, 피은편, 효선편 등으로 되었다.

이 가운데 흥법, 탑상, 의해편은 본격적으로 불교적인 내용이다. 흥법편은 불교의 전래에 관한 이야기, 탑상편은 불교 신앙의 물질적 근거, 의해편은 경전의 전파와 그에 따른 불교 정신의 정착 과정을 주로 보인다. 한편 신주편은 불교와 주술(보기에 따라서는 밀교)이 병행되는 양상을 보여, 불교의 현실적 권능 혹은 다른 유파와의 교섭 양상을 묘사하고 있어, 앞의 셋과는 그 양상이 다소 다르다. 이어지는 감통편은 다른 세상 및 그에 속한 존재들과의 감응과 소통을 주된 내용으로 삼고 있는데, 『삼국유사』 후반부에서 가장 중요하며 널리 알려진 이야기 중 다수가 이에 속한다. 끝으로 피은편을 통해 속세를 벗어난 이들을, 효선편을 통해 속세의 윤리를 실천하는 모습을 대비하고 있다. 마지막 두 편은 속세와의 관계를 어떻게 맺어갈지에 대한 『삼국유사』의 방향을 시사하고 있는데, 은둔과 실천 양쪽을 모두 존중한 것이라 할 수 있다.

이렇게 『삼국유사』는 역사와 세상을 바라보는 눈이 하나가 아닌 여럿이어야 함을 내세우고 있다. 우리는 『삼국유사』를 무대 삼아 불교와 다른 사상 사이의 공존, 정치권력의 현실과 문화예술의 이상세계 사이의 만남, 인간과 인간이 아닌 존재들 사이의 화해를 여러 차례 만날 수 있었다. 그런데 이러한 공존, 만남, 화해의 무대가 어디 고대 한국에서만 있어야 할까?

언젠가 단군 신화 이래로 단일민족, 통일된 한 줄기 민족혼 등을 강조한 적도 있었다. 그러나 새로운 한국에 필요한 덕목은, 그 무엇보다도 다양성을 존중하고 개성이 다른 사람들끼리 평화롭게 살아갈 수 있는 근거를 만들어내는 게 아닐까? 남과 다른 '나'가 존중받지 못하는 탓에, 언제부턴가 누구라도 분노와 울분을 품고 하루하루를 버티고 있다. '나'가 존중받지 못하는데, '너'를 인정해서 이들이 '우리'로 어우러질 리도 없다. 그런데 사실은 단일 민족설의 토대가 된 단군 신화를 전해준 『삼국유사』조차도, 불교와 비불교, 정치와 문화예술, 인간과 인간이 아닌 존재들, 말하자면 세상 모든 것들의 공존과 만남, 화해를 거듭거듭 강조해 왔다.

『삼국유사』에 나왔던 이들을 보자. 바다를 넘나들며 문명을 교류했던 석탈해, 허황옥과 연오랑, 세오녀 등은 다문화를, 인간보다 더 인간적인 김현의 아내 호랑이, 살아있는 몸으로 신이 된 욱면 등의 여주인공은 편견을 벗어난 다양한 시각을, 한국의 고유신앙을 포용하며 성장했던 한국불교는 이념과 사상의 다원성을 증거하고 있다. 우리가 미래에 이루려 하는 다문화, 다양성과 다원성을 지닌 새로운 한국은 이미 『삼국유사』를 통해 우리가 한 차례 이미 이루었던 것이었다. 우리가 과거에 한 번 이룬, 그리고 장차 이루어갈 한국문화의 근본을, 이 책을 통해 독자 여러분께서 느끼실 수 있길 간절하게 바란다.

그리고 맨 앞의 일러두기에도 밝혀 두었지만, 이 책은 다른 번역서들처럼 정확한 번역을 앞세우기보다, 일단 잘 읽히는 번역을 추구하였다. 사실 『삼국유사』에는 생략된 문장 성분이나 더 자세히 밝히지 않은 정보의 누락 등이 곳곳에 있으므로, 정확한 번역보다는 주석을 달아 보충 설명을 어떻게 하는지가 더 큰 관건이었다. 그러나 이 책은 주석을 일일이 다는 대신에, 생략되거나 누락된 부분마다 고딕체로 눈에 띄게 표시하여 되살리고, 추가 설명이 꼭 필요할 때는 해설 단락을 곧바로 추가하였다. 그래도 지나치게 복잡하거나, 서로 비교할 필요가 있는 서사 구조는 표로 정리하여 덧붙였다. 또한 연도와 지명, 도량형 등도 가능한 한 현대식 표현으로 바꾸었으며, 원문의 "지금도" 운운하는 표현들도 모두 일연의 시대였던 "고려 후기에는" 등으로 고쳐서 지금이라는 시점 역시 헷갈리지 않게 하였다. 대화 역시 나름 캐릭터마다 성격을 살리는 방향으로 조금씩 말투가 달라지게 하려고 시도했다.

1편
기이, 정치 현실과
신성한 환상
(상)

풀어 말하겠다. 옛 성인은 예악으로 나라를 일으키고 인의로 가르침을 마련했지만, 불가사의한 일은 말하지 않았다. 그러나 제왕이 일어나면 천명에 부응하여 예언을 받으므로, 보통 사람보다 기이한 일이 꼭 있기 마련이다. 기이한 일이 있고 나서야 큰 변화를 타고 임금의 지위를 얻어 대업을 이룰 수 있었다.

그러므로 하도의 상象과 낙서의 수數가 나오자 성인이 나타났다. 무지개가 성모를 둘러싸 3황 중 복희伏羲가 태어났으며, 용이 여등女登과 관계를 맺어 3황 중 신농神農을 낳았다. 황아皇娥가 궁상窮桑의 별판에서 노닐다가, 자칭 서쪽 하늘 임금의 아들이라는 신동과 관계하여 5제 중 소호少昊를 낳았다. 간적簡狄이 알을 삼켜 은나라 시조 설契을 낳았고, 강원姜嫄은 발자국을 밟고 주나라 왕실의 조상 후직后稷을 낳았다. 잉태한 지 14개월 만에야 요 임금은 태어났고, 그 어머니가 용과 큰 연못에서 관계하여 한나라 시조 유방劉邦이 태어났다. 그 이후 일들까지 어찌 다 적으랴? 그런즉 삼국의 시조들이 모두 신이한 데서 나신 것을 괴상하다 할 수 있을까? '기이'편이 다른 편보다 먼저 놓인 까닭은 여기에 있다.

1-1. 고조선(단군왕검)

지금은 사라진 『위서』에 따르면, 2천 년 전에 단군왕검이 있어 아사달에 도읍하였다. 『산해경』에 따르면, 무엽산無葉山 또는 백악白岳이라 하며 백주白州 땅에 있었다. 혹은 개성開城의 동쪽에 있다고도 하는데 당시의 백악궁白岳宮이다.

나라를 세워 '조선朝鮮'이라 했는데, 요 임금과 같은 때였다.

또한 이런 옛 기록도 있었다. 옛날 환인桓因, 불교의 하늘 임금 '제석帝釋'이기도 했던 그분의 여러 아들 중에 환웅桓雄이 하늘 아래 사람 세상에 뜻을 두고 욕심을 냈다. 아버지가 아들의 뜻을 눈치채고 삼위산三危山에서 태백산太伯山까지 굽어보니, 사람들을 널리 이롭게 할 만했다. 그리하여 천부인 3개를 주고는 가서 다스리게 하였다. 환웅은 3천의 무리를 거느리고 지금의 묘향산인 그 태백산 꼭대기 당산나무 아래에 내려왔다. 당산나무가 있었던 곳을 '신시神市', 환웅을 '환웅천왕'이라 불렀다. 바람, 비, 구름의 신과 함께 곡식, 생명, 질병, 형벌과 선악 등의 사람들 사이 360여 가지 일을 맡으면서, 세상에 머물러 다스리고 교화했다.

이때 어떤 곰과 호랑이가 같은 동굴에 살았다. 그들은 사람 되기를 바라고 늘 환웅 신에게 빌었다. 환웅 신은 영험한 쑥 한 심지와 마늘 스무 개를 주며 말했다.

"너희가 이것을 먹으면서 100일간 햇빛을 보지 않아야 사람이 된다."

곰과 호랑이가 얻어서 먹었다. 금기를 지킨 지 21일 만에 곰은 여인의 몸이 되었지만, 호랑이는 그러지 못했다. 곰 여인은 같은 부족 안에서는 혼인할 사람이 없으므로 항상 당산나무 아래에서 잉태하기를 바랐다. 환웅 신이 잠깐 인간의 몸이 되어 혼인하였고, 아들을 낳아 '단군왕검壇君王儉'이라 하였다.

요 임금이 즉위한 지 50년째인 경인년(기원전 2333)에—요 임금 즉위 원년은 무진년이므로, 50년째라면 정사년이지 경인년은 아니다. 아마 사실이 아닐 것이다.—평양성(고려시대의 서경)에 도읍하여 비로소 조선이라 하였다. 나중에 도읍을 백악산 아사달로 옮겼는데, 그곳을 궁홀산弓忽山 또는 방홀산方忽山이나 금미달今彌達이라고도 했다. 나라를 다스린 지 1,500년 만에, 주나라 무왕이 기묘년(기원전 1046)에 즉위하여 기자箕子를 조선 땅의 제후로 삼았다. 그러자 단군은 장당경으로 옮겼다가 훗날 아사달에 돌아와 숨어 산신령이 되었다. 그때 나이가 1,908세였다.

당나라의 역사책 『구당서舊唐書』에 배구裵矩라는 사람이 단 주석에 다음과 같은 내용이 있다.

고구려는 본래 고죽국孤竹國(황해도 해주)으로, 주나라가 기자를 봉했던 조선 땅의 일부였다. 한나라가 이 지역을 현도, 낙랑, 대방 등의 3군으로 나누었다. 이 말은『통전』에도 똑같이 나오지만,『한서』에서는 조선 땅 전체에 진번, 임둔, 낙랑, 현도 등 4군을 두었다고 했던 것과 달리 여기서는 3군이라 했다. 이름도 약간 다른데, 왜 그랬을까?

1-2. 위만조선

『전한서』의「조선전」에 대한 당나라 안사고顔師古(581~645)의 보충 주석에 따르면, 전국시대 연燕나라가 진번眞番과 조선朝鮮을 처음으로 침략하여 정벌하고 관리를 두며 장벽도 쌓았다.

나중에 진秦나라가 연나라를 멸망시키고 이곳을 요동의 외곽에 속하게 했다. 한漢나라가 건국하자 멀어서 지키기 어렵다는 이유로, 요동의 옛 요새를 고쳐 세우고 패수浿水를 경계로 삼아 연나라에 속하게 했다. 안사고에 따르면 이 패수는 낙랑군에 있었다고 한다.

그런데 한 고조 유방 때 연나라 왕 노관盧綰이 배반하고 흉노를 섬기게 되었다. 이때 연나라 사람 위만衛滿은 무리 1천여 명을 거느리고 요새를 나와 동쪽으로 달려 패수를 건너 망명했다. 옛 진나라에 속했던 빈 땅에 자리 잡고 멀고 가까운 곳마다 각각 장벽을 쌓았다. 점차 진번과 조선의 야만인들 그리고 옛 연나라, 제나라의 망명자들을 부리더니, 그들의 왕이 되어 왕검성에 도읍하였다. 『한서』·「조선전」에서 이기李奇는 이 왕검성을 땅이름이라고 했으며, 『사기』·「조선열전」에서 신찬臣瓚은 왕검성이 낙랑군 패수의 동쪽에 있다고도 했다.

위만왕은 이웃의 작은 마을을 군대로 정벌하거나 항복하게 하여, 진번과 임둔 땅 모든 이가 와 복종하므로 그 국토가 사방 수천 리가 되었다. 왕위를 아들에게 전하고 그 손자 우거右渠왕에 이르렀다. 여기서 손자의 이름 우거는 안사고의 주석에 나왔다.

북쪽의 진번眞番과 남쪽의 진국辰國이 글을 올려 한나라의 천자를 뵙고자 했지만, 우거왕이 관문을 막아 통할 수 없었다. 남사고는 여기서 진국을 한반도 남부 전체가 아닌 진한辰韓 지역에 한정하기도 했다.

원봉 2년(기원전 109) 한나라가 섭하涉何를 보내 우거왕을 설득하려 했지만 끝내 듣지 않았다. 섭하는 떠나는 길에 국경인 패수에 다다르자, 마부를 시켜 자신을 모시던 조선왕의 제후 장長을 죽였다. 그리고는 강을 건너 말달려 요새를 거쳐 돌아가 보고했다.

천자는 섭하에게 요동을 다스릴 권한을 내려주었지만, 섭하에게 원한을 품은 조선의 습격을 받고 죽였다. 천자는 해군 대장 양복楊僕에게 5만 군사를 주어 산동반도에서 발해로 출항하게 했고, 좌장군 순체荀彘도 요동에 출병하여 우거왕을 치게 했다. 우거왕은 군사를 모아 험지에서 저항했는데, 산동반도에서 온 양복이 7천 명을 우선 거느리고 왕검성에 먼저 도착했다. 성을 지키던 우거왕은 양복의 군사가 적은 것을 알아채고, 곧장 출격하여 무찔렀다. 양복은 군사를 잃고 산속으로 달아나 겨우 죽음을 면했다. 순체 역시 패수 서쪽에서 조선군을 공격했지만 이길 수 없었다. 천자는 두 장군으로는 이길 수 없겠다고 생각하고, 위산衛山을 보내 군사의 규모로 우거왕을 위협하게 했다. 우거왕이 항복하기로 하고 태자를 보내 말을 바친다는데, 그 무리가 만 명쯤 되고 무장도 했다. 패수를 건널 때 위산과 순체는 혹시 변고가 있을지 의심해서 말했다.

"태자께서는 항복했으니 무기를 지니지 마십시오."

조선의 태자 역시 위산이 자신을 속이는 걸로 의심하여, 패수를 건너지 않고 되돌아갔다. 보고하니 천자가 위산의 목을 베었다.

한편 순체는 패수 상류의 조선군을 꺾고 전진하더니, 왕검성 아래 주둔하여 서북쪽을 에워쌌다. 양복도 왕검성 남쪽을 함께 포위했다. 그래도 우거왕이 굳게 지키니 몇 달이 지나도 함락시킬 수 없었다.

오래도록 결말이 나지 않자 천자는 옛 제남태수 공손수公孫遂에게 조선 정벌을 명하고, 마음껏 권한을 발휘하게 했다. 공손수는 도착하자 양복을 포박하고 그 군사를 합쳐 순체와 함께 속히 조선을 쳤다. 조선의 재상 노인路人과 재상 한도韓陶, 니계尼谿의 재상 삼參과 장군 왕협王唊은 모여서 항복하자고 했지만, 우거왕은 받아들이지 않았다.

한도와 왕협, 노인은 모두 달아나 한나라에 투항했지만, 노인은 도중에 죽었다. 원봉 3년(기원전 108) 여름, 니계의 재상 삼이 사람을 시켜 우거왕을 죽이고 투항했다. 그럼에도 왕검성은 함락되지 않았는데, 우거왕의 대신 성기成己가 저항을 이어갔기 때문이었다. 좌장군 순체는 우거왕의 아들 장長과 노인의 아들 최最에게 그 백성을 설득하게 하고, 계책으로 성기를 죽였다. 마침내 한나라는 조선을 정벌하고 그 땅에 진번, 임둔, 낙랑, 현도 등 4군을 설치했다.

1-3. 마한

『위지魏志』에서 말한다. 위만이 조선을 공격할 때, 조선왕 준準은 궁궐의 여인들과 가까운 부하들만 거느리고 바다를 건넜다. 그리고는 남쪽 한韓 땅에 나라를 세워 마한馬韓이라 했다.

후백제의 견훤왕이 고려 태조에게 보낸 글에서, 예전에 마한이 더 먼저 일어났고 혁거세가 나라를 세웠을 때 백제도 전북 익산[금마산：金馬山]에서 개국했다고 주장했다. 이보다 약간 앞선 9세기에 최치원은 "마한은 고구려, 진한은 신라였다."고 했다.

그런데 『삼국사기』의 「본기」에 따르면 신라가 갑자년(기원전 57)에 먼저 일어났고, 고구려는 나중에 갑신년(기원전 37)에 나라를 세웠다. 마한의 건국이 신라보다 앞섰다거나, 백제가 익산에서 건국했다는 등으로 견훤이 주장했던 근거는 기자 조선의 마지막 임금 준왕이 마한을 세웠기 때문이었다. 최치원의 말을 통해 동명왕이 고구려를 건국할 수 있었던 바탕은, 훗날 마한 땅에 가서 백제를 새우게 될 소서노 세력을 포섭하고 있었던 덕분이라는 점을 알 수 있다. 그러므로 최치원이 고구려에 마한을 포함한 것이다. 고려시대 사람들이 익산 금마산의 이름을 의식하여 마한이 백제가 되었다고도 했는데 잘못된 것이다. 그런 식이라면 차라리 고구려 땅에 마읍산馬邑山이 있어서 마한의 이름을 지니게 되었다고 우길 만도 하다.

해설

마한이 고구려라는 설 같은 주장은 실제 역사적 정황을 반영했다기보다, 삼한의 통일을 삼국의 통일과 동일시하기 위해, 삼한에 고구려를 무리해서 포함하려다 보니 생겨났을 가능성이 크다고 보인다.

그리고 넷 또는 아홉의 동이東夷, 9개의 한韓, 예穢(동예 혹은 부여)와 맥貊(말갈 혹은 고구려) 등의 나라도 있었다. 『주례周禮』에서 직방씨職方氏가 맡았다던 4개의 동이와 9개의 맥은 모두 동이 민족으로 9개의 동이에 포함된다.

『삼국사기』는 말했다. 강원도 강릉은 옛날 예濊나라, 동예였다. 여기서 농부가 밭을 갈다가 '예왕穢王'의 인印을 얻어 바쳤다. 한편 춘천은 옛 우수주牛首州로, 맥貊나라, 말갈이 있었다. 또는 영서 지역이나 평양성이 말갈과 고구려의 근거지였으므로 맥나라 땅이었다고도 부른다.

예왕의 인[濊印] : 진나라가 인정한 예 임금의 인장[晉率善濊伯長銅印](1966 포항, 리움박물관 소장)
〈http://www.atlasnews.co.kr/news/articleView.html?idxno=232〉

　　『회남자淮南子』의 주석에서 동이에는 아홉 부족이 있었다고 했
다. 이들의 명칭은 『논어정의論語正義』에 따르면, ① 현도玄菟, ② 낙
랑樂浪, ③ 고려高麗, ④ 만식滿飾, ⑤ 부유鳧臾, ⑥ 소가素家, ⑦ 동도東屠,
⑧ 왜인倭人, ⑨ 천비天鄙 등이다. 한편 『해동안홍기海東安弘記』[탑상편의
〈황룡사 9층탑〉 기록에 나오는 『동도성립기』와 같은 책]는 9개의 한韓으로 ① 일
본日本, ② 중화中華, ③ 오월吳越, ④ 탁라乇羅, ⑤ 응유鷹遊, ⑥ 말갈靺鞨,
⑦ 단국丹國, ⑧ 여진女眞, ⑨ 예맥穢貊 등을 내세웠다.

1-4. 한사군을 2부로 개편

『전한서前漢書』에 의하면 기원전 82년에 외부外府 2개를 설치했다. 옛 조선 땅인 평나平那, 현도玄菟 2개의 군을 평주平州 도독부로, 임둔臨屯, 낙랑樂浪 등 2개 군의 땅에 동부東部 도위부를 두었다. 이들은 「조선전」에 따르면 진번, 현도, 임둔, 낙랑 등 4군인데, 여기서는 평나가 진번 대신 나오므로 아마 같은 곳을 두 가지 이름으로 부르는 듯하다.

1-5. 조선의 유민들이 세운 78개의 나라

『통전通典』에서 조선의 유민이 70여 나라로 나뉘었는데, 각각 그 영토가 100리씩이라 했다. 『후한서後漢書』에서 애초에 전한前漢이 조선의 옛땅에 4군을 두었다가 나중에 2부를 설치했다. 그런데 법령이 점차 번잡해져 78개의 나라로 나뉘었고, 인구는 각각 10,000호였다.—마한은 서쪽에 54 소읍이 있어 모두 '나라'라 했고, 진한은 동쪽에 12 소읍이 나라를 자칭했다. 변한도 남쪽으로 12 소읍이 나라를 칭했다.

보충

고조선과 삼한

1. 고조선의 세 단계

『삼국유사』는 고조선의 흥망성쇠를 세 단계에 걸쳐 서술하고 있다. 환웅과 웅녀의 아들 단군이 세운 왕검 조선(기원전 2333~기원전 1122?), 주나라의 책봉을 받아 기자가 세웠던 기자 조선(기원전 1122?~기원전 194), 연나라 사람 위만이 기자의 41대손 기준 임금을 내쫓고 세운 위만 조선(기원전 194~기원전 108) 등을 합치면 2,200년을 넘어서므로, 한국사는 고조선이 아니었을 때보다 고조선이었던 적이 아직 긴 셈이다. 또한 '단기'라는 한국 고유의 연호 역시 『삼국유사』에서 단군이 중국의 요 임금과 인접한 시기에 나라를 세웠다는 전승에 대한 확고한 믿음을 바탕으로 하고 있다.

1) 왕검 조선과 신화

우리에게는 단군 조선이라는 명칭이 더욱 익숙하지만, 일연은 고조선과 함께 왕검 조선이라는 명칭을 함께 붙여 놓았다. 아마 고려 당시에는 단군보다 왕검이라는 명칭이 더욱 익숙했을지도 모르겠다. 김부식의 『삼국사기』에는 단군신화가 등장하지 않는 것으로 알려져 있는데, 다음의 『고구려본기』·「동천왕」 21년조 기사 내용을 보면『삼국사기』편찬자들도 '왕검'과 관련한 내용을 알고 있었을 가능성은 크다.

> 평양은 본래 선인 왕검의 집이다. 혹은 왕의 도읍을 왕험이
> 라 한다.
>
> (平壤者 本仙人王儉之宅也 或云 王之都王險)

여기서 왕검 혹은 왕험을 단군과 동일시해도 좋을지는 생각해 볼 문제이지만,『삼국사기』편찬자들은 이 전승을 평양 지역에 한정된 것으로만 생각했고, 고대 한국 전체의 시조로서 단군 혹은 단군 왕검을 떠올리지 않았다. 왕검은 그저 선인이었다. 이 '선仙'은 도가의 신선에만 한정된 뜻이라기보다 고유신앙의 대상을 한자로 표현한 글자로 보아도 좋겠다. 단군신화에서 단군이 훗날 산신령이 된다는 이야기도 이 '선' 자와 관계가 있는 것으로 볼 수 있다.

아무튼『삼국사기』에서는 평양 지역의 산신령 전승에 가까웠던 왕검이『삼국유사』에서는 고대 한국 첫 국가의 시조 단군과 동일시된다. 이에 따라 단군과 왕검 조선의 신화가 몇 가지 더 파생되기에 이른다. 그 가운데 이승휴의『제왕운기』(1287)와 조여적의『청학집』(1588 이후)에 수록된 것들이 나름대로 독특한 역사의식을 지니고 있다.

〈제왕운기 단군신화〉

① 상제 환인의 서자 환웅이 천상으로부터 태백산정 신단수에
   내려옴

② 환웅의 손녀가 단수신과 혼인하여 단군을 낳음

③ 단군이 조선의 왕이 되었으며, 신라[尸羅]·고구려[高禮]·남북옥
   저·동북부여·예맥은 모두 단군의 후예임

④ 단군은 1,038년간 재위하다가, 아사달산에 들어가 신이 됨

— 서영대, 단군신화 문헌자료 검토, 단군-그 이해와 자료, 서울대 출판부(1994)

『제왕운기』의 단군신화는 『세종실록』·「지리지」 평양부 영이靈
異 조에도 거의 같은 내용으로 등장하고 있다. 그런데 『제왕운기』
가 「단군본기」를 출전으로 삼은 것과는 달리, 『세종실록』·「지리지」
는 『단군고기』를 출전으로 밝히고 있어, 같은 내용의 문헌이 여럿
있었을 가능성을 떠올릴 수 있다.

이 기록은 대략 3가지 측면에서 『삼국유사』의 것과 뜻깊은 차
이를 지닌다.

첫째, 『삼국유사』는 환웅이 단군의 아버지, 부계 혈통으로 등
장하지만, 『제왕운기』에서는 모계 쪽이며 몇 대를 더 거친 것으로
되어 있다. 어느 쪽이 더 오래되었다고 판정하기는 어렵지만, 모계
사회를 부계 사회보다 이전 단계였다고 생각해볼 수도 있다. 나무
의 신을 부계로 설정한 것 역시 곰의 신을 모계로 삼았던 『삼국유
사』와 대조를 이룬다.

둘째, 고려가 직접 계승한 나라인 신라와 고구려뿐 아니라, 고려가 북진 정책을 통해 수복하고자 했던 영역에 있었던 옥저, 부여, 예맥을 모두 단군의 후예라고 주장하고 있다. 『삼국사기』에서 내세웠던 고구려의 시조 주몽 대신에, 고조선의 시조 단군을 한국사의 시초로 삼았던 이유가 더욱 직접 드러났다. 김부식과 『삼국사기』의 시대를 지나서 고려 후기 몽골의 침략을 비롯한 어려운 상황을 맞게 되자, 삼국 시대보다 더욱 오래되고 넓은 영토를 지녔던 고대사를 새로 구축할 필요가 있었다. 고조선과 단군이 그런 역할을 맡게 된 것이다. 이런 정황은 20세기 애국 계몽기에 고대사의 영웅들과 만주가 문학과 역사의 영역에 골고루 소환되었던 현상과도 크게 다르지 않다.

셋째, 기자 조선을 비롯한 중국과의 관계가 나와 있지 않다. 이것은 『삼국유사』 편찬자 일연의 의식과도 관계가 있는데, 『삼국유사』는 은근히 한국과 중국의 인연을 강조하고 있다. 일연은 불교를 통해 한국과 중국의 인적, 문화적 교류가 활발했던 시기를 한국사의 전성기로 파악했던 것 같다. 그리고 보면 왜 단군과 기자를 굳이 연결하고, 기자와 마한의 혈연관계를 인정했는지도 이해할 수 있다. '단군-기자-마한'의 기묘한 연계 혹은 정통론을 순전히 일연의 창작이라 할 수는 없겠지만, 이런 내용이 없는 사료를 버리고 있는 사료를 선택하여 배치한 『삼국유사』의 모습은 일연의 역사관과 국제 관계의 이상을 반영한 것이다.

〈청학집 단군신화〉

① 환인진인桓因眞人은 동방선파의 종조宗祖이다.

② 환인의 아들 환웅 천왕이 계승하여 풍우 오곡 360여 사를 주관하고 동민東民을 교화했다.

③ 단군이 계승하여 교화 10년에 구이九夷가 함께 높여 천왕으로 세웠다.

④ 도발과우絢髮跨牛(머리털을 꾸미거나 갓을 쓰지 않은 채 소를 타고 다님)의 모습으로 1,048년을 주관하다가 아사산阿斯山에 들어갔다.

⑤ 자손이 번성하여 9개 대국과 12개 소국을 이뤘는데 모두 단씨檀氏이다.

⑥ 단군은 네 아들이 있었는데 부루夫婁는 하후의 도산취회에 입조하고 부여夫餘는 구이의 난을 토평하고 부우夫虞는 현약賢藥으로 나라의 질병을 치유하고 부소夫蘇는 산에 많은 맹수를 양제攘除하였다.

⑦ 네 왕자는 패수浿水가 넘쳐 평양이 침수되자 장당리莊唐里로 도읍을 옮겼다.

⑧ 숙신·부여·말갈은 단군의 후예이다.

— 조현설, 동아시아 건국신화의 역사와 논리, 창비(2003)

『삼국유사』와 『제왕운기』의 단군 신화는 서사 단락이 그리 복잡하지 않아 원형질에 가까운 모습이었다. 그러나 『청학집』은 수백 년의 세월을 거쳐 약간의 내용이 부연되었다. 우선 편찬자가 도교 쪽의 도사였던 관계로 진인, 도발과우 등 도교적 요소가 추가되었다. 왕검을 선인이라고도 불렀던 『삼국사기』의 기록이 확장된 것으로도 이해할 수 있다. 그러나 ⑤의 9개 대국과 12개 소국을 이루었다는 것이나, ⑥의 부루가 단군의 아들이라는 점, ⑧의 숙신, 부여, 말갈을 모두 단군의 후예로 본 내용 등은 고조선의 영토와 후계 국가에 대한 보다 구체적인 인식으로서, 조선 후기와 계몽기 한국의 북방사 인식을 어느 정도 예고하는 것이기도 하다. 그런 점에서 『청학집』의 단군 신화는 만주에 대한 민족주의 사학의 관점에 주목할 만한 영향을 끼쳤다고도 할 수 있다.

2) 가운데 끼인 기자 조선의 애매함

왕검 조선의 신화, 위만 조선의 역사 사이에 끼었지만 1천 년 넘게 존재했다는 기자 조선은 왕검 조선의 쇠락, 마한의 기원과 관련한 두 곳에서 간략하게 서술되었을 뿐, 독립된 기사로 다루지 않았다. 주나라 무왕이 기자를 조선에 책봉하자 단군이 장당경으로 옮겼다는 것과, 기자 조선의 마지막 임금 기준이 한반도 남부로 이주하여 마한의 건국 시조가 되었다는 기록뿐이다. 그러나 고려와 조선의 성리학자들은 사대주의의 입장에서 기자 조선을 숭배하였다. 기원전 3세기를 기준으로 그 이전의 문헌들은 기자를 조선에 책봉했다는 내용이 없지만, 그 이후의 기록은 약간씩 다르긴 해도 기자와 조선의 관계를 다루고 있다. 성리학자들은 기원전 3세기 이후의 문헌을 근거 삼아 기자의 출생지였던 중국을 한국의 문화적 부모 나라로 생각해 왔다. 하지만 그에 대한 반작용과 민족주의의 성장에 따라, 20세기 이후에는 남북한 모두 기자 조선의 실체를 부정하고 있다.

기자 조선의 실체가 다소 불분명하기는 해도, 그것을 진실로 믿었던 역사의식을 사대주의의 잔재로 부정할 수만은 없다. 우선 고조선과 대칭되어 한반도 남부에 존재했던 삼한의 기원을 기자 조선의 마지막 임금과 연결했다는 점을 유념해야 한다. 이것은 진나라 유민들이 진한의 기원이 되었다는 설, 백제라는 이름이 '백가제해百家濟海(100개의 집안이 바다를 건너다.)'에서 유래했다는 등의 설과 함께 중국 출신 이주 집단이 삼한 건국의 기반이 되었다는 전승과 맥을 같이 하고 있다.

다음으로 『한서』「지리지」에 전하는 팔조법금八條法禁을 고려할 필요가 있다. 이 자료는 고조선의 법령으로 알려져 있는데, 은나라가 쇠퇴하자 기자가 조선에 와 농사와 뽕나무 심는 법을 가르쳤다는 내용과 함께 낙랑 조선, 혹은 낙랑 땅의 조선인들이 지켰던 8조의 법 가운데 3개를 소개하고 있다. 기자에 관한 내용과 나란히 실려 있으므로, 이 조항은 기자 조선과 관련한 것으로 받아들일 수 있다.

① 사람을 죽인 자는 사형에 처한다.
② 남에게 상해를 입힌 자는 곡물로써 배상한다.

③ 남의 물건을 훔친 자는 데려다 노비로 삼으며, 속죄하고자
하는 자는 1인당 50만 전錢을 내야 한다

간략하나마 생명, 신체, 재산에 관한 조항을 두루 포함하고 있
어, 국가로서 고조선의 담백하고도 엄정한 분위기를 느낄 수 있게
한다. 이 가운데 ③은 고조선에 화폐 경제가 어느 정도 활성화되었
는지 알 수 없으므로 후대의 낙랑군과 관련한 내용으로 추정되기도
했다.

기자 조선은 문헌상의 근거가 취약할 뿐만 아니라, 남긴 유물,
유적 또한 변변하지 않다. 그러나 삼한의 기원, 고조선의 법과 생활
과 관련한 귀중한 기억을 전달해 주고 있다는 점은 잊지 않아야 할
것이다.

3) 위만 조선과 역사

위만 조선에 관한 기록은 『전한서』·「조선전」에 수록된 그 멸
망 관계 기사를 인용한 것뿐이지만, 북쪽의 진번과 남쪽의 진국을
가로막아 중국과의 직접 소통을 방해했던 그 역할이 분명히 드러나
있다. (이런 역할을 맡으려면 한반도보다는 만주, 발해쪽을 강역으로 두고 있어야 할
것 같다.) 나아가 이 역할로 인하여 한나라의 침략을 초래하고, 제법
강인하게 버텼지만 강경 일변도의 정책 때문에 내분이 일어나 멸망
했던 모습이 상세하게 묘사되었다.

그런데 침략의 주체였던 중국 측 자료임에도 불구하고, 중국

측 장군들의 무능함이 매우 강조되었다는 점을 주목할 만하다. 이들의 무능함 탓에 우거왕은 강경 일변도의 정책을 바꿀 필요성을 느끼지 못했고, 이들의 의심 탓에 화친할 분위기를 만들 수도 없었다. 결국 위만 조선은 후대의 고구려가 그러했듯, 외침을 효과적으로 방어했음에도 내분 때문에 멸망하게 된다.

이러한 장면을 통해 일연은 역사적 교훈을 전달하고자 했다. 위만 조선과 고구려는 한국사에서 가장 강성했던 왕조들이었다. 그러나 그들처럼 강대한 외적을 맞아서 굽히지 않고 저항만 한다면 그 피해는 백성들에게 돌아가고, 끝내 나라를 망하게 한다는 교훈인 것이다. 이는 일연 당대에 겪었던 몽골의 침략에 대한 고려의 자세를 되새기게 한다. 강화도 천도와 삼별초의 저항을 통해 민생이 얼마나 곤궁해졌는지의 문제 말이다. 저항을 통해 국력과 자존심을 내세울 필요도 있지만, 그것만을 국제 관계의 유일한 방법으로 제기하는 관점의 위험성을 경고하기도 하는 것이다.

2. 삼한의 세 모습

삼한은 세 가지 모습으로 드러난다.

우선 『삼국사기』와 『삼국유사』에 등장하는 모습이다. 이들은 삼국 관련 역사서를 표방하고 있기에, 삼한은 주체보다는 객체로, 주어보다는 목적어로 등장하곤 한다. 그리고 중국과 일본의 역사서에도 삼한이 언급되곤 한다. 이에 따르면 한반도 남부는 훗날 백제, 신라, 가야가 될 몇 개의 국가가 패권을 다툰 곳이라기보다, 수십여

개의 삼한 소국이 다양하게 공존했던 전혀 다른 모습이 나타난다. 끝으로 고고학적인 발견을 통해 드러난 '원삼국'의 주역으로서 삼한이 있다. 기록에서 소외된 나주 일대와 가야에 속하지 않았던 부산, 경남 지역의 풍부한 유물들은 과연 삼한을 삼국에 종속된 존재로 보아도 좋을지 의구심을 갖게 할 정도이다.

오늘날의 우리는 이들 중 어느 삼한도 뚜렷이 기억하고 있다고 하기 어렵다. 그러나 유물과 유적의 발굴, 발견을 통해 삼국의 수도 못지않은 번영을 누렸던 삼한 여러 나라의 실체가 드러나고 있으며, 이에 따라 기존의 문헌이 지닌 설명의 공백 또한 차차 메워 가고 있다.

『삼국유사』는 삼한 가운데 마한을 고구려, 변한을 백제, 진한을 신라라고 불렀던 최치원의 관점을 존중하고 있다. 이에 따라 기사의 순서 또한 '마한-고구려-변한백제-진한'의 순서로 되어 있는데, 이것은 마한을 백제의 모태로, 변한을 가야의 시초로 생각하는 오늘날의 역사적 지식과는 어긋난 것이다. 이는 삼한이 곧 삼국이 되어야 한다는 입장을 따르고자 한 것이다.

한편 마한을 백제와 연결했던 견훤의 말도 함께 인용은 했지만, 일연은 이에 대하여 불신하고 있다. 백제의 건국지를 익산의 금마산으로 보았던 점을 수긍할 수 없었던 것으로 보인다. 그러나 우리가 알고 있는 백제의 서동 이야기는 원래 백제 무왕이 아닌 '무강왕'의 것이었다고 일연은 증언하고 있다. 그런데 무강왕은 마한의 시조였던 기자 조선의 기준을 부르는 이름이기도 하다는 점이 주목

받고 있다. 이에 따라 마한 문화에 관심이 큰 전남 지역 연구자들과 무강왕을 시조로 한 청주 한씨 문중은 서동 설화를 마한의 건국 신화로 간주한다. 그렇다면 견훤의 말은 익산을 마한의 발상지로 주장한 것으로 볼 수 있으며, 『고려사』·「지리지」 편찬자 역시 '금마군은 원래 마한국인데, 백제 시조 온조왕이 이를 합쳤다.'고도 말한다.

다음 권근의 논증은 일연이 따랐던 최치원의 마한-고구려 설을 비판한 것으로, 익산을 마한의 근거지로 파악하고 있다. 그러나 이 논증은 변한을 고구려로 파악함으로써, 최치원과 마찬가지로 삼한을 곧바로 삼국에 비정하고자 했다.

삼한에 관한 설들이 서로 다르다. 그러나 조선왕 준이 위만의 난리를 피해 바다에 떠 남쪽으로 와 나라를 열고 마한이라 하였는데, 백제 온조가 서서 마침내 이를 병합하였다. 지금 익주益州(익산)에 옛성이 있고 지금도 사람들이 기준성箕準城이라 하니 마한이 백제가 된 것은 의심의 여지가 없다. 『후한서』에는 변한이 남쪽에, 진한이 동쪽에, 마한이 서쪽에 있다고 했는데, 최치원이 이를 연유로 마한이 고구려요, 변한이 백제라 한 것은 잘못이다.

— 『동국통감』 외기. 삼한(번역은 이강래, 「고대의 익산에 대한 후대의 인식」, 『익산, 마한·백제 연구의 새로운 중심』, 서경문화사, 2014).

어찌 되었건 일연이 견훤의 말을 버리고 최치원의 설을 따르기는 했지만, 견훤의 주장 역시 함께 인용하였다. 그 덕분에 견훤이 자신의 건국지였던 오늘날의 전북 지역을, 마한의 발상지이므로 백제의 건국지이기도 하다고 생각했다는 사실을 확인할 수 있었다.

　　그런데 최치원이 마한을 고구려라고 불렀던 이유는 무엇일까? 마한의 동북쪽 일부 지역을 나중에 고구려가 병합했기 때문이라는 관점도 일찍이 있었다. (『성호사설』) 그러나 그보다는 일연의 "최치원의 말로써 동명왕이 건국할 수 있었던 것은 이미 마한을 병합했기 때문임을 알겠다."라는 표현에 주목하고자 한다. 이에 따르면 마한을 고구려로 본 것은 고구려 건국 초기의 어떤 사건을 반영한 것이다. 그렇다면 고구려 건국 세력의 일부가 백제를 세우고, 그 백제가 훗날 마한을 점령해 가는 과정을 고구려의 입장에서 '마한이 고구려에 속하게 되는' 것으로 서술할 수도 있지 않을까 한다. 변한이 백제의 일부가 되고, 진한이 신라의 일부로 포섭되는 과정 또한 마찬가지로 이해할 수 있을 것이다.

　　근래에는 옛 삼한 지역의 고고학적 발굴의 성과가 활발한 편이다. 가령 영산강 유역은 『삼국사기』와 『삼국유사』에는 거의 등장하지 않았지만, 나주에서 출토된 금동관이나 5세기 추정 여왕의 흔적 등은 이 지역을 백제에 점령된 땅으로만 보아도 좋을지 의문이 들게 한다.

　　또한 가야 제국諸國을 6국이라는 숫자에 국한하여 이해했던 기존의 관점을 벗어나, 최소한 12개국 이상의 가야가 있었다는 연구 성과가 통설이 되어가고 있다. 이에 따라 가야에 속하지 않았던 지

역에서 출토되는, 예컨대 부산 지역의 고대국가 유물 등을 이름이
확정되지 않은 어떤 가야의 것으로 추정할 수 있게 되었다.

1-6. 낙랑국

전한 때 처음 낙랑군樂浪郡을 두었다. 후한 때 응소應邵는 옛 조선국이라 했다.『신당서』의 주석에서는 평양성이 옛 한나라 낙랑군이라 했다.

『국사』에서 말한다. 혁거세거서간 30년(기원전 28)에 낙랑 사람들이 와 투항했다. 또한 3대 유리이사금 4년(27)에 고려 3대 대무신왕이 낙랑을 토벌하여 멸망시키니, 그 나라 사람들이 대방(북대방) 사람들과 함께 신라에 투항했다. 그리고 대무신왕 27년(44) 후한 광무제가 고구려에 사신을 보내고는, 낙랑을 정벌하여 그 땅을 취해 다시 군현으로 삼았다. 그러니 살수(청천강) 이남은 한나라에 속하게 되었다. 이상의 여러 글에 따르면 낙랑은 평양성이 맞다. 혹은 낙랑 중두산中頭山 아래가 말갈과의 국경이고, 살수는 지금의 대동강이라는데 뭐가 맞는지 알 수 없다.

그런데 백제 온조왕의 말에 가로되, 동쪽에 낙랑(낙랑 사람들이 신라에 투항했으므로 신라를 '낙랑'으로 부른 걸까?)이 있고 북쪽에 말갈이 있다고 했다. 아마 여기서 '낙랑'은 옛 한나라 때 낙랑군에 속한 어느 현의 땅일 것이다. 신라 사람들 역시 낙랑을 자칭했으므로 지금 우리 고려에서도 낙랑군 부인이라는 호칭이 있곤 했다. 태조께서도 딸을 신라 경순왕이었던 김부에게 시집 보내고 '낙랑공주'라 하셨다.

1-7. 북대방

북대방北帶方은 본래 죽담성, 전남 나주였다. 신라 유리이사금 4년(27) 대방 사람들이 낙랑 사람들과 더불어 신라에 투항했다. 대방과 낙랑은 모두 한사군 시절 두 군의 이름으로, 그 후 나라라고 함부로 주장하다가 이제 항복한 것이다.

1-8. 남대방

조씨가 세운 위나라 때 처음 남대방군(지금의 전남 남원)을 두었으므로 이렇게 부른다. 대방의 남쪽에는 해수가 1천 리 있는데 '한해瀚海'라 부른다. 후한 말기 건안 무렵, 마한 남쪽의 황무지를 대방군으로 삼았는데 왜와 한이 여기에 속했다.

1-9. 말갈 혹은 물길과 발해

『통전通典』에서 말했다. 발해는 본래 속말말갈이다. 그 추장 조영祚榮 때 나라를 세워 자칭 진국辰國이라 했다. 712년 비로소 말갈의 이름을 버리고 발해로만 칭했다. 그리고 719년 조영이 죽어 시호를 고왕이라 했다. 세자가 계승하자 당나라 현종이 세습을 인정하여 책봉했지만, 사사로이 연호를 바꾸어 마침내 '해동성국'이 되었다. 그 영토로 5경 15부 62주를 포함하고 있었다. 후당 시절 926년에 거란이 공격하여 멸망시켰고, 이후 거란의 지배를 받는다. 한편 『삼국사』에서 말했다. 의봉 3년 고종 무인년(678) 고구려가 멸망하고 남은 무리가 모여 북쪽으로 태백산 아래에 의지하고 국호를 발해라 하였다. 개원 20년경(732) 당나라 현종이 장수를 보내 토벌하였다. 그리고 신라 성덕왕 32년, 현종 갑술년(733)에 발해말갈이 바다를 건너 당나라의 등주를 침범했는데 현종이 무찔렀다. 또한 『신라고기』에서 말한다. 고구려의 옛 장군 조영은 대씨 성인데, 잔병을 모아 태백산 남쪽에서 나라를 세우고 국호를 발해라 했다. 이상의 여러 글을 살펴보면, 발해는 말갈의 별종이지만 나라를 세우고 합치는 과정에서 달라졌을 뿐이다. 송나라 소식蘇軾의 『지장도指掌圖』를 보면 발해는 만리장성 동북쪽 밖에 있었다.

　『군국지郡國志』에 당나라 가탐賈耽의 이런 말이 실려 있다. 발해국의 압록, 남해, 부여, 추성 등의 4부는 모두 고구려의 땅이었다. 신라의 천정군에서 추성부까지는 39개의 역이 있다.—「지리지」에 의하면 삭주 영현에 천정군이 있는데 지금의 용주라고 한다.

　　또한 『삼국사』에서 백제 말년에 발해, 말갈, 신라가 옛 백제 땅을 분할했다고 한다. 그런데 여기서는 말갈과 발해를 다시 구분하여 두 나라로 생각하고 있다. 신라 사람들은 북쪽에 말갈이 있고, 남쪽에 왜나라 사람들이 있으며, 서쪽에 백제가 있으니 나라에 해롭다고 한다. 또 말갈 땅은 아슬라주(강원 강릉)와 맞닿아 있다고도 했다.

그리고 『동명기』에서 졸본성은 땅으로 말갈(혹은 지금의 동진東眞 :
동쪽 여진?)과 붙어 있다고 말한다. 신라 6대 지마이사금 14년(을축년,
125) 말갈 군사가 북쪽 국경으로 크게 쳐들어와, 큰 고개의 성채를
습격하고 니하泥河(신라 동북부의 하천)를 건넜다고 한다.

『후한서』에서 말갈을 물길이라고 적었는데, 『지장도』는 읍루
와 물길을 모두 숙신肅愼이라 했다. 흑수와 옥저에 대하여 소동파의
『지장도』를 살피면, 진한의 북방에 남과 북의 흑수가 있었다.

살펴보니 고구려 동명 임금이 즉위한지 10년(기원전 28)에 북옥
저를 멸망시키고, 백제 온조왕 42년(23)에 남옥저의 20여 호가 신라
에 투항했다. 한편 신라 혁거세거서간 52년(기원전 5)에 동옥저가 신
라에 명마를 바쳤다니, 동옥저도 따로 있었다. 『지장도指掌圖』에서
는 흑수가 만리장성보다 북쪽에, 옥저는 만리장성보다 남쪽에 있었
다고 했다.

1-10. 이서국

신라 유리이사금 14년(37, 『삼국사기』에서는 297년)에 이서국 사람이
금성(경주)을 공격했다. 운문사雲門寺에 옛부터 전하는 「제사납전
기諸寺納田記」를 보면, 정관 6년 임진년(632) 이서군 금오촌 영미사에
서 밭을 바쳤다는 기록이 있다. 금오촌은 지금의 경북 청도 땅이므
로, 청도군이 옛 이서군이었다.

1-11. 금관가야와 다섯 가야

다섯 가야 - 『가락기찬駕洛記贊』을 살펴보면 자줏빛 끈 하나가 내려와 둥근 알 6개를 주었다고 한다. 다섯 알은 각각 작은 나라들로 떠났지만, 하나는 성에 남았다. 그리하여 하나는 수로왕首露王이 되고, 남은 다섯은 각각 다섯 가야의 군주가 되었다. 그러므로 금관가야는 다섯에 들어가지 않아야 마땅하다. 그러나 고려의 『사략史略』은 금관가야까지 합쳐 세었고, 창녕까지 함부로 보태었으니 잘못되었다.

①아라가야阿羅伽耶(혹은 아야가야)는 지금의 경남 함안이다. ②고령가야古寧伽耶는 지금의 경북 상주 함창이다. ③대가야大伽耶는 지금의 경북 고령이다. ④성산가야는 지금의 경북 경산으로, 벽진으로도 부른다. ⑤소가야는 지금의 경남 고성이다.

또한 고려의 『사략』에서 태조 시절 940년에 다섯 가야 지역의 이름을 다음과 같이 고쳤다고 한다. ①금관가야를 김해부金海府로 한다. ②고령가야를 가리현加利縣으로 한다. ③비화가야는 지금의 창녕이라는데, 고령을 잘못 쓴 것 같다. 나머지 둘은 ④아라가야 ⑤ 성산가야이니 앞과 같다. 그런데 성산가야는 벽진가야라고도 했다.

1-12. 북부여

『전한서前漢書』에 따르면, 기원전 59년 하늘 임금이 흘승골성訖升骨城(요나라 의주 경계에 있음)에 내려왔다. 용 다섯 마리가 끄는 수레를 타고 도읍을 세워 왕이 되더니, 나라 이름을 북부여北扶餘라 하며 자신을 해모수解慕漱라 일렀다. 아들을 낳아 부루扶婁라 이름 짓고 '해解'를 성씨로 삼았다. 부루왕은 훗날 상제의 명 때문에 동부여로 도읍을 옮겼다. 동명제가 북부여에 이어 나라를 세웠는데, 졸본卒本에 도읍하여 졸본부여가 되었으니 고구려의 시조이다. 이에 대해서 다음을 보자.

1-13. 동부여

북부여 부루왕의 재상 아란불阿蘭弗의 꿈에 하늘 임금이 내려와 말했다.

"내 자손이 여기에 나라를 세우도록 할 테니(동명 임금이 나라를 세울 징조임), 너는 피해야 한다. 동해 바닷가에 가섭원迦葉原이란 이름의 땅이 있는데, 땅이 기름져 왕도를 세울 만하다."

아란불이 임금에게 권하여 그 땅으로 도읍을 옮겼고, 나라 이름은 동부여라 했다.

부루왕은 늙도록 아들이 없었다. 어느 날 산천에 제사를 지내

후사를 빌고는, 말을 타고 곤연鯤淵에 이르렀다. 거기서 큰 돌이 왕을 마주하여 눈물을 흘리는 것을 보았다. 왕은 괴이하게 생각하여 사람을 시켜 돌을 굴리게 했다. 그랬더니 황금빛 개구리 모습을 한 아이가 나왔다. 왕은 기뻐 말했다.

"이렇게 하늘이 내게 아들을 주시는구나!"

거두어 기르며 이름을 금와金蛙라고 지었다. 금와는 자라서 태자가 되었고, 부루왕이 죽자 계승하여 임금이 되었다. 다음으로 왕위를 태자 대소帶素에게 전했다.

지황 3년 임오년(22) 고구려 대무신왕이 정벌하고 대소왕을 죽여 나라가 망했다.

1-14. 고구려

고구려高句麗는 바로 앞서 나왔던 졸본부여이다. 어떤 이는 졸본이 화주(함경남도 영흥) 또는 성주(평안남도 성천)에 있었다고도 하지만, 모두 오해이며 요동 쪽에 있었다. 『삼국사기』·「고구려본기」에서 말했다. "성스러운 시조 동명의 성은 고高, 이름은 주몽朱蒙이었다."

일찍이 북부여왕 해부루는 동부여로 피신하였고, 그가 죽자 금와가 계승하였다. 금와왕은 백두산 남쪽 우발수優渤水(웃벌못)에서 한 여인을 만났다. 금와왕의 물음에 여인은 답하였다. "저는 하백柳花의 딸 유화柳花라 합니다. 동생들과 노닐다가 어떤 남자를 만났는데, 자칭 하늘나라 임금의 아들 해모수라고 하더군요. 저를 웅신산 (곰신의 산) 아래 압록강가 어느 집으로 이끌어 정을 통하고는 떠나서 돌아오지 않네요. 부모님께서 혼인하지 않고 남을 따른 저를 꾸짖으시고는 여기 귀양을 보내셨습니다."

한편 『단군기』에서 "단군이 서쪽 하백의 딸과 가까이하더니 부루라는 이름의 아들을 낳았다."고 하였다. 그런데 지금 이 기록에 따르면 해모수가 하백의 딸과 사통하여 주몽을 낳았다고 한다. 그래서 하백의 딸이 이들의 어머니라는 『단군기』의 내용에 따라 "그 낳은 아이의 이름이 부루이고, 부루와 주몽은 아버지가 다른 형제"라고 할 수 있다.

금와왕은 북부여의 시조 해모수와의 관계를 주장하는 유화의 말을 이상하게 생각하여 방에 가두었다. 그러자 햇빛이 비치더니, 유화가 몸을 피해도 계속 따라왔다. 이 때문에 다시 임신하고 다섯 되쯤 되는 알을 낳았다. 왕은 그 알을 돼지우리에 버렸지만, 돼지들이 먹지 않았다. 또 길에 버려도 소와 말이 피하고, 들에 버리니 날짐승 길짐승이 다 보호한다. 깨뜨리려 해도 부서지지 않아, 유화에게 돌려주었다. 유화가 잘 싸서 따스한 곳에 두니, 기골이 빼어난 아이가 껍질을 까고 나왔다. 일곱 살부터 숙성이 남달라 몸소 활을 만들어 쏘면 백발백중이었다. 부여의 풍속에 활 잘 쏘는 이를 '주몽'이라 불렀으므로, 그렇게 이름이 되었다.

금와왕에게는 일곱 아들이 있었는데, 주몽과 함께 겨루면 그 재주를 따를 수 없었다. 큰아들 대소가 왕에게 말했다. "주몽은 사람이 낳은 놈이 아니라서, 일찍 없애지 않으면 후환이 될 것입니다." 왕은 듣지 않고 주몽에게 말을 기르게 하였다. 주몽은 준마를 알아보고 먹이를 줄여 여위게 하는가 하면, 둔한 말을 잘 먹여 살찌게 했다. 왕은 살찐 말을 골라 타고 여윈 말을 주몽에게 주었다. 여러 왕자와 대신들이 주몽을 해치려고 하였다.

해설

금와왕 자신이 이전 왕의 양자였기 때문에, 주몽에게도 왕위 계승 자격이 있다고 생각하여 벌어진 일이다. 그러나 주몽은 자신의 능력을 부여 전체가 아닌 자신의 이익만을 위해 활용함으로써, 부여의 신하들은 주몽이 아닌 대소를 편들게 되었다. 주몽의 이런 성향은 훗날 자신의 후계자를 정할 때도 개국의 공이 있었던 소서노의 아들 비류, 온조 대신 유리를 후계자로 선택하는 쪽으로 발현되고, 고구려 개국공신인 오간, 마려도 비류와 온조를 따라 백제 건국에 참여하는 계기가 되었을 것이다.

주몽의 어머니 유화가 주몽을 해치려는 그들의 계획을 알아차리고는 주몽을 타이른다. "이 나라 귀족들이 너를 해치려고 하는데, 너의 재주면 어딘들 못 가겠느냐? 어서 떠날 계획을 세워라." 그리하여 주몽은 오이를 비롯한 세 사람과 벗이 되어, 지금은 어딘지 모를 엄수에 이르러 고한다. "나는 하늘나라 임금의 아들이며 하백의 손자입니다. 오늘 도망치는데 추격자들이 쫓아오니 어찌합니까?"
그러자 물고기와 자라가 다리가 되어주고는, 주몽이 다 건너가자
흩어지므로 뒤쫓던 동부여의 기병들은 어쩔 수 없었다.

한사군 현도군 땅 졸본주에 도착하여 도읍으로 삼았다. 아직
궁궐을 지을 형편이 못 되었기에, 비류수沸流水 상류에 움막을 세우
고는 나라 이름을 '고구려'라 하였다. 이에 따라 '고'를 성씨로 삼았
다.—본래의 성은 '해' 씨였다. 하지만 이제 하늘나라 임금의 아들
을 자처하였고 햇빛을 받아 태어났으므로, 스스로 '고'를 성씨 삼았
다.

이때 주몽의 나이 열두 살이었고, 기원전 38년에 왕이 되었다.
고구려의 전성기 인구는 21만 508호였다.

당나라의 도세道世가 지은 『법원주림法苑珠林』 21권에 다음과
같이 실려 있다.
일찍이 영품리왕寧稟離王의 시녀가 임신하자, 관상쟁이가 점쳐
말했다.
"왕이 될 귀한 상입니다."
왕이 말했다.
"그렇지만 내 아이가 아니니까 죽여야 한다."
그러자 시녀는 말했다.
"기운이 하늘에서 내려와 임신하게 되었습니다."
아이를 낳자 불길하다고 생각하였다. 그래서 돼지우리에 버리

니 돼지가 아이를 어르고, 마구간에 버리니 말이 젖을 먹여 죽지 않았다. 나중에 부여의 왕이 되었다. 이는 동명왕이 졸본부여의 왕이 된 것을 뜻한다. 또한 졸본이 북부여의 도읍 가운데 하나였으므로 부여왕이라고도 한 것이다. 영품리는 아마 부루왕의 다른 이름일 것이다.

1-15. 변한과 백제(남부여)

신라 시조 혁거세왕이 즉위한지 19년이 되었을 때(기원전 39년), 변한 사람이 그 나라까지 포함하여 항복하였다. 그런데 『구당서』· 『신당서』 모두 "변한의 후예들이 낙랑 지역에까지 있었다."고 했지만, 『후한서』는 "변한은 남쪽에, 마한은 서쪽에, 진한은 동쪽에 있었다."고 서로 달리 말한다. 심지어 최치원은 변한이 백제에 속한다고도 했는데, 「백제본기」에 따르면 온조왕溫祚王은 기원전 17년에 신라나 고구려보다 40년 늦게 건국했다.

『당서唐書』에서 변한의 후예들이 낙랑 땅에 머물렀다고 했던 근거는, 변한과 백제의 시조 온조왕의 근본이 훗날 낙랑 땅을 차지하게 될 고구려에서 유래했기 때문일 것이다. 아니면 낙랑 출신의 어떤 분이 변한 땅에 나라를 세워 마한 등과 대치한 일이 온조왕 이전에 있었을지도 모르겠다. 그렇더라도 낙랑 지역에 도읍을 두지는 않았을 것이다.

평양의 구룡산九龍山(지금의 대성산)을 변나산卞那山이라고도 부르니까, 고구려가 변한이라고 우기는 사람도 있는데 오해이다. 옛 성현인 최치원의 말씀이 옳다. 위의 주장이 옳다손 치더라도, 백제 땅에도 역시 변산卞山이 있어 변한이라 할 만했다. 백제의 전성기 인구는 15만 3,200호였다.

1-16. 진한

『후한서』에 따르면 진한辰韓의 노인들은 이렇게 이야기했다. "진시황의 진秦나라 유민들이 삼한에 오니, 마한이 동쪽 땅을 나누어 주어 살게 했다. 서로 사는 땅을 '도徒'라 부르곤 했는데, 마치 진나라 말 같았기에 '진한'이라 이름 붙였다." 12개 소국이 있어 각각 인구가 1만 호였고 임금이 각각 따로 있었다. 또한 최치원은 말한다. "진한은 원래 연燕나라 사람이었던 이들이 피난을 와 세운 것이다. 그래서 탁수涿水의 이름을 따라 그 사는 곳을 사탁沙涿이니 점탁漸涿이니 하였다." 그리하여 신라 언어에 '탁'을 '도'라 발음하기도 했고, 지금도 '사량沙梁'이라 쓰고는 '도道'라 읽기도 한다.

신라 전성기에는 서라벌의 인구가 17만 8,936호였다. 넓이가 1,360방 55리에 35개의 금입택金入宅(부유한 저택)이 다음과 같이 있었다.

남택南宅, 북택北宅, 울비소택亏比所宅, 본피택本彼宅, 양택梁宅, 지상택池上宅[본피부本彼部], 재매정택財買井宅[김유신의 본가], 北維宅(북유택), 南維宅(남유택)[반향사反香寺 아랫방], 대택隊宅, 빈지택賓支宅[반향사反香寺 북쪽], 장사택長沙宅, 상앵택上櫻宅, 하앵택下櫻宅, 수망택水望宅, 천택泉宅, 양상택楊上宅[양부梁府 남쪽], 한기택漢岐宅[법류사法流寺 남쪽], 비혈택鼻穴宅[위와 같음], 판적택板積宅[분황사芬皇寺 상방], 별교택別教宅[냇물 북쪽], 아남택衙南宅, 금양종택金楊宗宅[양관사梁官寺 남쪽], 곡수택曲水宅[냇물 북쪽], 유야택柳也宅, 사하택寺下宅, 사량택沙梁宅, 정상택井上宅, 리남택里南宅[우소택于所宅], 사내곡택思內曲宅[사뇌가, 향가를 연상하게 하는 이름], 지택池宅, 사상택寺上宅[대숙택大宿宅], 임상택林上宅[청룡사靑龍寺 동쪽으로 연못이 있음], 교남택橋南宅, 항질택巷叱宅[본피부本彼部], 누상택樓上宅, 이상택里上宅, 명남택椧南宅, 정하택井下宅.

1-17. 그리고 사계절에 따른 별장

봄이면 동야택東野宅, 여름이면 곡량택谷良宅, 가을이면 구지택仇知宅, 겨울이면 가이택加伊宅이 있었다. 49대 헌강왕憲康王(875~886)시절에는 도성 안에 초가집은 하나도 없이 이웃마다 처마와 담이 빽빽이 붙어 있고, 노래와 악기 연주가 거리에 그득하여 밤낮으로 끊임없었다.

1-18. 신라 시조 혁거세왕

진한의 땅에 예부터 여섯 촌이 있었다.

첫째는 알천 양산촌閼川 楊山村으로 지금의 담언사曇嚴寺(경주 오릉 남쪽)이다. 촌장은 알평謁平이고, 표암봉瓢嵒峰에 내려와 급량부 이씨及梁部 李氏의 조상이 되었다.─유리왕 9년(32) 급량부가 되었고, 고려 태조 천복 5년(940)에 중흥부中興部로 이름을 고쳤다. 파잠波潛, 동산東山, 피상彼上, 동촌東村 등이 여기에 속했다.

둘째는 돌산 고허촌突山 高墟村이다. 촌장은 소벌도리蘇伐都利이며, 우형산于兄山에 내려와 사량부 정씨沙梁部 鄭氏의 조상이 되었다. 여기서 '량梁'은 '도' 혹은 '탁'이라고도 하니 한자 '道'를 '도' 혹은 '탁'이라 읽는 것과 같다. 고려 이후로 남산부南山部로 구량벌仇良伐, 마등오麻等烏, 도북道北, 회덕廻德 등의 남촌南村이 여기 속했다.

셋째, 무산 대수촌茂山 大樹村이다. 촌장은 구례마俱禮馬인데, 우이산于伊山에 내려와 참량부漸梁部 혹은 모량부牟梁部 손씨孫氏의 조상이 되었다. 고려 이후 장복부長福部라 부르며, 박곡촌朴谷村 등의 서촌西村이 여기 속한다.

넷째, 자산 진지촌觜山 珍支村이다. 촌장은 지백호智伯虎로, 우화산于花山에 내려와 본피부 최씨本彼部 崔氏의 조상이 되었다. 고려 이후의 통선부通仙部로 시파柴巴 등 동남촌東南村이 여기 속한다. 최치원은 본피부 사람으로, 지금의 황룡사 남쪽 미탄사味呑寺 남쪽에 거의 확실한 옛 집터가 있다.

다섯째, 금산 가리촌金山 加利村(지금 백률사栢栗寺 북쪽 산인 경주 금강산)이다. 촌장은 지타祗沱라고 하는데, 명활산明活山에 내려와 한기부 배씨漢岐部 裵氏의 조상이 되었다. 고려 이후의 가덕부加德部로 상·하서지上·下西知, 내아乃兒 등 동촌이 여기 속한다.

여섯째, 명활산 고야촌明活山 高耶村이다. 촌장은 호진虎珍으로 경주 금강산金剛山에 내려와 습비부 설씨習比部 薛氏의 조상이 되었다. 고려 이후로 임천부臨川部로 물이촌勿伊村, 잉구미촌仍仇旀村, 알곡闕谷 등 동북촌東北村이 여기 속한다.

윗글에 따르면 6부의 조상도 모두 하늘에서 내려왔다. 유리왕 9년(32) 비로소 6부의 이름을 개편하고 여섯 성씨를 하사했다. 고려 후기 풍속에 중흥부를 어머니, 장복부를 아버지, 임천부를 아들, 가덕부를 딸이라 하는데, 왜 그런지 알 수 없다.

기원전 69년 3월 초하루에, 6부 촌장들은 각기 자제를 거느리고 알천 위 언덕에 모여 의논했다.

"백성을 다스릴 임금이 우리 위에 없어 백성들이 제멋대로요. 덕 있는 분을 찾아 임금으로 삼고 도읍을 정해 나라를 세워보면 어떨까요?"

그리고는 높이 올라 양산 아래 나정 옆을 바라보았는데, 이상한 기운이 번갯불처럼 땅에 드리웠다. 백마가 무릎 꿇고 절하는 모습을 보고 찾아가 보니, 붉은(혹은 푸른) 알이 하나 있었다. 백마는 사람들이 나타나자 길게 울고는 하늘로 날아가 버렸다. 알을 깨고 어린 남자아이가 단정한 모습으로 태어났다. 촌장들이 놀라워하며 동쪽 냇물(이 위치에 해당하는 동천사가 사뇌야 북쪽에 있다.)에 씻기자, 몸이 빛나고 날짐승 들짐승이 춤추며 하늘과 땅이 흔들리고 날씨도 활짝 개었다.

그러므로 혁거세왕赫居世王이라 이름 지었다. 이는 아마 고유어일 텐데, 혹은 불구내왕弗矩內王이라고도 하니 세상을 밝게 다스린다는 말이다.

한편 다음과 같은 기록도 있다. "혁거세왕은 서술성모西述聖母(=선도산仙桃山의 성모)가 낳으셨다. 그러므로 중국인들이 선도산 성모를 두고 '현인을 낳아 나라를 세웠다.'고 찬양한 말이 여기에 해당한다. 이어지는 닭 모양의 용이 신성한 조짐을 나타내서 혁거세왕의 부인 알영閼英을 낳았다는 이야기도, 서술성모가 나타난 것을 뜻한 게 아니겠는가?"

임금의 칭호를 거슬한居瑟邯, 혹은 거서간居西干이라 하는데, 혁거세왕이 처음 입을 열 때 자칭하기를, "알지거서간[閼智居西干 : 아기임금]이 한번에 일어났다."고 했으므로 그렇게 불렀고, 훗날 임금의 존칭이 되었다. 그때 사람들은 다투어 경축했다. "이제 천자께서 내려오셨으니, 덕 있는 여성을 찾아 왕후로 모셔야 하오."

그날 사량리 알영閼英 연못, 일명 아리영娥利英 연못 근처에 닭 모양의 용이 나타나 왼쪽 옆구리로 여자아이를 낳았다.―혹은 용이 나타나 죽었는데, 그 배를 갈라 여자아이를 얻었다고도 한다. 아이는 예뻤지만, 입술이 닭의 부리 같았다. 훗날 신라의 궁궐이 될 월성月城의 북쪽 냇물에 씻기자, 부리가 떨어졌으므로 그 냇물을 발천撥川이라 불렀다. 궁궐을 남산 서쪽 산기슭, 고려 시대 창림사昌林寺 자리에 짓고 두 아이를 정성껏 길렀다.

남자는 박 모양의 알에서 태어났으므로 성을 '박朴'이라 하였다. 여자는 우물에서 나왔으므로, 우물 이름을 따서 알영이라 이름 지었다. 두 성인이 13세가 된 기원전 57년에 남자를 왕으로, 여자를 왕후로 모셨다. 국호를 '서라벌徐羅伐'이라 했는데, 서벌, 사라, 사로 등으로도 불렀다. 지금 풍속에 '경京'을 서벌(서울)로 읽는 게 이 때문이었다.

애초에 왕후가 계정雞井에서 태어났으므로 계림국雞林國이라고도 불렀는데, 닭 모양의 용이 신성한 조짐을 나타냈기 때문이다. 일설에는 탈해왕脫解王 때 김씨 왕족의 시조 김알지金閼智를 얻은 곳이 계림 숲속이었기 때문에, 나라 이름을 계림으로 고쳤다고도 한다.

혁거세왕이 나라를 다스린 지 61년 만에 승천하였다. 7일 뒤에 몸이 나뉘어 땅에 떨어졌는데, 왕후도 죽었다. 나라 사람들이 시신을 모아 합장하려 했지만 큰 뱀이 나타나 방해했다. 할 수 없이 머리와 사지를 각각 다섯 릉으로 만들고, 뱀 때문에 사릉蛇陵이라는 이름을 붙였다. 담엄사曇嚴寺 북쪽의 오릉이 이것이다. 태자 남해왕南解王이 계승하였다.

1-19. 2대 남해왕

남해거서간은 또한 차차웅次次雄이라고도 하는데, 어른을 존경하여 부르는 칭호였지만 이 임금만 이렇게 부른다. 아버지는 혁거세왕, 어머니는 알영부인, 왕비는 운제부인雲帝夫人이었다. 고려 시대 영일현迎日縣 서쪽에 운제산 성모가 있었는데, 가뭄에 빌면 용했다.

서기 4년에 왕위에 올라 21년을 다스리고 24년에 세상을 떠났다. 남해왕이 혁거세왕과 유리왕을 포함한 초기의 세 임금 중 가장 성군이었다고 한다.

『삼국사』를 살피면 이런 말이 있다. 신라에서는 왕을 거서간이라 하는데, 진한 말로 왕을 뜻한다. 그런데 어떤 사람은 귀인의 칭호라고도 한다. 또는 차차웅, 혹은 자충慈充이라고 한다. 김대문은 말한다. "차차웅은 우리말로 무당을 이른다. 세상 사람들이 귀신을 섬겨 제사 지내는 무당을 두려워하고 존경하다가, 결국 어른을 자충이라 존칭하게 되었다." 다음으로 이사금尼師今이라는 칭호도 있는데, 이빨 자국(잇금)을 뜻한다. 남해왕이 죽었을 때, 그 아들 노례弩禮가 석탈해昔脫解에게 왕위를 미루고자 했다. 그러자 탈해가 말했다. "제가 듣기로는 성현은 이빨이 많다고 합니다." 그리하여 떡을 씹어 이빨 자국을 세었다. 이사금의 유래는 예로부터 그렇게 전한다.

이어서 마립간麻立干이라는 말도 있는데, 김대문이 설명했다.

"마립은 우리말로 말뚝을 뜻한다. 말뚝에 따른 표시는 서열에 따라 이루어지는데, 왕의 말뚝은 중심이 되고 신하의 말뚝은 그 아래 놓이므로 이렇게 이름 붙였다."

역사가는 평했다. "신라에서 거서간, 차차웅으로 부른 왕은 각각 하나, 이사금은 열 여섯, 마립간은 네 명이었다. 신라 말의 이름난 선비 최치원은 『제왕연대력帝王年代曆』을 지으면서, 모두 ○○왕이라 부르고 거서간 등의 명칭은 언급하지 않았다. 그 말이 고유어라서 부르기 부족하다고 생각했기 때문일까? 그러나 이제 신라의 일을 기록하며 우리말 표현을 갖추는 것 또한 필요한 일이다."

그리고 신라 사람들은 돌아가신 분들을 높여 '갈문왕葛文王'이라고도 했는데, 그 뜻을 알 수 없다.

남해왕 무렵에 낙랑 사람들이 서라벌을 침입했지만 이기지 못하고 물러갔다. 또한 서기 18년에 고구려의 속국 일곱 나라가 항복해 왔다.

1-20. 3대 유리왕

유리왕이라고도 불리는 박씨 노례이사금弩禮尼師今과 그 매부 석씨 탈해는 애초에 남해왕이 물려준 왕위를 서로 양보하였다. 그러자 탈해가 말했다.

"덕이 있는 분은 이빨이 많을 테니, 이빨 자국을 세어 정하지요."

그래서 떡을 씹어 알아보니 노례의 이빨이 더 많아서 먼저 왕위에 올랐다. 여기에서 잇금[이사금, 임금]이라는 말이 유래하여, 유리왕부터 지금까지 '임금'이라는 칭호를 쓰고 있다.

서기 23년, 즉위하여 혁거세왕을 추대했던 6부의 이름을 정리하고 각각 성씨를 내렸다. 처음으로 궁중의 노래 〈도솔가兜率歌〉, 다스리는 노래를 지었는데, 감탄 어구가 있는 10구체 향가의 모습이었다. 쟁기와 보습, 얼음창고와 수레도 만들었다.

서기 42년, 경북 청도군 이서면 일대에 있었던 이서국을 정벌하여 멸망시켰는데, 이 해에 고구려 병사가 쳐들어왔다.

해설

고구려의 침략 기록은 당시 만주에 있었던 고구려가 경북 내륙 지역의 신라와 직접적인 교전을 벌였다는 뜻이기보다는, 신라에 복속된 낙랑 지역 유민들이 고구려와 싸웠던 기록과 경험을 반영한 것이 아닐까 한다.

1-21. 4대 탈해왕

남해왕이 다스리던 시절, 탈해는 금관가야의 바다에 정박하고 있었다. 옛 기록에 따르면 탈해가 금관가야에 왔던 해가 임인년[서기 42년 또는 기원전 19년]이라는데, 오류이다. 서기 42년이라면, 서기 23년 유리왕이 즉위한 후에 신라에 왔다는 것이므로 앞의 유리왕과 탈해 사이의 양위 이야기는 있을 수 없다. 기원전 19년이라면 혁거세왕이 다스리던 때라서, 그 시절에 활동했던 사람이 남해왕 때까지 살아있을 수는 없으므로 역시 임인년일 수가 없다.

아무튼 금관가야의 수로왕이 신하와 백성들과 함께 북을 쳐 맞이하니, 금관가야에 머무르려다가 날아가듯 달아났다고 했다. 그리하여 탈해는 계림의 동쪽 하서지촌 아진포[下西知村 阿珍浦 : 경주시 양남면 나아리]에 도착했다. 고려 후기에도 아진포라는 지명이 있었다.

마침 바닷가에 어떤 할머니가 있었는데, '아진의선阿珍義先'이란 이름으로 혁거세왕 밑에서 고기잡이도 한 적이 있었다. 탈해가 탄 배를 바라보며 말했다.

"바다에 원래 바위가 없었는데… 왜 까치가 모여 울까?"

배를 몰고 까치가 모였던 배 위로 가 보니, 길이 6m, 폭 4m 정도의 궤짝이 있었다. 배를 끌어 나무 아래 두고, 흉조인지 길조인지 알 수 없어 하늘에 기도했다. 그러자 상자가 열려 단정한 사내아이가 나타났고, 온갖 보석과 노비도 가득했다.

할머니가 7일을 돌봐주니, 아이는 말한다.

"저는 왜倭에서 동북쪽으로 400km 정도 떨어진 곳에 있는 용성국龍城國 사람이어요. 우리나라에는 사람의 몸에서 태어난 28명의 용왕이 있지요. 대여섯 살이 되면 즉위하여 온 백성을 가르쳐 그

본성과 운명을 바르게 한답니다. 신분제는 있지만 차별하지 않고 누구나 왕이 될 수 있고요. 아바마마 함달바含達婆(건달바) 대왕께서 동해의 여인국 공주를 왕비로 맞으셨지만, 자식이 없으셔서 7년 기도 끝에 겨우 알을 낳았지요. 그러자 대왕께서 신하들과 의논하셨습니다. '사람이 알을 낳는 일은 예로부터 없었소. 상서롭지 못한 일이오.' 하고는 상자를 만들어 저를 온갖 보석과 노비와 함께 가두고는, 배에 태워 바다에 버리며 말씀하셨어요. '인연 있는 땅에 가서 나라를 세우렴.' 붉은 용이 나타나 호위해 준 덕분에 여기까지 올 수 있었네요."

말을 마치고 아이는 지팡이를 끌며 두 종을 거느리고, 토함산吐含山에 올라 돌로 제단을 쌓았다. 7일 동안 신라의 수도 서라벌 안에서 머물 만한 곳을 헤아리니, 초승달 모양의 언덕이 보였다. 내려와 알아보니 호공瓠公이란 사람의 집이었다. 그래서 꾀를 내서 몰래 집 곁에 숫돌과 숯을 묻어두고는, 다음 날 아침 그 집에 와서 말한다.

"여기는 우리 조상들이 대대로 살아온 곳입니다. 나가주세요."

호공이 그렇지 않다고 해서, 옥신각신 결판이 나지 않자 관리에게 신고했다. 관리가 물었다.

"너희 집이라는 증거가 있느냐?"

"우리는 원래 대장장이 집안인데, 잠깐 옆 마을에 갔던 사이에 남이 빼앗아 머무는 겁니다. 땅을 파보시길 부탁드려요."

그 말을 따르니 과연 숫돌과 숯이 나와서, 집을 빼앗아 지내게 되었다.

이 무렵 남해왕이 그 아이, 탈해가 똑똑하다고 알고는 맏공주 아니부인阿尼夫人과 혼인하게 하였다.

하루는 탈해가 동악 토함산에 올랐다가 돌아오는 길에 하인에게 마실 물을 찾아 떠오라고 했다. 하인이 물을 떠오는 도중에 먼저 마시고 드리려고 했더니, 뿔잔이 입에 붙어 떨어지지 않았다. 그래서 혼쭐을 내니 하인이 맹세한다.

"이제부턴 멀든 가깝든, 감히 먼저 마시지 않겠습니요."

그러자 입에서 떨어졌다. 이 때문에 하인이 복종하고 속이지 못했다. 토함산의 요내遙乃 우물이 그곳이다.

유리왕이 서기 57년 6월 세상을 떠나자, 탈해가 즉위했다. 예전[昔] 우리집이라고 속여 남의 집을 빼앗았으므로 석씨가 되었다고도 하고, 까치[鵲]가 날아오른 덕분에 상자가 열려 태어났으므로 새[鳥]에 해당하는 부분을 빼고 석씨가 성이 되었다고도 한다. 23년을 임금 노릇하다가 79년에 세상을 떴고, 토함산 북쪽의 계곡물이 흐르는 소천疏川 언덕에 장사지냈다. 훗날 토함산 신령이 된 탈해왕의 계시가 내려왔다.

"내 유골을 조심스레 묻어다오."

두개골의 둘레는 1m가 좀 못 되었고, 키는 3m 정도였다. 이빨은 하나처럼 뭉쳤고, 뼈도 하나로 이어져 있었다. 이른바 천하무적 장사의 골격이었다. 화장한 뼈로 소상을 만들어 궁궐 안으로 모셨더니, 신께서 다시 이르신다.

"내 유골을 동악東岳 토함산에 묻으라니까."

계시에 따라 모셨다.

일설에는 탈해왕이 죽은 후 27대 문무왕文武王 무렵 680년 3월 15일에, 임금의 꿈에 사납게 생긴 어떤 노인이 나타나 말했다.

"나는 탈해왕이다. 소천구에서 내 유골을 빼내어 소상을 만들어 토함산에 묻어라."

문무왕이 그 말씀을 따랐고, 지금까지 나라의 제사가 끊이지 않아 동악 산신령으로 정착했다. 물에서 도래한 임금이 산신령이 된 것이다.

1-22. 탈해왕 때 김알지

혁거세왕의 사신 노릇도 했지만, 탈해에게 집을 빼앗겼던 왜인倭人 호공은 서기 60년 8월 4일 밤에 월성 서쪽 마을로 가다가, 구림鳩林이라고도 부르는 시림始林 숲에서 큰 빛을 보았다. 자줏빛 구름이 하늘에서 땅으로 드리워졌고, 그 구름 속에 황금빛 상자가 나뭇가지에 걸려 있었다. 빛은 그 상자에서 나오는 것이었다. 그리고 혁거세왕 때의 백마와 같은 흰 빛깔의 닭이 나무 아래서 울고 있었다.

그 상황을 탈해왕께 아뢰니, 임금이 직접 숲으로 행차했다. 탈해왕 자신이 태어났던 때의 일과 마찬가지로 상자를 여니 사내아이가 누워있다가 일어났다. 혁거세왕이 태어날 때 "알지거서간[아기 임금]이 한번에 일어났다."고 말했던 옛일과 똑같았으므로, 알지闕智라고 이름을 지었다.

알지는 우리말로 아기를 부르는 말이다. 알지를 안고 궁궐로 돌아오니, 날짐승 들짐승 앞다투어 기뻐 날뛰며 춤추었다. 탈해왕이 날짜를 골라 태자로 삼았지만, 파사婆娑에게 양보하고 즉위하지 않았다.

황금 상자에서 나왔으므로 김씨 성이 되었다. 알지는 열한熱漢을 낳고, 열한은 아도阿都를 낳고, 아도는 수류首留를 낳고, 수류는 욱부郁部를 낳고, 욱부는 구도俱道를 낳고, 구노가 미추未鄒를 낳아 미추가 임금이 되었으니, 신라 김씨 왕족은 알지에서 비롯된 것이다.

1-23. 8대 아달라왕 시절의 연오랑과 세오녀

8대 아달라왕阿達羅王 4년(157년)에 동해 바닷가에 연오랑延烏郎 세오녀細烏女 부부가 살았다. 어느날 연오랑이 바다에 가 해조류를 따다가, 문득 나타난 바위[물고기라고도 한다.]에 실려 일본으로 갔다. 일본 사람들이 보고 말했다.

"보통 사람은 아니겠구나."

그리하여 왕으로 삼았다.

그렇지만 일본 왕들의 기록을 살펴보아도, 신라인으로 임금이 된 이는 없었다. 변두리 작은 마을에서 왕노릇을 했을지도 모르지만, 천황이란 것들과 같은 일본 전체의 왕은 아니었을 것이다.

세오녀는 남편이 돌아오지 않아 찾아 나섰다. 바위 위에 놓인 남편의 신발을 보고 올라탔다가, 역시 연오랑과 마찬가지로 바위에 실려갔다. 일본 사람들이 깜짝 놀라 임금이 된 연오랑에게 데려다 주었다. 부부는 다시 만났고, 세오녀는 왕비가 되었다.

이 때 신라에서는 해와 달이 빛을 잃어버렸고, 일관日官이 점을 쳤다.

"해와 달의 정기가 우리나라에 있었다가, 일본으로 떠나버려서 이런 변고가 생겼습니다."

아달라왕은 사신을 보내 두 사람에게 돌아오라고 했는데, 연오랑이 말한다.

"우리가 이 나라에 온 것은 하늘이 그렇게 시킨 것인데, 어떻게 지금 돌아갈 수 있겠소? 그렇지만 짐의 왕비가 직접 짠 고운 비단이 있으니, 이것이라도 갖고 가서 하늘에 제사를 지내보면 어떨까 하오."

그리고는 비단을 선물로 주니, 사신이 돌아와 아뢰었다. 그 말대로 제사를 지냈더니, 해와 달이 예전의 빛을 되찾았다. 그 비단을 왕의 보물창고에 두고 국보로 삼은 데다가, 그 창고 이름을 '귀비고貴妃庫'라 불렀다. 제사 지낸 곳을 영일현迎日縣, 또는 도기야都祈野라 한다.

1-24. 13대 미추왕과 댓잎 군대

13대 미추왕未鄒王은 김알지의 7대손이다. 김알지의 자손들은 대대로 벼슬이 높고 거룩한 덕을 갖추었으며, 미추왕은 첨해왕沾解 王에게 양위를 받아 즉위했다. 재위 23년(284)만에 서거했으며, 흥륜 사 동쪽에 왕릉이 있다.

미추왕릉을 속칭 '시조당'이라 하는 까닭은 김씨로서 처음 왕 위에 올랐기 때문이다. 이후 모든 김씨 왕들은 미추왕을 시조로 생 각하는 게 당연하다.

14대 유리왕儒理王(284~298년) 때 경북 청도의 이서국 사람들이 수도 금성을 공격했다. 우리도 대군으로 막았지만, 오래 저항할 수 없을 지경이었다. 그런데 갑자기 귀에 댓잎이 달린 기이한 병사들 이 나타나, 아군과 힘을 합쳐 적을 무찔렀다. 적이 퇴각하자 그들의 흔적도 사라졌고, 다만 댓잎이 미추왕릉 앞에 쌓여있을 따름이었 다. 그리하여 선왕의 음덕에 따른 효과임을 알게 되어, 미추왕릉을 죽현릉竹現陵이라고도 부른다.

37대 혜공왕惠恭王 14년(779년) 4월 무렵, 문득 회오리바람이 김 유신의 무덤에서 불었다. 회오리 속에 장군 복장을 한 사람이 준마 를 타고, 무장을 한 40여 명이 뒤따라 죽현릉에 들어갔다. 잠깐 있 다가 왕릉에서 곡소리가 진동하고, 하소연하는 말이 들렸다.

"신은 살아서는 때맞춰 국난을 타개하여 삼한을 통일하였고, 죽어서도 이 나라를 지켜 재앙과 근심을 물리치려는 마음을 잠신들변치 않았더이다. 그런데도 9년 전 신의 자손 김융金融이 억울하게 처형당했으니, 군신들이 저의 공을 신경도 쓰지 않아서 그렇습니다. 신은 멀리 떠나 다시는 번거로운 일 따위 하지 않으렵니다. 윤허해 주십시오."

미추왕이 답했다.

"나와 공께서 이 나라를 돌보지 않는다면, 우리 백성들은 어쩌란 말이오? 공께서 예전처럼 애써주시길 바라오."

김유신이 3번 간청했지만, 미추왕이 허락하지 않아 회오리바람은 돌아왔다.

혜공왕이 이 이야기를 듣더니, 겁이 나서 훗날 원성왕元聖王이 되는 김경신金敬信 재상을 김유신의 무덤에 보내 사죄하게 했다. 그리고 김유신의 제사를 위해 14만 평의 밭을 취선사鷲仙寺에 내려 명복을 빌게 했다. 그렇게 했던 이유는 취선사는 김유신이 고구려를 멸망시킨 후에 복을 빌려고 세운 절이기 때문이다.

미추왕의 영혼이 아니었다면, 김유신의 분노를 풀지 못했으리라. 미추왕의 보살핌이 크지 않다 할 수 없다. 그러므로 신라 사람들이 그 덕을 기려, 나라의 큰 제사를 지내는 3산과 마찬가지로 끊임없이 제사를 지냈다. 미추왕릉의 서열도 박혁거세를 비롯한 박씨 왕족의 5릉보다 위에 두어 대묘大廟라 하였다.

1-25. 17대 내물왕과 김제상

17대 내물왕奈勿王 36년(390년), 왜왕이 보낸 사신이 말했다.

"저희 임금께서 대왕의 명성을 들으시고, 저희를 통해 고구려를 침략한 백제의 위협을 대왕께 알리게 하셨나이다. 대왕께 바라옵건대 왕자 한 분을 보내시어 저희 임금께 성의를 보이시죠."

그리하여 왕은 3남 미해美海를 왜에 파견했다. 미해는 10살로 언행이 아직 서둘러서 내신 박사람朴娑覽을 함께 보냈는데, 왜왕이 30년 동안 미해를 잡아두고 돌려보내지 않았다.

19대 눌지왕訥祗王 3년(419), 고구려 장수왕長壽王이 보낸 사신이 말했다.

"저희 임금께서 **빼어난 지혜와 재주를 지니신**, 대왕의 아우님 보해寶海를 뵙고자 소신을 보내 특별히 부탁하셨습니다."

왕은 이 일 덕분에 고구려와 평화롭게 지낼 수 있다면 다행이리라 생각했다. 아우 보해에게 고구려로 가라고 명을 내리고, 내신 김무알金武謁이 보좌하게 하여 고구려로 보냈다. 장수왕도 보해를 잡아두고 돌려보내지 않았다.

425년이 되어 눌지왕은 나라의 호걸들을 모아 잔치를 열었다. 서너 잔 마시고 음악을 듣다가 눈물을 흘리며 말한다.

"부왕이신 내물왕께서 백성을 위하는 마음으로, 작은 아우 미해를 왜국에 보냈다가 다시 만나지 못하고 돌아가셨소, 또한 짐이 즉위하고 이웃 나라들과 전쟁이 끊이지 않았다가, 고구려만 화친하자 하기에 그 말을 믿고 큰 아우 보해를 사신으로 보냈지만 돌려보내지 않는구려. 짐은 편히 지내더라도 마음에 걸려, 하룬들 아우들을 잊지 못하여 눈물이 나오. 두 아우를 만나 선왕의 묘에 함께 갈 수만 있다면, 여러분께 은혜를 갚겠소. 좋은 생각 없으시오?"

온 신하들이 아뢴다.

"쉽지 않습니다. 지혜와 용기를 두루 갖춰야 할 텐데요. 삽라군歃羅郡(경남 양산) 태수 제상堤上을 추천합니다."

이에 따라 왕이 부탁하니, 제상이 두 번 절하고 대답한다.

"임금이 근심하면 신하는 고생하고, 임금이 고생하면 신하는 죽을 지경이라 들었습니다. 난이도를 따져가며 행동한다면 충성스럽지 못한 일이고, 생사를 계산하며 움직인다면 용기가 없다 하겠지요. 모자란 재주나마 명을 받들겠습니다."

왕은 몹시 기뻐하며 술잔을 나누어 마시고, 악수하며 작별했다.

제상은 구슬로 된 발 앞에서 명을 받고, 북쪽 바닷길을 내달렸다. 변장하고 고구려 보해의 거처로 가서 탈출할 날짜를 모의했다. 제상은 홀로 먼저 5월 15일에 현재 휴전선 일대인 고성 포구에 가서 기다렸다. 약속했던 날짜가 다가오자, 보해는 꾀병으로 며칠 동안 고구려 사람들을 피하다가 밤중에 고성 바닷가로 달아났다. 고구려 왕이 알아채고 수십 명의 병사로 고성까지 추격했다. 그렇지만 보해는 고구려에서 주위 사람들에게 잘해주었으므로, 병사들도 보해를 동정하여 화살촉을 뽑고 활을 쏘아댔다. 마침내 제상과 보해는 무사히 돌아올 수 있었다.

눌지왕은 보해를 만나자, 왜국에 잡혀 있던 미해가 더 생각나서 기뻐하다 슬퍼했다 하다가, 눈물을 흘리며 주위에 말했다.

"몸 하나에 팔 한 짝, 얼굴 하나에 눈 한 짝만 있구나. 하나는 돌아왔지만 하나는 여전히 잃어버린 상태라 안 아플 수가 없소."

제상이 이 말을 듣더니, 두 번 절하고 말을 탔다. 집에도 들르지 않고 바로 울산 앞바다로 간다. 제상의 아내가 듣고는, 말을 달려 좇아갔지만, 그 남편이 이미 배를 타고 떠나는 것만 보였다. 그 아내가 간절히 울부짖는 모습을 보면서도, 제상은 그저 손을 흔들며 떠나버렸다.

왜국에 도착한 제상은 거짓말을 했다.

"신라 왕이 죄 없는 우리 가족을 죽였으므로, 이 땅에 귀순합니다."

왜왕(『일본서기』에 따르면 한반도 남부를 점령했다는 신공황후)는 그 말을 믿고, 집을 주어 정착하게 했다.

그 후로 제상은 미해를 모시고 바닷가에서 낚시하며, 잡은 고기를 매번 왜왕에게 바쳤다. 왜왕의 환심을 사 믿음을 얻게 되자, 새벽안개 자욱할 때 제상은 말한다.

"떠나실 수 있겠습니다."

"그럼 함께 떠납시다."

"저까지 떠난다면, 왜국 사람들이 눈치채고 쫓아옵니다. 제가 남아 추격을 지연시키겠습니다."

"경과 나는 가족과 같거늘, 어찌 경을 버리고 가란 말이오?"

"왕자님을 구하여 대왕의 마음을 위로할 수 있다면, 그걸로 된 겁니다. 살아서 돌아가기까지 바랄까요?"

미해에게 술을 따라주었다. 때마침 왜국에 신라 사람 강구려가 와 있었으므로 미해를 신라까지 호송하게 했다.

제상은 미해의 방에 들어갔다. 다음 날 아침 왜국 신하들이 미해를 만나보려 하는데, 제상이 나와 만류했다.

"어제 사냥하느라 말을 몰았더니, 피곤해서 못 일어나셨소."

해가 기울도록 그러하니, 이상한 생각이 들어 신하들이 다시 캐물으니 제상이 대꾸한다.

"왕자님은 이미 떠나신 지 오래라네."

신하들이 화가 나서 왜왕에게 고하고, 병사들이 쫓았지만 놓쳤다. 제상을 가두고는 추궁한다.

"왜 너희 나라 왕자를 빼돌렸느냐?"

"나는 신라의 신하다. 왜국의 신하가 아니다. 우리 임금의 뜻을 이루어 드리려는데, 당신께는 할 말이 없소."

왜왕은 화가 치밀었다.

"네가 이 땅의 신하가 되었는데도 신라의 신하라니, 벌이란 벌은 다 내려야겠구나. 그래도 왜국의 신하라고 인정만 한다면, 상을 내리고 벼슬도 주마."

"신라의 개돼지가 되더라도, 왜국의 신하는 되지 않겠다. 신라에서 매를 맞고 말지, 왜국의 벼슬은 받지 않으련다."

왜왕은 더욱 화가 나서, 제상의 발바닥 피부를 벗기고 뾰족하게 자른 갈대 위를 걷게 하고 다시 물었다. 그래서 갈대에 난 핏자국이 제상의 것이라는 속설이 생겼다.

"너는 어느 나라 신하냐?"

"신라의 신하다."

뜨겁게 달군 철판 위에 제상을 세웠다.

"어느 나라 신하라고?"

"신라의 신하라니까."

왜왕은 제상을 굴복시킬 수 없음을 깨달아, 목도라는 곳에서 불에 태워 죽였다.

미해는 바다를 건너, 강구려康仇麗를 통해 귀환을 알렸다. 눌지왕은 놀랍고도 기뻐, 온 신하가 굴헐역에서 맞이하게 했다. 왕과 보해 형제는 남쪽에서 미해까지 만나 궁궐로 가 잔치를 열고 대사면을 내렸다. 제상의 아내에게 국대부인 벼슬을 주고, 제상의 딸을 미해의 부인으로 삼았다.

이렇게 평하는 사람이 있었다.

"옛날 한나라 신하 주가周苛가 형양에서 초나라의 포로가 되었을 때, 항우項羽에게 이런 소리를 들었다지. '내 신하가 되면 만호후 벼슬을 주겠노라.' 주가는 욕을 하며 굴복하지 않아, 항우에게 죽었다더라. 제상의 충성심은 주가에게 뒤지지 않는다고."

제상이 떠날 때 부인이 쫓아갔지만 따라잡지 못하고, 망덕사望德寺 문 남쪽 모래밭에 쓰러져 오랫동안 울었다. 그래서 그 모래밭

이름은 '오래'라는 뜻이 들어간 장사長沙가 되었다. 친척 두 사람이 부인을 부축하여 돌아오려 했지만, 다리 뻗고 앉아 일어나지 않았다. 그래서 그 땅을 '뻗다'는 음이 들어간 벌지지伐知旨라 부른다. 시간이 지나도 부인은 그리운 마음을 못내 이기지 못하고, 세 딸을 데리고 치술령鵄述嶺에 올라 왜국을 바라보며 통곡하다 죽었다. 그러므로 제상의 부인은 치술신모라는 신이 되었고, 고려 후기에도 그 사당이 있었다.

1-26. 18대 실성왕

413년 평양에 큰 다리가 완성되었다는데, 이 평양은 아마도 지금 경기 양주인 남평양 같다.

18대 실성왕實聖王은 덕망을 갖춘 17대 내물왕의 태자 눌지가 미웠다. 그래서 해치려고 고구려 병사를 불러, 눌지를 속여서 마주치게 했다. 그런데 고구려인들이 보기에는 눌지가 더 현명해 보였다. 그래서 창을 돌려 실성왕을 배신하고 죽인 다음, 눌지를 왕으로 세우고 돌아갔다.

1-27. 21대 비처왕 – 거문고 상자를 쏘다

21대 비처왕毗處王(일명 소지왕炤智王) 즉위 10년(489) 천천정天泉亭에 임금이 행차했을 때, 까마귀와 쥐가 나타나 울었다. 쥐가 사람의 말로 일렀다.

"이 까마귀가 가는 곳을 조사해 보렴."

왕이 기마무사에게 쫓게 했더니, 까마귀가 남쪽으로 가 다다른 남산 농쪽 자락 피촌避村에서 돼지 2마리가 싸우고 있었다. 무사는 돼지싸움을 넋 놓고 보다가 그만 까마귀를 놓쳤다.

이 이야기는 다른 기록도 있는데, 신덕왕神德王(재위 812~917)이 흥륜사에 불공드리러 가는 길에, 쥐들이 꼬리에 꼬리를 무는 모습이 괴상하여 점을 쳤다. 그 점괘에 다음 날 까마귀 우는 곳을 조사하라 운운했다는데, 이 기록에 비하면 너무나 후대로 되어 있으므로 틀린 말이다.

까마귀를 놓친 무사는 길가를 헤매다가 어떤 노인을 만났는데, 노인은 연못에서 나와 편지를 주었다. 그 바깥 면에 이렇게 적혀 있었다.

"열면 둘이 죽고, 안 열면 하나가 죽는다."

무사가 돌아와 바치니 왕이 말한다.

"둘이 죽느니, 안 열고 하나가 죽는 게 낫겠구나."

일관이 아뢴다.

"둘은 서민이고, 하나는 폐하입니다."

왕이 그럴까 싶어 열어보니, 이렇게 씌어 있었다.

"거문고 상자를 쏴라."

왕이 입궁하여 거문고 상자를 쏘니, 궁중의 절에 있는 중과 왕의 귀비가 불륜을 저지르고 있었으므로 둘을 죽였다.

이로부터 신라는 매년 정월 첫 돼지, 쥐, 말의 날에는 온갖 일을 꺼리고 조심했다. 정월 대보름을 까마귀에게 제사 지내는 날로 삼아, 지금껏 찰밥으로 제사 지낸다. 우리말로 '달도'라고도 하는데, 시름겨워 온갖 일에 금기를 둔다는 뜻이다. 거문고 상자를 쏘게 한 경고의 글이 나왔던 연못은 '서출지書出池'라 부르게 되었다.

1-28. 22대 지증왕

22대 지철로왕智哲老王의 성은 김, 이름은 지대로 또는 지도로였다. 시호는 지증왕智證王인데, 신라왕으로서 처음 쓴 중국식 시호였다. 왕을 우리 말로 마립간麻立干이라 불렀던 것 역시 이 왕이 처음이었다. 500년 또는 501년에 즉위했던 듯하다.

왕의 남근은 40cm가 넘어 왕비를 찾기 어려웠다. 세 방향으로 두루 찾아 모량부에 다다르니, 오래된 나무 아래 개 두 마리가 북 크기의 똥 양쪽 끝을 물고 다투고 있었다. 마을 사람들에게 수소문했더니, 어떤 소녀가 일렀다.

"모량부 상공의 딸이 빨래하다가 숲에 숨어 눈 것이어요."

그 댁을 찾아가니, 키가 2m가 넘는 여인이 있었다. 임금에게 알려 수레를 보내 입궁하게 하여 왕비로 모셨다. 조정이 모두 축하했다.

그리고 아슬라瑟羅州(명주溟州로 강원 강릉) 근처 동해 바다에서 바람을 잘 타고 이틀 정도 가면 우릉도于陵島(울릉도)가 있다. 섬 둘레는 45km 정도로, 원주민들은 깊은 물길을 믿고 신라에 복종하지 않았다. 지증왕은 이찬 박이종朴伊宗(『삼국사기』에서는 김이사부, 김태종)에게 출병하여 토벌하라 했다. 박이종은 나무로 사자를 만들어 큰 배에 실어 위협한다.

"항복하지 않으면, 이 맹수를 풀 거야."

원주민들은 겁에 질려 항복했고, 임금은 박이종에게 상으로 군주 벼슬을 내렸다.

1-29. 24대 진흥왕

24대 진흥왕眞興王이 15살에 즉위하였을 때는 태후가 섭정을 했다. 태후는 법흥왕法興王의 딸로 입종갈문왕立宗葛文王의 아내였다. 태후는 임종할 때 삭발하여 승려의 옷을 입고 돌아가셨다.

544년 9월, 백제의 병사가 진성珍城(전북 무주)에서 쳐들어와 남녀 39,000명과 말 8,000필을 약탈했다. 이보다 앞서 백제는 신라와 연합하여 고구려를 침략하려고 했는데, 진흥왕은 이렇게 답하였다.

"나라의 흥망은 하늘에 달려 있다오. 하늘이 고구려를 미워하지 않는데, 어떻게 내가 욕심을 내겠소?"

진흥왕의 말이 고구려에 퍼져, 고구려는 감동하고 신라와 잘 지내게 되었다. 그러므로 백제가 앙심을 품고 쳐들어온 것이다.

1-30. 25대 진지왕 - 도화녀와 비형랑

25대 사륜왕舍輪王의 시호는 진지왕眞智王으로 성은 김씨였으며, 태종 무열왕 김춘추의 할아버지이다. 그 왕비는 기오공起烏公의 딸 지도부인知刀夫人 박씨였다. 576년에 즉위하였는데, 나라를 다스린 지 4년 동안 정치가 어지럽고 음란한 짓을 하여 579년 귀족들에게 폐위당했다. 한편 580년에 즉위했다는 옛 기록도 있다.

폐위당하기 전에 이런 일이 있었다. 아주 예뻐서 도화랑桃花娘이라 불리던 여성이 사량부에 있었다. 임금이 소문을 듣고는 궁중으로 불러 범하려고 했지만 이렇게 말했다.

"여자는 두 남편을 동시에 두지 않아야 합니다. 남편이 있는데 남과 관계하라니, 임금의 권력으로도 억지로 시킬 수 없는 일입니다."

임금이 말했다.

"죽여도?"

"공개 처형당할지라도 다른 남자와 얽히지 않고 싶습니다."

임금이 장난스레 말한다.

"남편이 없다면 괜찮을까?"

"괜찮겠지요."

임금은 도화녀를 놓아 보냈다.

이 해에 임금은 폐위당하고 죽었다. 2년이 지나 도화녀의 남편도 죽었다. 열흘이 지난 밤, 진지왕이 생시의 모습으로 도화녀의 방에 와 말한다.

"이젠 남편이 없어졌으니, 네가 약속했듯이 괜찮은가?"

도화녀가 가볍게 승낙하지 못하고 부모에게 아뢰니, 부모가 말한다.

"임금님 말씀을 어찌 거스르겠느냐."

그리하여 도화녀가 7일간 동침했는데, 늘 오색구름이 집을 뒤덮고 향기가 방에 그득했다. 7일이 지나자 진지왕은 자취를 감추고 도화녀는 임신했다. 달이 차고 아이를 낳을 때 천지가 진동하고, 사내아이를 낳아 이름을 '비형鼻荊'이라 했다.

진평왕眞平王(재위 579~632)이 이 기이한 일을 듣고는, 비형을 거두어 궁중에서 길렀다. 15살이 되자 왕의 내신에 해당하는 집사 벼슬을 주었다. 밤이면 멀리 나가 놀아서 왕이 용사 50인에게 감시하게 했지만, 매번 왕궁인 월성 담을 날래게 넘어 서라벌 서쪽 황천荒川 언덕 위에서 귀신들을 데리고 놀았다. 용사들은 수풀에 숨어 살펴보았다. 귀신들은 여러 절의 새벽 종소리를 듣고는 각자 흩어졌고, 비형랑도 돌아왔다. 용사들이 이 사실을 아뢰니, 진평왕이 비형랑을 불러 묻는다.

"너 귀신을 데리고 논다던데, 정말이냐?"

"그렇습니다."

"그러면 귀신들을 시켜서 신원사神元寺 북쪽 개울에 다리를 좀 놓아라."

이 신원사를 신중사神衆寺라고 부르는 것은 오류이다. 이 개울은 아까 나왔던 황천 동쪽 개울이라고도 한다.

비형이 왕명을 받들어 귀신들에게 돌을 다듬게 하고는 하룻밤 만에 다리를 놓았으니, 다리 이름을 '귀교鬼橋'라 하였다.

진평왕이 또 묻는다.

"귀신 중에 사람 세상에 나와 조정을 도울 만한 자가 있느냐?"

"길달吉達이라는 자가 나랏일을 도울 만합니다."

"데려와라."

다음 날 비형랑이 길달을 데려와 진평왕을 뵈었더니, 길달에게 비형랑과 똑같은 집사 벼슬을 주었다. 길달은 과연 비길 데 없이 충직했다. 이때 임종林宗 각간에게 자식이 없어, 진평왕은 칙령을 내려 길달을 양자로 삼게 했다. 임종은 길달에게 흥륜사 남쪽에 문루門樓(다락집)를 만들게 했는데, 매일 밤 그곳에 가 잤으므로 길달문이라 불렀다.

하루는 길달이 여우로 변해 달아나서, 비형랑이 귀신을 시켜 잡아 죽였다. 그래서 다른 귀신들이 비형랑의 이름을 들으면 두려워 달아나게 되었다. 당시 사람들이 노랫말을 지었다.

성제의 혼이 낳은 아들,

비형랑이 머무시는 곳이라.

날뛰는 온갖 귀신들이여,

여기는 머물지 말지어다.

이 노랫말을 적어 붙여 귀신을 쫓는 풍속이 있었다.

1-31. 하늘이 내려준 옥으로 된 허리띠

937년, 신라의 마지막 임금 경순왕敬順王이었던 고려의 정승 김부金傅가 금과 옥으로 장식된 허리띠 하나를 고려 태조에게 바쳤다. 길이 10뼘에 62개 장식이 새겨져 있었고, 하늘에서 진평왕에게 내려주었던 물건이라 했다. 태조가 받아 왕실의 창고에 간직했다.

26대 백정왕白淨王의 시호는 진평왕眞平王으로 김씨였다. 579년 왕위에 올랐고, 키는 3m가 넘었다. 궁궐 안에 자신이 창건한 천주사天柱寺에 행차하여 섬돌을 밟았는데, 3개가 다 무너졌다. 임금이 신하들에게 일렀다.

"이 돌을 치우지 말고, 후손들이 보도록 하자."

그리하여 도성 안에서 움직일 수 없는 다섯 곳의 돌 중 하나가 되었다.

즉위한 해에 천사가 궁궐 뜨락에 내려와 아뢰었다.

"상제께서 제게 옥으로 된 허리띠를 전해드리라 하셨습니다."

임금이 무릎을 꿇고 직접 받았다. 그러자 천사는 승천했고, 교외나 종묘에서 큰 제사를 지낼 때면 이 허리띠를 사용했다.

그 후 고려 임금이 신라를 치려다가, 주위 신하들에게 물어보았다.

"신라에는 세 가지 보물이 있다지. 그게 무엇이오?"

"황룡사皇龍寺의 장육존상丈六尊像과 9층탑, 그리고 진평왕에게 하늘이 내려준 옥 허리띠, 이렇게 세 가지랍니다."

그러자 신라를 치지 않기로 했다.

기리어 시를 읊는다.

구름 너머 하늘 내린 옥 허리띠 휘감으시니
천자의 곤룡포에 우아하게 잘 맞는구나.
이제부터 우리 임금님 옥체가 더욱 무거우시리니
내일 아침 무쇠 섬돌을 만들어야 할까나.

1-32. 선덕여왕의 3가지 예언

27대 덕만德曼 임금의 시호는 선덕여왕善德女王으로 김씨였다. 아버지는 진평왕으로 632년 즉위하여 16년간 다스렸는데, 미리 알아맞힌 예언이 3가지 있었다.

첫째, 당나라 태종이 붉은색, 자주색, 흰색 등 3색의 모란 그림과 씨앗 3되를 보낸 일이 있었다. 임금이 그림 속의 꽃을 보고 말했다.

"이 꽃은 향기가 없겠소."

그리고는 뜨락에 심으라는 명을 내렸다. 꽃이 피었다 지기까지 기다렸지만, 과연 그 말처럼 향기가 없었다.

둘째, 영묘사靈廟寺 옥문玉門 연못에서 겨울인데도 개구리가 3, 4일째 모여 울었다. 신하들이 괴이하게 생각하여 선덕여왕에게 여쭈었다. 임금은 서둘러 알천閼川과 필탄弼呑 두 각간에게 정예병 2,000명을 뽑아 서쪽 교외로 출전하게 했다. 여근곡女根谷을 찾아가면 반드시 적의 병사가 있을 것이므로, 엄습하여 죽이라고 하였다. 두 각간이 명을 받들어 각자 1,000명씩 거느리고 서쪽 교외 부산 아래로 갔더니, 과연 여근곡에 백제 병사 500명이 숨어 있었다. 다 찾아 죽였다. 그리고 백제의 장군 우소亐召라는 자도 남산 언덕 바위 위에 숨어 있다가, 포위당해 화살을 맞고 죽었다. 후발대 1,200명도 가세하여 한 사람도 남김없이 백제군을 다 죽였다.

셋째, 병도 없던 임금이 신하들에게 말했다.

"짐은 ○○년 ○월 ○일이면 죽을 것이오. 도리천忉利天에 장사 지내주오."

신하들은 도리천이 어디인지 알 수 없었으므로, 아뢰었다.

"어디라굽쇼?"

"낭산狼山의 남쪽 말이오."

그 날짜가 되자, 역시 임금은 세상을 떠났다. 신하들이 낭산의 남쪽에 장례를 치르고 10여 년이 지나자, 문무왕文武王이 사천왕사四天王寺를 선덕여왕릉 아래에 세웠다. 불경에 "사천왕의 하늘 위에 도리천이 있다"고 했으므로, 선덕여왕이 얼마나 영험한지 알 만하다.

선덕여왕 생전에 신하들이 임금에게 여쭈었다.

"꽃과 개구리에 얽힌 일을 어떻게 아셨습니까?"

"그림 속 꽃에 나비가 없길래, 향기가 없으리라 생각했소. 당나라 임금이 내게 배우자가 없다고 조롱한 것이라오. 개구리는 성난 표정이라 병사의 모습과 같소. 옥문은 여근이고 여자는 음陰으로 흰색인데, 흰색은 서쪽이므로 병사가 서쪽에 있다고 짐작했다오. 남근이 여근에 들어가면 반드시 죽기 마련이라, 쉽게 토벌할 것도 알았소."

그러자 신하들이 모두 선덕여왕의 지혜에 감복感服하였다.

당 태종이 3색 꽃을 보낸 이유는 신라에 3명의 여왕이 나올 걸 알아서였을까? 선덕善德, 진덕眞德, 진성眞聖 등 3명이 여왕이므로, 당나라 임금도 지혜로웠다. 선덕여왕 때 영묘사를 세웠던 일은 양지良志 스님의 전傳에 자세히 실려 있다. 다른 기록에는 선덕여왕 때 돌을 다듬어 첨성대瞻星臺를 쌓았다고도 한다.

1-33. 진덕여왕

28대 진덕여왕眞德女王은 즉위하고 직접 〈태평가大平歌〉를 지어, 비단을 짜 무늬로 새기고 당나라에 사신을 시켜 바쳤다.

김춘추를 사신으로 보내 파병을 부탁하므로, 당나라 태종이 기뻐하여 소정방蘇定方을 보냈느니 하는 설이 있지만 오류이다. 소정방은 660년에 출병하였지만, 그 이전 시점부터 신라 왕은 무열왕 김춘추였다. 그러므로 이 일은 파병을 부탁하려던 게 아니다. 정말 진덕여왕 때의 일이라면, 아마 김유신의 동생 김흠순金欽純을 석방해 달라는 부탁 때문이었을 것이다.

당나라 임금이 기뻐하여 진덕여왕을 계림국왕으로 봉하였다. 그 가사는 이렇다.

당나라가 세워지니
황제의 뜻 높고 높아
전쟁이 그치고 평화가 열려
문치文治를 닦아 옛 임금 이으사
하늘과 통하니 자연도 잘 따르며
만물을 다스려 깊은 덕 품으리니
깊이 어진 마음 해와 달을 짝하고
편안한 운수 요순시절보다 더하리라.
깃발은 어찌 그리 빛나게 펄럭이며

징이며 북은 또 어찌 꽹장하던지!

말 안 듣는 변두리 오랑캐들쯤은

엎어지고 천벌 받으리라.

중화中華의 풍속 온 누리에 퍼져

멀거나 가깝거나 앞다투어 받아들이고

황제의 총명이 1년 내내 어우러져

해와 달과 다섯 별도 만방을 다 비추리.

산신령님께서 보필할 재상을 태어나게 하고

황제께서 그런 충신을 잘 임명하사

5제 3황 이래로 한결같은 덕 이루어져

우리 당나라 황실을 밝히시리라.

진덕여왕 때 알천閼川, 임종林宗, 술종述宗, 호림虎林(승려 자장慈藏의 아버지), 염장廉長, 김유신 등이 남산 오지암亐知巖에서 화백和白회의를 열고 있었다. 그때 큰 호랑이가 뛰어들어 모두 놀랐지만, 알천은 꼼짝도 하지 않고 웃고 떠들며 호랑이 꼬리를 잡아 바닥에 메쳐 죽였다. 알천의 힘이 이래서 맨 윗자리로 모셨지만, 모두 김유신의 위엄에 복종하였다.

신라에는 동쪽의 청송산, 남쪽의 오지산, 서쪽의 피전, 북쪽의 금강산 등 4곳의 성지가 있다. 큰일이 있을 때마다 대신들이 모여서 꼭 의논하여 조치했다. 진덕여왕 때 처음으로 설날 예배를 드리고, '시랑侍郎'이라는 호칭도 쓰기 시작했다.

1-34. 김유신

김무력金武力 이간의 아들 서현舒玄 각간의 맏아들은 유신庾信, 그 아우는 흠순이었다. 그리고 맏누이는 보희寶姬로 어릴 때 이름은 아해阿海, 둘째 누이는 문희文姬로 어릴 때 아지阿之라 불렸다. 김유신은 595년 7성의 정기를 받고 태어나서, 등에 7성 무늬가 있는 데다가 신기한 일도 많았다.

김유신 18살이 되자 검술을 익혀 뛰어난 화랑이 되었다. 이 무렵 출신이 불분명한 백석白石이라는 이가 화랑을 따르는 낭도 중에 있었는데, 김유신이 고구려를 칠 방법을 밤낮으로 궁리하자 알려준다.

"저와 함께 몰래 고구려를 염탐해 보신 다음에 꾀를 내 보면 어떨까요?"

김유신은 기뻐서 백석과 함께 밤길을 나섰다.

고개 위에서 쉬려 할 때, 두 여인이 뒤따른다. 골화천骨火川(경북 영천 남쪽 개울)에서 묵으려는데 또 한 여인이 갑자기 왔다. 김유신은 세 여인과 즐겁게 떠들고, 맛있는 과자를 대접받아 먹으며 마음이 열려 사정을 이야기했더니, 여인들이 알려주었다.

"당신 말씀 알아들었소. 백석을 잠깐 따돌리고 함께 숲속으로 갑시다. 다 말해주리다."

함께 가니 여인들은 신의 모습이 되어 말한다.

"우리는 내림奈林, 혈례穴禮, 골화骨火 3곳의 호국신이다. 지금

적국의 사람이 너를 유인하는데, 눈치 없이 따라가기에 우리가 여기 머물게 한 것이다."

말을 마치자 사라졌고, 김유신은 놀라서 두 번 절하고 물러났다. 골화천 숙소에 묵고 있던 백석에게 말한다.

"외국에 가면서 중요한 문서를 놓고 왔으니, 집에 돌아가서 가지고 와야겠네."

함께 집에 와 백석을 잡아 묶고 추궁하자, 이렇게 털어놓았다.

"나는 본래 고구려인이다. 우리나라 귀족들이 신라 김유신은 고구려 점쟁이 추남楸南이었다고 하더라."

어떤 옛 책에는 고구려가 아닌 백제라고 되어 있는데, 오류이다. 추남은 고구려인이고, 다음에 나오는 음양을 거슬렀다는 일 역시 보장왕 때였다. 춘남春南이라 적힌 것도 잘못이다.

"국경의 물이 거꾸로 흐르기에, 추남에게 점을 치게 했더니 아뢰었다.

이를 두고 암수가 뒤바뀐 일이라고도 한다.

'왕비께서 음양의 도를 거슬러 이런 일이 생겼습니다.'

보장왕은 놀라고, 왕비는 요사한 여우 소리라고 분노했다. 왕비는 임금에게 다른 일로 추남이 얼마나 영험한지 시험하여, 실수하면 가중 처벌하라고 일렀다. 그리하여 쥐 한 마리를 상자에 넣어, 무엇일까 맞추라고 했다. 추남이 아뢰었다.

'쥐 8마리입니다.'

실수하였으므로 목을 베려 할 때, 추남은 맹세했다.

'죽어 대장이 되어, 고구려를 멸망시키겠소.'

추남의 목을 베고 쥐 배를 갈랐더니, 새끼 7마리가 있어 추남의 말이 들어맞은 것을 알게 되었다. 그날 밤 왕의 꿈에 추남이 신라 김서현의 아내 품에 들었고, 온 신하들에게 알리니 모두 말했다.

'추남이 맹세하고 죽더니, 정녕 그렇게 하려나 봅니다.'

그러니 나를 보내 이런 계략을 짜게 한 것이다."

김유신은 백석을 죽이고, 세 여신에게 제사를 지냈더니 현신하여 받았다.

김씨 집안의 어른인 재매부인財買夫人이 돌아가셔서 청연青淵 위 골짜기에 장사지내고, 그곳을 재매곡이라 불렀다. 매년 봄이면 집안 남녀들이 그 남쪽 개울에서 잔치를 연다. 그때 즈음 온갖 꽃이 활짝 피고 솔꽃도 골마다 숲마다 그득하다. 그래서 골짝 입구에 송화방松花房이라는 암자를 짓고, 집안의 원찰願刹이라 전해졌다. 경명왕景明王 때(917~924) 김유신을 흥무대왕興武大王에 추존했다. 흥무대왕릉은 서산 모지사毛只寺 북쪽에, 동쪽으로 뻗은 봉우리에 있다.

1-35. 29대 태종 무열왕 김춘추와 백제의 멸망

제 29대 태종대왕太宗大王(재위 654~661)의 이름은 춘추, 성은 김씨이다. 문흥왕文興王으로 추봉된 각간 용수龍樹(일명 용춘, 龍春)의 아들이고, 어머니는 진평왕의 딸 천명부인天明夫人이다. 왕비는 문명

황후文明皇后 문희文姬로 김유신의 누이 중 한 분이었다.

문희의 언니 보희가 선도산에 올라 오줌을 누어 서라벌에 가득 차는 꿈을 처음 꾸었다. 보희가 아침에 그 꿈을 문희에게 알려주니, 듣고는 문희가 말했다.

"내가 그 꿈을 살게요."

"팔면 뭐 줄 건데?"

"비단 치마를 드리면 될까요?"

"좋아."

문희가 옷깃을 열고 꿈을 받을 때, 보희는 말했다.

"어젯밤 꿈 네게 전해 주마."

문희가 비단 치마로 값을 치렀다.

열흘 뒤에 유신은 춘추와 정월 첫 오일午日에 집 앞에서 공놀이를 하다가 일부러 춘추의 아랫도리 옷을 밟아 찢어지게 하고는 말했다.

오일午日에 대해서는 앞의 비처왕 때 〈거문고 갑을 쏘라〉에 나오는데, 최치원의 설이다. 그리고 신라 사람들은 축구를 공놀이라 부른다.

"우리집에 가서 수선합시다."

춘추가 유신의 말을 따랐다. 유신은 아해(보희)에게 바느질을 시켰지만, "사소한 일로 귀공자에게 경솔히 다가갈 수 있겠어요?"라며 거절했다. 옛 책에는 보희가 병으로 나오지 않았다고도 한다.

그래서 아지(문희)에게 시키니, 춘추가 유신의 뜻을 알고 문희와 사귀게 되었다. 그리고는 여러 번 만나고 나서 유신이 그 누이가 임신한 것을 알게 되어 꾸짖었다.

"왜 부모에게 알리지도 않고 임신했느냐?"

온 나라에 알리고는 문희를 불태워 죽인다고 했다. 선덕여왕(재위 632~647)이 남산에 행차하는 날을 기다렸다가 마당에 장작을 쌓고는 연기를 피워댔다. 선덕여왕이 보고는 무슨 연기냐고 물으니, 좌우에서 아뢰었다.

"김유신이 누이를 불태워 죽인다는 것 같습니다."

왕이 왜 그런다는지 물었다.

"그 누이가 남편도 없이 임신해서랍니다."

"누구 짓이냐?"

때마침 춘추가 곁에 있다가 얼굴빛이 크게 변했다. 선덕여왕은 말했다.

"네 짓이거든 얼른 가서 구해줘라."

춘추가 명을 받들어 말을 달려 막고, 후에 공식으로 혼인했다.

춘추는 진덕여왕(재위 647~654) 이후, 655년에 즉위하여 8년간 통치하고 661년에 59세로 세상을 떴다. 애공사哀公寺 동쪽에 장사 지내고 비석을 세웠다. 왕과 김유신은 힘을 합쳐 삼한을 통일하여 나라에 큰 공을 세웠으므로 그 묘호를 황제처럼 '태종'이라 했다. 태자 법민法敏과 인문仁問, 문왕文王, 노단老旦, 지경智鏡, 개원愷元 등의 각간들은 모두 문희가 낳았으니, 그 때 꿈을 팔았던 일의 효험이 이렇게 나타났다. 서자로는 급간 개지문皆知文, 국상國相 차득車得,

아찬 마득馬得 등이 있고, 딸도 둘 더 있었다.

태종은 하루에 쌀 3말과 꿩 9마리를 먹었는데, 660년 백제를 멸망시킨 다음에는 점심을 건너뛰고 아침, 저녁만 먹었다. 그래도 하루 쌀 6말, 술 6말, 꿩 10마리로 헤아린다. 서라벌의 물가는 베 1필에 벼 30~50석이었으므로, 백성들은 태평성대였다고 한다. 태자였을 때 고구려를 정벌하려고 당나라에 파병을 청했다. 당나라 황제가 그 풍채를 보고는 신성한 사람으로 생각하여, 시위 벼슬을 주어 잡아두려 했지만 겨우 거절하고 돌아왔다.

이 무렵 백제의 마지막 임금 의자왕義慈王(재위 641~660)은 전 임금 무왕武王(재위 600~641)의 맏아들이었다. 태자 시절에는 용맹하면서도 부모 형제에게는 따스하여, 해동의 증자曾子로 불렸다. 그러나 641년 왕위에 오르고서는 주색에 빠져 나라가 위태로웠다. 성충成忠 좌평이 열심히 타일렀지만 듣지 않고 옥에 가두었다. 성충은 말라 죽어가면서도 편지를 남겼다.

"충신은 죽어도 임금을 잊지 않는다니, 한 말씀 아뢰고 죽으렵니다. 제가 정세를 살펴보니 꼭 전쟁이 나겠습니다. 용병술에 지형을 잘 골라야 한다는데, 상류에 머물러 반격해야 보전할 수 있겠습니다. 만약 다른 나라 군대가 쳐들어온다면, 육로로는 탄현炭峴(충남 금산)을, 수군은 기벌포伎伐浦(충남 서천 장항)에 들지 못하게 하십시오. 험한 곳에 자리 잡고 막아야 합니다." 왕은 거들떠보지도 않았다.—탄현은 침현이라고도 하는 백제의 요충지이다. 기벌포는 장암, 손량, 지화포, 백강 등으로 부른다.

멸망의 조짐이 이어졌다.

① 659년 백제 오회사烏會寺 : 烏合寺에 크고 붉은 말이 나타나 밤낮 12시간 절을 돌았다.

② 2월에 여우 떼가 의자왕의 궁궐에 들어왔고, 흰 여우 한 마리는 좌평의 책상 위에 올라왔다.

③ 4월에 태자궁의 닭이 작은 참새와 교미했다.

④ 5월에는 사비수 언덕에 3장이나 되는 큰 물고기가 나와 죽었는데, 그 고기를 먹은 사람은 다 죽었다.

⑤ 9월에 궁중의 홰나무가 사람처럼 울었고, 밤에는 귀신이 궁궐 남쪽 길에서 울었다.

⑥ 660년 봄 1월에는 왕도의 우물물이 핏빛이 되었고, 서해 바닷가에 작은 물고기들이 나와 죽었다. 백성들은 다 먹을 수 없었고, 사비수까지 핏빛이 되었다.

⑦ 4월에 수만 마리 개구리가 나무 위에 모였다. 왕도의 시장 사람들은 이유 없이 놀라, 마치 누가 잡으러 오듯 달렸다. 그러다가 엎어져 죽은 사람이 100여 명이었고, 재물을 잃은 사람도 무수했다.

⑧ 6월에는 왕흥사의 모든 승려가 절 문에 난 큰 물길을 따라 배가 들어오는 환각을 보았다.

⑨ 사슴만큼 큰 개가 서쪽에서 사비수 언덕으로 와 왕궁을 향해 짖다가 사라졌다. 그러자 사비성의 개떼들도 길에 모여 울부짖다가 한참 만에 흩어졌다.

⑩ 이 무렵 귀신이 하나 궁궐에 나타나 크게 외쳤다. "백제 망한다, 백제는 망해." 그러고는 땅으로 꺼졌다. 의자왕이 괴이하게 생각하여 땅을 파게 했다. 3척쯤 파니 등에 이런 글자가 있는 거북이 한 마리가 나왔다. '백제는 보름달, 신라는 초승달 같다.' 점쟁이에게 물어봤다. "보름달은 가득 찼으니, 가득 차면 기울어집니다. 초승달 같으면 아직 덜 찼으니, 덜 찼으면 점점 차오르겠지요." 의자왕이 성을 내며 그 점쟁이를 죽이자, 다른 이가 말했다. "보름달은 융성하고 초생달은 미약합니다. 생각해 보면 우리나라는 융성해지고 신라는 차차 미약해진다는 뜻이겠죠?" 의자왕은 기뻐했다.

태종은 백제에 괴이한 일이 많단 소식을 듣고, 660년 김인문을 보내 당나라에 파병을 부탁했다. 당나라 고종은 소정방을 총관으로 삼아 유백영, 풍사귀, 방효공 등과 함께 13만 군사로 쳐들어왔다. 신라의 기록에 따르면 군사 122,711명, 배 1,900척이라는데, 『당사』에는 그렇게까지 상세하지 않다.

또 신라왕 김춘추도 총관으로 삼아 그 군사를 거느리고 합세하게 했다. 소정방은 군대를 이끌고 산동에서 바다를 건너 신라 서쪽 덕물도에 도착했다. 신라왕은 장군 김유신을 보내 정병 5만을 이끌게 했다. 의자왕이 듣고는 신하들을 모아 수비할 계책을 물었다.

의직義直 좌평이 진언했다.

"당나라 군대는 멀리 바다를 건너와 우리 물길에 익숙하지 않을 테고, 신라인들은 대국의 원조만 믿고 우리를 업신여깁니다. 당나라 군대가 이기지 못하는 모습만 보여주면, 신라는 겁을 먹고 나서지 못할 겁니다. 그러므로 당나라와 먼저 싸워야 합니다."

상영常永 달솔 등은 말했다.

"그렇지 않습니다. 당나라 군대는 멀리서 와 속전속결을 바랄 것이라 그 기세를 감당할 수 없습니다. 하지만 신라인들은 우리 군에 여러 번 졌으니까 지금도 우리 군세를 보면 두려워할 거요. 이번에는 당나라 군대의 길을 막아 피곤해지길 기다리는 한편, 먼저 신라를 쳐 그 기세를 꺾은 다음 상황에 따라 싸운다면 우리 군을 온전히 하며 나라를 지킬 수 있을 것입니다."

왕은 어느 쪽을 따를지 망설였다. 그때 흥수興首 좌평은 죄를 얻어 고마미지현古馬旀知縣(전남 장흥)에 귀양 가 있었는데, 사람을 보내 의견을 물어보았다.

"사정이 급한데 어쩌면 좋겠습니까?"

"성충이 했던 말대로입니다."

대신들이 믿지 않고 아뢰었다.

"흥수는 벌을 받는 중이라 임금을 원망하고 애국하지 않습니다. 그 말도 따르면 안 됩니다. 당나라 군대를 백강(곧 기벌포)에 들어오게 해도, 좁은 물길을 따라 여러 척의 배가 나란히 빠져나가지 못합니다. 그리고 신라 군대가 탄현을 넘더라도, 길이 굽어 여러 필의 말이 나란히 달리지 못할 겁니다. 그렇게 됐을 때 군사를 보내 공격하면 조롱 속의 닭, 그물에 든 물고기 신세가 될 겁니다."

왕이 답했다.

"그렇게 하라."

이윽고 당나라 군대가 백강과 탄현을 지났다는 소식이 들렸다. 계백堦伯 장군이 결사대 5천을 황산黃山(충남 논산)으로 이끌고 신라 군대와 싸웠다. 4번 싸워 모두 이겼지만, 수가 적고 힘이 다하여 결국 패배하고 계백도 전사했다.

신라와 당나라 군대는 합세하여 강나루에 진을 쳤다. 그런데 갑자기 새 한 마리가 소정방의 진영 위를 맴돌고 있길래, 점쟁이에게 물어보았다.

"원수께서 꼭 다치시겠습니다."

소정방은 겁을 먹고 병사들을 거두려고 했지만, 김유신이 타일렀다.

"괴상한 날짐승 한 마리 때문에 하늘이 준 기회를 놓치려고요? 하늘과 사람 모두의 뜻대로 어질지 못한 무리를 토벌하거늘. 불길한 일이 뭐 있겠습니까?"

그리고는 신검을 뽑아 새를 겨누니, 찢겨 죽어 앞자리에 떨어졌다. 그러자 소정방은 왼쪽 절벽으로 산을 타고 진군하여 백제군과 싸워 크게 이겼다.

나·당 연합군이 물결 따라 꼬리 물고 북을 치며 몰려들었다. 소정방의 보병 기병이 사비성 30리 밖에서 곧바로 들이닥쳤다. 사비성 안의 모든 군사가 저항했지만, 1만여 명이 전사했다. 당나라 군대가 승기를 타고 성을 덮쳤다. 의자왕은 망할 수밖에 없음을 깨닫고는 한탄했다.

"성충의 말을 안 들어 이렇게 되었구나."

융隆 태자를 데리고 북쪽으로 달아나버렸다. 그러자 둘째 아들 태泰가 멋대로 왕위에 올라 사람들을 모아 나라를 지키려고 했지만, 융 태자의 아들 문사文思가 태 왕자에게 말한다.

"임금님과 태자께서 다 떠나셨다고 숙부께서 임금 자리를 찬탈하시는군요. 나중에 당나라 군대가 떠난 다음에, 무사할 수 있을까요?"

그러고는 문사도 주위 사람을 거느리고 떠났고, 백성들이 뒤따랐다. 태 왕자도 더 버틸 수가 없었다.

소정방이 군대와 성채에 올라 당나라의 깃발을 꽂으니, 태 왕자는 하릴없어 성문을 열고 항복한다. 의자왕과 융 태자, 태 왕자, 대신 정복과 여러 성이 항복한 것이다. 소정방은 의자왕, 융, 태, 연 등의 왕자, 그리고 대신과 장사 88인, 백성 12,807명을 당나라의 수도 낙양으로 압송했다.

백제에는 본래 5부와 37군, 200성과 76만 호가 있었다. 당나라에서는 이 제도를 손질하여 웅진熊津, 마한馬韓, 동명東明, 금련金連, 덕안德安 등 다섯 도독부를 설치하고, 토호들도 도독과 자사로 발탁하여 통치하게 된다. 유인원劉仁願에게 사비성을 지키게 하고, 왕문도王文度를 웅진 도독으로 삼아 백성을 장악하고자 했다.

소정방은 의자왕을 비롯한 포로들과 당나라 고종 황제를 알현하였다. 황제는 의자왕을 꾸짖고는, 용서한다고 했다. 의자왕은 백제가 멸망했던 해를 넘기지 못하고 병들어 죽었다. 황제는 벼슬을 추증하고 옛 백제 신하들의 조문을 허락했다. 그리고 사치 때문에 나라

를 망친 것으로 유명한 임금들인 삼국시대 오나라 마지막 임금 손호孫
皓, 남북조 시대 진나라 마지막 임금 진숙보陳叔寶 곁에 묻고 비석을
세웠다.

662년 소정방이 요동을 정벌하는 총관 직책을 맡았다가, 목적
지를 평양으로 바꾸었다. 고구려 군대를 패강浿江(대동강)에서 물리
치고 마읍산馬邑山을 빼앗아 진을 치고 평양성을 포위했다. 철륵의
반란으로 보급이 끊겼지만 신라의 보급을 받아 분전했음에도 폭설 때문
에 회군했다. 나중에 선비족의 후예인 투족을 도와 토번(티벳)을 정벌
하기도 했다. 667년에 죽었고, 당나라 황제는 애도하여 도독 벼슬
을 추증하고 시호를 장莊이라 했다. 여기까지 『당사』의 기록이다.

『신라별기新羅別記』에 전한다. 문무왕은 665년 8월 즉위하여,
몸소 대군을 거느리고 웅진성에 행차하여 백제의 임시 임금 부여융
과 단을 만들었다. 백마를 제물 삼아 하느님과 산천의 신령님들께
제사 지낸 다음, 그 피를 마시고 글을 지어 맹세했다.

"백제의 선왕들은 도리를 좇고 거스르는 이치에 어두워 이웃
과 친척에 화목하지 못했습니다. 고구려, 왜국과 어울리더니 같이
포악해져, 신라를 침략하고 마을을 노략질하여 편할 날이 없었습니
다. 그러나 물건 하나라도 없어지면 애태우듯, 당나라 황제께서 백
성들의 피해를 불쌍하게 여기셨습니다. 번번이 사신을 보내 화목하
게 지내라 권하셨지만, 백제는 길이 멀고 험한 것만 믿고 황제의 말
씀을 업신여겼습니다. 황제가 노하여 부득이 파병하시자 순식간에
토벌되었습니다. 궁궐과 집을 다 허물고 연못으로 만들어 후세의

교훈 거리로 삼아 마땅합니다. 백제가 한 짓을 생각하면 그렇게 뿌리째 뽑아 후세에 훈계해야 합니다. 그러나 항복하면 품어주고 배반하면 토벌하는 것이 옛 임금들의 아름다운 법칙이고, 망하고 끊어진 것들을 일으키고 이어주는 일은 옛 성현마다 두루 통하는 규범입니다. 우리는 이런 옛일을 반드시 본받아 역사에 전해야 합니다.

그러므로 옛 백제 태자였던 부여융을 웅진 도독으로 삼아 제사와 선산을 지키게 할 것입니다. 백제를 신라에 귀의하여 영원히 한 나라가 되게 하리니, 두 나라는 묵은 감정을 없애고 화친하여 황제의 명에 따라 함께 당나라의 일부로서 제후의 나라가 될 것입니다. 유인원 공께서 이 자리에 사신으로 오셔서 권유하고 황제의 뜻을 선포합니다.

'백제와 신라는 약혼도 하고 짐승의 피를 마시며 맹세하여, 매사에 함께 돈독히 지내라. 재난 걱정은 형제처럼 나누고 서로 도우라. 황제의 이 말씀을 받들어 감히 어기지 말라.'

맹세를 마치고 나면 함께 약속을 지킬 것입니다. 만약 맹세를 어기고 변덕을 부려 국경을 침범한다면, 천지신명께서 보시고 온갖 재앙을 내려 대가 끊기며 사직과 제사가 다 흔적도 없이 사라지게 하소서. 이 내용을 황금으로 새겨 종묘에 보관하고, 만세가 지나도 어기지 못하게 할 것입니다. 천지신명께서는 들으사 제사를 누리시고 복을 내려주소서."

의식을 마치고, 폐백을 제단 북쪽에 묻고 맹세의 글은 태묘에 보관하였다. 맹세하는 글은 대방도독 유인궤劉仁軌가 지었다.

위의 『당사』에 따르면, 소정방이 의자왕과 융 태자를 낙양으로 압송했다 하는데, 여기서는 남부여왕 융과 회동하였다고 한다. 그러니까 당나라 황제가 융을 사면하고 이 자리에 보내어 웅진도독을 삼았다는 것을 알 수 있다. 맹세하는 글에도 부여융이 자리에 있다고 분명히 밝혀 증거로 삼은 것이다.

또한 옛 기록에서 전한다.

668년에 신라가 청했던 당나라 군대가 고구려 평양성 교외에 주둔하고는, 군량을 급히 보내라는 서신을 보냈다. 그런데 668년이라면 이적李勣이 고구려 정벌할 때 일이어야 하므로 오류이다. 이하 소정방이라 나오는데, 소정방이라면 662년 그가 평양을 포위했을 때의 일이겠다.

신라 문무왕은 신하들을 모아 물었다.

"고구려 땅을 거쳐 당나라 군대 주둔지까지 가려면 위험하오. 그래도 요청하여 온 군대의 군량미가 바닥났다는데, 보내지 않는 것도 마땅치 않고… 어쩌면 좋겠소?"

662년 당시 67세였던 김유신이 아뢴다.

"신의 무리가 군량미를 수송할 것이오니, 대왕께서는 염려 마십시오."

그리하여 김유신, 김인문 등이 수만 명을 이끌고 고구려 땅에 들어가 약 360만 리터의 곡식을 수송하고 돌아왔다.

문무왕이 매우 기뻐하고는 출진하여 당나라 군대와 합세하려고 했다. 유신은 먼저 연기然起, 병천兵川 등 2인을 보내 언제 만날지 물었다. 당나라 장수 소정방이 난새와 송아지를 그려 보내니, 아무도 그 뜻을 몰랐다. 원효元曉 법사에게 물었더니 풀이해 준다.

"속히 회군해야 하오. 송아지와 난새를 그렸다는 '화독화란畵犢畵鸞'의 반절음을 취하면 'ㅎ+ㅗㄱ'과 'ㅎ+ㅏㄴ'이 되어 '혹한'인데, 이것은 빨리 돌아가라는 '속환'과 같은 뜻이오." 그러자 김유신이 회군하여 대동강을 건너며 명령을 내렸다.

"낙오하는 자는 목을 벨 것이다."

병사들은 앞다투어 강을 건넜지만, 고구려 군대가 기습하여 미처 건너지 못한 이들을 죽였다. 다음날 김유신이 돌아와 고구려 군대를 추격하여 수만 명을 잡아 죽였다.

『백제고기百濟古記』는 이렇게 전한다.

부여성 북쪽에 큰 바위가 강물에 닿아 있는데, 이런 전설이 있다. 의자왕과 후궁들이 나라가 망할 것을 깨닫고는 서로 이야기한다.

"남의 손에 죽느니 자결합시다."

이 바위에 와서 강물에 떨어져 죽었으므로 '타사암墮死岩'이라 불렀다.

그러나 이것은 와전된 것으로, 궁녀들만 뛰어들어 죽었다. 의자왕은 당나라에서 죽었다고 『당사』에 분명히 적혀 있다.

또한 『신라고전新羅古傳』에서 말한다.

소정방이 백제와 고구려를 토벌하고 나서 신라도 정벌하려는 꿍꿍이로 계속 머물러 있었다. 유신이 그 음모를 알아차리고는, 당나라 군대에 짐새의 독이 든 음식을 대접하여 다 죽이고는 땅에 묻었다. 지금 경북 상주 땅 경계의 당교唐橋가 그들을 묻은 곳이다.

그렇지만 『당사』를 살펴도 소정방이 어떻게 죽었는지는 나오지 않는데, 이 글에만 나오는 것은 어째서일까? 숨긴 것일까, 근거 없는 신라의 전설일 뿐일까? 소정방이 고구려 파병에 종사했던 662년에 신라 사람들이 소정방의 군대를 살해했다면, 668년에 어떻게 또 당나라에 고구려를 멸망시켜 달라고 청할 수 있었을까? 따라서 신라의 전설에는 근거가 없다는 것을 알 만하다. 다만 668년 고구려 멸망 이후에 당나라의 신하 노릇을 하지 않으려 했던 일은 옛 고구려 땅 일부를 마음대로 가졌다는 뜻일 따름이다. 소정방이나 이적을 신라가 죽이지는 않았다.

해설

소정방 군대 학살 전설은 아마 『일본서기』 웅략천황 8년(464) 2월 조에 실린, 신라에 주둔했던 고구려군이 몰살당한 사건을 원형으로 변형한 것이 아닐까 한다.

당나라 군대가 백제를 정벌하고 돌아간 후에, 태종은 백제의 잔당을 잡으려고 한산성漢山城에 장수들을 주둔시켰다. 고구려와 말갈 두 나라의 군대가 포위하여, 반격해도 승부가 나지 않았다. 5월 11일부터 시작하여 6월 22일에 이르니 신라 군대는 매우 위급해졌다. 태종이 듣고는 신하들을 모아 말한다.

"어떤 계책을 내면 좋을까?"

망설이며 결정하지 못하자 김유신이 아뢴다.

"사람의 힘으로는 어쩔 수 없을 만큼 위급해서, 신통력이 꼭 있어야 합니다."

유신은 성부산星浮山에 올라 단을 쌓고 신통력을 부렸다. 큰 항아리와 같은 불빛이 갑자기 단 위에서 나타나더니, 별이 되어 북쪽으로 날아갔다. 이 때문에 별이 떠올랐다는 뜻으로 '성부산'이라 부르게 되었다.

산의 이름에는 다른 이야기도 있다. 산은 도림都林의 남쪽에 있는데, 우뚝한 봉우리 하나가 이것이다. 서라벌에 어떤 사람이 관직을 얻으려고, 아들에게 높이 횃불을 만들어 밤마다 이 산에 올라 흔들게 했다. 그러면 온 서라벌 사람들이 횃불을 보고 괴상한 별이 이 땅에 나타났다는 소문이 퍼져, 왕이 들으면 근심하리라 생각했다. 변고를 물리칠 사람을 뽑으면 그 아버지가 응모하려고 했다. 그런데 일관이 아뢰었다.

"이것은 큰 변고가 아니고, 그저 어느 집 아이가 죽고 아비가 울 조짐입니다."

그래서 물리칠 방법을 시행하지 않았더니, 그날 밤 아들이 하산할 때 호랑이에 물려 죽었다.

한산성 안의 병사들은 구원병이 오지 않아 원망하고 서로 마주하여 울기만 했고, 고구려와 말갈의 공격은 거세져 갔다. 그런데 갑자기 남쪽 하늘 끝자락에서 빛이 일어 벼락이 치더니, 적의 투석기

30곳을 깨뜨렸다. 적군의 무기까지도 다 부수니 모두 한참을 엎드렸다가 흩어져 달아났다. 신라군도 무사히 돌아올 수 있었다.

태종 즉위 초에 어떤 사람이 머리는 하나인데 몸통은 둘이고 다리가 여덟인 돼지를 바쳤다. 누군가 말했다.

"천하 통일의 조짐입니다."

태종 때 비로소 중국식 의관을 도입하고, 중국처럼 대신들이 손에 옥판을 들게 했다. 이것은 당나라에서 귀국한 자장慈藏(590~658) 법사가 당나라 임금에게 청하여 전래한 것이다.

신문왕神文王(재위 681~692) 때 당나라 고종高宗이 신라에 사신을 보내 말했다.

"짐의 아버님께서는 위징魏徵, 이순풍李淳風 등의 현명한 신하를 얻어 한마음 한뜻으로 천하를 통일하였으므로 태종 황제가 되셨소. 반면에 당신들 신라는 해외의 작은 나라로 오만하게도 태종의 호를 지니고 천자의 이름을 쓴다니, 뜻이 불충하오. 어서 바꾸시오."

신문왕은 표를 올렸다.

"신라는 비록 작은 나라이지만 선왕 김춘추가 대단한 신하 김유신을 얻어 삼국을 통일했으므로 태종에 봉했습니다."

황제가 표문을 보고, 태자 시절 하늘에서 들었던 소리를 떠올렸다.

"33천의 한 사람이 신라에 내려와 유신이 되었다."

그 말을 적어두었는데, 꺼내어 확인하고는 깜짝 놀랐다. 다시 사신을 보내 태종의 칭호를 바꾸지 말라고 했다.

1-36. 장춘랑과 파랑

이에 앞서 백제군과 황산벌에서 싸울 때, 장춘랑長春郎과 파랑罷郎이 전사했다가, 훗날 백제를 칠 때 태종 무열왕의 꿈에 나타나 말했다.

"저희는 예전에 나라 위해 죽고, 백골이 되어서도 나라를 온전히 지키고자 합니다. 그래서 쉴새 없이 신라군을 따랐지만, 여러분은 당나라 원수 소정방의 위세에 눌려 꽁무니만 따르고 있군요, 차라리 저희에게 병사를 약간 나누어 주십시오."

왕이 놀라서 두 혼령을 위해 모산정牟山亭에서 하루 동안 불경을 읽고, 한산주漢山州에 장의사를 세워 명복을 빌었다.

2편
기이, 정치 현실과
신성한 환상
(하)

2-1.   문무왕 법민 – 당나라를 몰아내고 삼국을 통일하다

661년 문무왕文武王 즉위 초 사비성 남쪽 바다에 키 18m, 발 150cm, 음문의 길이가 80cm 가까이 되는 거대한 여인의 시체가 나타났다. 혹은 키 4.5m로 667년이라고도 한다.

668년 왕이 김인문, 김흠순과 함께 군대를 이끌고 평양에 가 당나라 군대와 만나 고구려를 멸망시키고, 당나라 원수 이적은 고구려 보장왕을 붙잡아 당나라로 돌아갔다.

보장왕은 성이 고씨이므로 고장왕이라고도 한다. 『당서』·「고종기」를 보면 660년 소정방 등이 백제를 정벌하자, 12월에 설필하력契苾何力 대장군과 소정방, 유백영劉伯英 등이 고구려를 쳤지만 실패했다. 661년 소시업蕭嗣業, 임아상任雅相의 지휘로 35만 군사를 파견했지만, 8월 소정방 등이 고구려 패강에서 크게 패했다. 666년 원군을 파견하고 9월 방동선龐同善이 승전했으며, 12월에도 고구려를 쳤다. 668년 9월 이적이 보장왕을 사로잡아 12월 황제에게 바쳤다. 674년 유인궤가 신라를 쳤다.

그런데 신라 옛 기록에는 김유신이 당나라 공공孔恭, 유상有相과 함께 수륙 양면으로 고구려를 멸망시켰다고 했지만, 왜 여기에는 김인문, 흠순만 나오고 김유신은 없는지 모를 일이다.

당나라 유격대와 장수들이 진을 치고 우리 신라를 치려고 하는 것을 문무왕이 깨달아 먼저 습격했다. 이듬해 당나라 고종이 김인문 등을 불러 꾸짖는다.

"너희가 우리 군대를 불러 고구려를 멸망시켜 주었거늘, 왜 우리를 해치느냐?"

김인문을 옥에 가두고, 설인귀에게 50만 대군으로 신라를 치도록 했다. 이때 의상義相 스님이 당나라에 머물고 있었으므로 김인문을 만나 이 사실을 알게 되었다. 의상이 귀국하여 알려주니, 왕이 너무나 걱정스러워 신하들에게 방책을 물었다. 그러자 김천존金天尊 각간이 아뢴다.

"요즘 명랑明朗 법사가 용궁에서 비법을 배워 왔다던데, 불러다 물어보죠."

명랑이 와서 아뢴다.

"낭산 남쪽 신유림神遊林에 사천왕사를 짓고 도량을 열어보소서."

이때 경기 개풍 지역에서 사자가 와 알려준다.

"당나라 군대가 무수히 바다를 돌며 국경을 넘으려고 합니다."

왕이 명랑법사를 불렀다.

"일이 급해 절을 지을 틈이 없소. 어쩌면 좋소?"

"물들인 비단으로 가건물이라도 지으시죠."

그래서 절을 꾸며, 명랑을 우두머리 삼아 수행에 밝은 스님 12명을 불렀다. 이들에게 동서남북과 중앙의 오방신장五方神像 이름을 둥근 나무에 써서 모시는 비법을 쓰게 했다.

그러자 신라와 당나라 군대가 채 만나기도 전에, 바람과 물결이 일어 당나라 함대가 침몰했다. 훗날 679년에 절을 제대로 짓고 '사천왕사'라 이름 지었는데, 비법을 썼던 제단은 아직도 그대로 있다. 671년에 당나라 조헌趙憲의 군사 5만 명이 또 쳐들어왔지만, 예전처럼 비법으로 침몰시켰다.

김인문과 함께 갇혀있던 박문준朴文俊 한림랑을 당나라 고종이 불러 묻는다.

"대군을 두 번 보냈지만 살아 돌아온 이가 없구나. 너희 나라에 무슨 비법이라도 있느냐?"

"당나라에 온 지 10년이 지나 본국 소식을 모릅니다. 딱 하나 뜬소문처럼 듣기로는, 덕분에 삼국을 통일하였으므로 낭산 남쪽에 천왕사라는 절을 지어 폐하의 만수무강을 빌고 법석法席을 오래 열었다고 합니다."

고종이 듣고 기뻐하며 악붕귀樂鵬龜 예부시랑을 신라에 보내 그 절을 찾아가게 했다.

당나라 사신이 온다는 소식을 듣고, 문무왕은 이 절을 보지 못하게 사천왕사 남쪽에 절을 따로 짓고는 기다렸다. 사신이 와 말한다.

"우선 폐하의 만수무강을 빈다는 천왕사에서 꼭 향을 피워야겠소이다."

그래서 새로 지은 절로 데리고 갔더니, 문전에서 말한다.

"사천왕사가 아니구먼. 여기보다 낭산 남쪽에 더 가까운 다른 절이 보이던데, 이렇게 낭산을 더 멀리 둔 절에서 덕을 기린다니."

끝내 들어가지 않으므로 황금 1천 냥을 뇌물로 주었더니, 사신은 돌아가 아뢰었다.

"과연 신라가 천왕사를 짓고, 새절에서 폐하의 만수무강을 빌고 있었나이다."

당나라 사신의 덕을 기린다는 말 때문에, 이 절의 이름은 망덕사가 되었다. 이게 약간 더 후대인 효소왕孝昭王 때 일이라고도 하지만, 잘못이다.

박문준이 사천왕사에 대한 말을 잘해 주었으므로, 당나라 임금이 사면해줄 뜻이 있다는 것을 문무왕이 알게 되었다. 그리하여 문무왕은 강수強首 선생에게 김인문과 박문준을 그만 놓아달라는 글을 써서, 원우遠禹를 시켜 당나라에 보냈다. 당나라 고종이 그 글을 보고 눈물을 흘리며, 사면하고 놓아주었다. 김인문이 옥에 갇혀있을 때, 신라 귀족들이 그를 위해 '인용사仁容寺'라는 절을 짓고 관음보살께 빌었다. 그렇지만 돌아오던 바닷길에 그가 죽자 저승의 아미타불께 비는 자리로 바꾸었다. 고려 후기에도 있었다.

문무왕은 재위 21년만인 681년 세상을 떠났고, 유언에 따라 동해의 대왕암에 장사 지냈다. 왕은 평소에 의상 법사에게 말하곤 했다.

"다시 태어나면 나라를 지키는 큰 용이 되어, 불교를 받들고 신라를 지키겠소."

"용이라면 짐승으로 태어나는 것인데, 어찌 그렇게 바라십니까?"

"세상의 영화에 싫증이 난 지 오래요. 짐승으로 태어날 거친 인연이야말로 내 뜻에 딱 맞소."

문무왕은 처음 즉위했을 때 남산에 1km²가 넘는 창고를 지어 쌀과 무기를 저장했다. 이것이 '오른쪽 창고'이며, 천은사天恩寺 서북쪽 산 위에 '왼쪽 창고'도 지었다. 다른 기록에 따르면 591년 진평왕 때 쌓았던 성을 수리한 것이다. 경주시 서면에 향가 〈모죽지랑가〉의 작가 득오得烏가 노역을 했던 부산성富山城도 3년 만에 쌓았고, 함경북도 안북安北의 냇가에 철성鐵城도 쌓았다. 그리고 서라벌에도 성곽을 쌓으려고 관리를 임명하자, 의상 법사가 듣고 편지를 보냈다.

"왕의 정치가 바르면, 풀 언덕에 금을 그어도 백성이 넘지 않아 재앙을 물리치고 경사가 난답니다. 정치가 명확하지 않다면, 장성을 쌓은들 재난이 그칠까요."

그러자 왕은 성 쌓기를 그쳤다.

666년 3월 3일 길이吉伊라는 노비가 한 번에 세쌍둥이를 낳고, 670년 1월 7일 한기부 일산一山 급간의 여종이 네쌍둥이를 낳았는데 1녀 3남이었다. 나라에서 곡식 36t을 상으로 내렸다. 또한 고구려를 정벌하고 그 왕손을 데려다가 진골의 골품을 주었다.

어느 날 문무왕은 아우 거득車得을 불러 말한다.

"아우님은 재상이 되어 모든 관리와 온 세상을 태평하게 해 주시오."

"폐하께서 소신을 재상으로 삼으시겠다면, 먼저 몰래 나라를 돌며 백성들이 힘든지 편한지, 세금은 가혹한지 아닌지, 관리들은 청렴한지 아닌지 살피고 나서야 취임하겠습니다."

왕이 허락하자, 거득은 승복을 입고 비파를 들어 거사의 차림을 하고 서울을 떠났다. 강릉, 춘천, 충주, 광주 등을 다녔다. 광주의 안길安吉이라는 관리가 거득의 비범함을 알아보고, 집으로 불러 정성껏 대접했다. 밤이 되자 안길은 처첩 3인을 불러 말한다.

"오늘 밤 묵으시는 거사님을 모시는 사람은 내가 죽을 때까지 챙기겠소."

그중에 2인이 대답한다.

"함께 안 살면 그만이지, 왜 다른 남자와 자라고 하시오?"

나머지 1인도 말한다.

"당신께서 종신토록 챙겨주신다니, 명을 따르겠어요."

그 말을 따르고는 아침이 되어, 거사가 작별하며 말한다.

"저는 서라벌 사람으로 황룡사와 황성사皇聖寺 사이에 살고, 이름은 '단오端午(속칭 수리옷)'라고 합니다. 주인장께서 서라벌에 오시면 한번 들러 주시지요."

그리고는 서라벌로 돌아가 재상이 되었다.

신라에는 지방관 1명씩 번갈아 서울로 올라와 관청 일을 맡아 보는, 고려의 기인에 해당하는 상수리 제도가 있었다. 안길이 차례가 되어 서울에 올라와, 황룡사와 황성사 사이 단오 거사의 집을 찾았지만, 아무도 몰랐기에 한동안 멍하니 길가에 서 있었다.

어떤 노인이 지나가다 질문을 받고, 한참 생각한 끝에 말한다.

"두 절 사이 한 집이라면 대궐일 거요. 단오는 수리옷이니, 이름에 수레[車]가 들어가는 거득 공이겠소. 지방에 몰래 다니셨다던데, 당신과 인연을 맺었나 보구려."

안길이 그 사연을 알려주니, 노인이 말한다.

"궁궐 서쪽 귀정문歸正門으로 가서, 드나드는 궁녀에게 사정을 알려 보시오."

안길이 그 말을 따라, 광주의 안길이 문 앞에 왔노라고 일렀다.

거득공이 듣고는 급히 나와 손을 잡고 궁궐로 맞이하고는, 부인을 불러 50가지 음식으로 잔치를 열었다. 임금님께 아뢰어 성부산 아래쪽을 광주에서 상수리 하는 이의 소유로 삼아, 다른 사람들이 산에서 아무것도 취하지 못하도록 하였다. 아무도 성부산에 가까이 가지 못하였으며, 모두 안길을 부러워했다. 산 아래쪽에는 5,000m² 밭이 있어, 500리터 넘게 곡식을 뿌렸다. 이 밭에 풍년이

들면 광주에도 풍년이 들고, 흉년이면 광주도 흉년이었다.

2-2. 온갖 풍파 물리치는 만파식적

31대 신문왕神文王의 이름은 정명政明이고, 김씨이다. 681년 7월 7일 즉위하여 선친 문무왕을 위해 동해에 감은사感恩寺를 창건했다.

감은사에는 다음과 같은 기록이 있다.

"문무왕이 왜병을 진압하고자 절을 짓기 시작했지만 마치지 못하고 서거하여 동해의 용이 되었다. 그 아들 신문왕이 즉위하여 682년에 공사를 마쳤다. 본당 섬돌 아래 구멍을 하나 동쪽으로 뚫어 용이 드나들게 했다. 유언으로 유골을 모신 곳의 이름은 대왕암일 테고, 절의 이름은 감은사이다. 훗날 용을 만난 곳을 이견대라 했다."

682년 5월 1일 바다를 맡은 관리 박숙청朴夙淸이 아뢴다.

"동해에 있던 작은 산이 감은사로 떠내려오더니 물결 따라 오갑니다."

왕이 기이하게 생각해서 일관 김춘질金春質에게 점치게 했더니 이렇게 말한다.

"선대왕께서 해룡이 되셔서 삼한을 지키시며, 김유신 공은 33천의 하나로 이 땅에 내려오셔서 큰 신하로 사셨습니다. 두 성인께서 생전과 한결같은 덕으로 나라 지키는 보물을 내려주시리니, 폐하께서 바닷가에 가시면 값을 따지지 못할 보물을 얻으시겠습니다."

왕이 기뻐하며 5월 7일에 이견대利見臺에 가서 그 산을 보고 사람을 보내 살폈다. 산세는 거북의 머리와 같고, 꼭대기에 대나무 하나가 낮에는 둘이 됐다가 밤에는 하나가 되었다. 일설에는 산도 대나무처럼 열렸다 닫혔다 했다고도 한다. 돌아와 아뢰니, 왕은 감은사에 묵었다. 다음 날 아침 대나무가 하나로 합칠 때, 온 세상이 흔들리고 비바람이 불어 7일간 어두웠다가 16일에 바람과 물결이 잦아들었다. 왕이 배를 타고 산에 들어갔더니, 어떤 용이 옥으로 장식한 검은 허리띠를 바친다. 공손히 받고 함께 앉아 묻는다.

"이 산과 대나무는 어째서 갈라졌다가 합쳤다가 합니까?"

"비유하자면 손뼉 하나로는 소리가 안 나지만, 두 손뼉을 쳐 하나가 되며 합치면 소리가 나는 것과 마찬가지랍니다. 대나무란 물건도 합치면서 소리가 나니, 거룩한 임금님께서도 소리로써 천하를 다스릴 조짐입니다. 이 대나무로 피리를 만들어 부신다면 온 세상이 화평해집니다. 임금님의 아버님께서 바다의 용왕이 되시고, 김유신 공은 다시 하늘의 신이 되셨지만, 두 성인께서 똑같은 마음으로 이렇게 값을 따질 수 없는 큰 보물을 저를 통해 주시는 겁니다."

왕이 놀랍고도 기뻐 오색비단과 황금, 옥돌 등을 용에게 주고, 대나무를 베어서 갖고 돌아올 때 산과 용의 모습이 다 사라졌다. 왕은 감은사에 묵고, 5월 17일에 기림사 서쪽 냇가에서 점심을 먹으며 의례를 치렀다. 훗날 효소왕孝昭王이 될 태자 이공理恭이 대궐을 지키다가 이 소식을 듣고, 말을 달려 급히 와 축하하고는 찬찬히 살피면서 아뢴다.

"이 허리띠의 옥 장식 하나하나가 다 진짜 용이군요."

"그걸 어떻게…?"

"한 조각 떼어서 물에 넣어 보시면요."

곧바로 왼쪽 두 번째 조각을 떼어 계곡물에 담갔더니, 용이 되어 승천한다. 그 자리는 연못이 되어 용연龍淵이라고 불렀다.

왕의 행차가 돌아와, 대나무로 피리를 만들어 월성의 천존고에 간직했다. 이 피리를 불면 전쟁이 끝나고 병을 고치며, 가뭄에는 비가 오고 장마에는 비가 그친다. 바람과 물결까지도 잦아들었으므로, 온갖 풍파를 물리친다는 뜻의 만파식적으로 이름 붙이고 국보로 삼았다. 693년 효소왕 때 부례랑夫禮郎이 생환해 온 기적 때문에 다시 '만만파파식적'으로 불리게 되는데, 상세한 것은 탑상편 '백률사' 조에 나온다.

2-3. 효소왕 시절 죽지랑

32대 효소왕孝昭王 때 화랑 죽지랑竹旨郎, 竹曼郎의 낭도 득오得烏 급간은 화랑단의 명부에 이름을 올려 두고, 날마다 나오다가 며칠째 보이지 않았다. 죽지랑이 득오의 어머니를 불러 행방을 찾았더니 알려준다.

"익선益宣 아간이라는 장교가 경주 서남쪽 부산성 창고지기로 뽑아 갔는데, 급히 가느라 인사도 못 드렸네요."

"아들이 사적인 일로 갔다면 굳이 찾아갈 필요가 없겠지만, 공무로 갔다니 내 꼭 가서 대접해야겠군요."

그리하여 떡 약간과 술 한 항아리를 챙기고 갯지[하인]들을 거느렸다. 낭도 137인도 위엄 있는 복장을 갖추고 따랐다. 부산성에 다다라 문지기에게 득오실이 어딨냐고 물으니 말해 준다.

"관례에 따라 익선님의 밭에서 노역하고 있습니다."

죽지랑이 밭에 가서 지니고 온 술과 떡을 대접하고, 공무로 사람을 뽑았다고 하더니 개인의 밭에서 강제 노역을 시키는 잘못된 관례를 안타깝게 생각하여 익선에게 휴가를 청해 함께 돌아오려고 했다. 그렇지만 익선은 고루하여 허락하지 않았다. 이때 간진侃珍이라는 관리가 경남 밀양에서 벼 3t을 징수하여 서라벌로 옮기다가, 죽지랑의 사람을 소중하게 대하는 성격을 아름답게 생각하는 한편 익선의 꽉 막히고 융통성 없는 점을 비루하게 보았다. 그래서 지니던 벼 3t을 익선에게 뇌물로 주어도 듣지 않자, 자신의 신분증과도 같은 말안장까지 바쳐 겨우 허락을 얻었다.

조정에서 화랑을 관리하는 분이 이 소식을 듣고, 익선을 잡아다가 더럽고 추한 꼴을 씻겨주려고 했다. 그러나 익선은 달아났고, 그 큰아들을 대신 잡아 한겨울 추위에 성안 연못에 얼어 죽을 때까지 씻겼다. 효소왕도 이 이야기를 듣고는, 익선과 같은 모량리 출신 벼슬아치를 다 내쫓았다. 그뿐만 아니라 관공서에 드나들지 못하도록 하고, 승려도 될 수 없게 했다. 이미 승려가 되었어도 종소리 북소리 나는 절에는 못 들어갔다. 간진의 자손에게는 상으로 지방관 벼슬을 내려 표나게 했던 반면에, 원측圓測은 해외에서 활동한 신라 출신의 고승이었지만 모량리 사람이므로 승적을 주지 않았다.

이보다 앞서 죽지랑의 아버지 술종공述宗公이 춘천 일대의 도독이 되어 부임지로 가는데, 삼한에 전란이 있던 때라 기병 3천 명이 호송했다. 행차가 죽지령에 이르러 한 거사가 고갯길을 정리하고 있었다. 공이 보고는 그 아름다움에 감탄하고, 거사 역시 공의 위엄을 좋게 생각하여 서로 마음이 끌렸다. 부임하고 한 달이 지나서, 거사가 방에 들어오는 꿈을 꾸었다. 아내와 똑같은 꿈이라 매우 놀라서, 다음날 거사의 안부를 수소문했다.

"거사님이 돌아가신 지가 며칠 되었다네요."

심부름꾼이 와서 알려준 기일은 꿈을 꾼 날짜와 같았으므로, 술종은 말한다.

"거사께서 우리 집에 태어나시려나 보네."

다시 사람을 보내 죽지령 고개 위 북쪽 봉우리에 장사 지내고, 돌미륵 하나를 무덤 앞에 세워 주었다. 그 아내가 꿈을 꾼 날로부터 태기가 있어 아이를 낳았으므로, '죽지'라 이름 지었다. 자라서 벼슬길에 나아가 부원수가 되고, 김유신 공과 함께 삼한을 통일하였다. 그리고 진덕, 태종, 문무, 신문 4대에 걸쳐 정승으로서 나라를 안정시켰다.

이보다 앞서, 득오가 죽지랑을 그리워하며 이런 노래를 지었다.

지나간 봄 못 돌아오기에,

함께 계시지 못하여 우는 이 시름.

볼두덩 눈두덩 좋으셨던

모습이 해가 갈수록 허물어지네요.

눈을 돌이키지 않는다면 당신을

어떻게 다시 만날 수 있을까요?

그대가 그리운 이 마음의 모습이 가는 길,

험한 구렁텅이에서 잘 밤도 있으리라.

33대 성덕왕聖德王 2년, 706년에 벼가 익지 않아 모든 계층의
사람들이 굶주렸다. 707년 새해 첫날부터 7월 30일까지 백성들에
게 쌀을 나누어 주었다. 사람마다 하루 1.8kg으로 정하고, 끝난 후
에 헤아려 보니 200t이었다. 성덕왕은 태종 무열왕을 위해 봉덕사
를 세우고, 7일 동안 『인왕경仁王經』을 주제로 한 법회를 열어 호국
불교를 내세웠다. 그리고 대사면을 내리고 시중侍中 관직도 처음 두
었다. 어떤 책에는 이것이 효성왕孝成王 때 일이라고도 한다.

2-4. 수로부인

성덕왕 시절, 순정공純貞公이 강릉 태수가 되어 부임할 때, 바닷가에서 점심을 먹었다. 옆에 높이 천 길이나 되는 돌산 여럿이 병풍처럼 바다를 둘렀고, 그 위에 철쭉꽃이 가득 피어 있다. 순정공의 부인 수로水路가 그것을 보고 주위에 부탁한다.

"철쭉꽃을 꺾어 내게 줄 사람이 누구 있을까?"

"사람의 발걸음이 닿을 수 없는 곳이랍니다."

모시던 이들은 그렇게 답하고는 아무도 갈 수 없다 하였다.

근처에 소 치던 노인이 지나가다가 부인의 부탁을 듣고는, 그 꽃을 꺾어 노래를 지으며 바쳤다. 그 노인이 어떤 사람인지는 알 수 없었다.

이틀을 더 가서 삼척 임해정臨海亭에 이르러, 또 점심을 먹었다. 바다의 용이 나타나 수로부인을 데려가자, 순정공은 땅에 넘어져 어쩔 줄 몰랐다. 또 어떤 노인이 나타나 알려준다.

"옛말에 여러 사람의 말은 쇠도 녹인다고 하더이다. 바닷속 짐승인들 여러 사람의 말이 두렵지 않을까요? 마을 사람들에게 노래를 지어 막대기로 언덕을 치며 부르게 하면, 부인께서 돌아오리다."

순정공이 그 말을 따랐더니, 용이 바다에서 나와 부인을 돌려주었다. 순정공이 부인에게 바닷속에서 어떤 일을 겪었는지 묻자, 말해 준다.

"온갖 보물로 장식한 궁전이며, 음식은 어찌나 맛있던지 사람이 만든 것 같지 않았답니다."

부인의 옷에 스민 향기를 맡았더니, 역시 이 세상 것이 아니었다.

수로부인은 비길 데 없이 아름다워서, 깊은 산 큰 연못을 지날 때면 신들에게 잡혀가곤 하였다. 마을 사람 여럿이 불렀던 〈해가〉의 노랫말은 다음과 같다.

거북아 거북아 수로를 내놓아라
남의 아내 잡아간 죄가 어찌나 큰지
네가 거스르고 돌려주지 않는다면
그물을 던져 잡아 구워 먹으리.

노인의 〈헌화가〉는 이렇다.

자줏빛 바윗가에
잡은 손 암소 놓게 하시고
나를 부끄러워 않으신다면
꽃을 꺾어 바치오리다.

2-5. 효성왕

722년 10월 모화군毛火郡에 비로소 관문을 쌓았다. 지금의 경주 동남쪽 경계 모화촌으로 일본을 막기 위한 요새이다. 둘레가 12km로, 원진元眞 각간의 감독으로 39,262명이 동원되어 쌓았다.

733년 당나라 사람들이 발해를 치려는데, 신라에 원군을 청하고자 사신 604명이 왔다가 돌아갔다.

2-6. 경덕왕과 충담사 그리고 표훈 큰스님

노자의 『도덕경道德經』 등을 경덕왕이 예를 갖추어 받았다. 임금이 나라를 다스린 24년 동안 5악과 3산의 신들이 때때로 궁궐 뜨락에 나타나 경고하곤 하였다.

765년 경덕왕이 죽던 해의 일이다.

3월 3일에 임금이 귀정문 누각 위에 올라 주위에 말한다.

"누가 길에서 잘 차려입은 스님 한 분을 모셔 오겠소?"

때마침 옷차림이 단정한 큰스님 한 분이 배회하고 있길래, 신하들이 모시고 갔더니 경덕왕은 이렇게 말하고 물리친다.

"내가 말했던 식으로 차려입은 스님이 아니외다."

다시 한 스님이 나타났다. 벚나무 통인지 삼태기인지 둘러메고 경주 남산 방향에서 오는데, 왕이 반기면서 누각 위로 모셨다. 통

안에 차 달이는 도구가 가득 보이길래 물었다.

"스님은 뉘신지요?"

"충담忠談입니다."

"어디서 오시나요?"

"저는 매년 3월 3일과 9월 9일마다 차를 달여 경주 남산 삼화령의 미륵님께 올리는데, 이번에도 드리고 오는 길이랍니다."

"짐에게도 한 잔 나누어 주시겠소?"

스님이 차를 끓여주니, 신비한 맛과 강한 향기가 난다.

"스님께서 지은 기파랑耆婆郎을 기리는 향가에서, 기파랑의 뜻이 아주 높다고 들었소이다. 과연 그렇소?"

"맞습니다."

"그렇다면 짐을 위해 백성을 편안하게 다스리는 노래를 지어 주시오."

충담사는 왕명에 따라 노래를 지어 바쳤는데, 경덕왕은 기뻐하여 왕사로 임명했지만 두 번 절하고 사양했다. 백성을 편안히 한다는 〈안민가〉의 내용은 이렇다.

임금은 아버지요

신하는 사랑할 어머니요

백성은 어리석은 아이라고

한다면 백성이 사랑을 알 수 있어야 하리라.

꾸물대며 살아가는 중생들

그들을 먹여 살려야 한다.

그들이 "이 땅을 버리고 어디로 갈까?"

한다면 나라가 버틸 수 있으리라.

임금답게, 신하답게, 백성답게

한다면 나라가 태평해지리다.

기파랑을 기리는 〈찬기파랑가〉는 이렇다.

흐느끼며 바라보니

이슬 밝힌 달이

흰 구름 따라 떠간 언저리,

모래 가른 물가에

기파랑의 모습이 수풀처럼.

저 냇가 자갈 벌에서

기파랑이 지니셨던

마음의 끝을 따르리라.

아아, 잣나무 가지 드높아

눈이 못 덮을 고깔이여!

경덕왕은 음경이 20cm였지만 아들이 없어 사량부인沙梁夫人을 폐하고, 의충依忠 각간의 딸 만월부인滿月夫人을 왕비로 맞아들였는데 훗날 경수태후景垂太后가 된다. 경덕왕이 하루는 표훈表訓 큰스님에게 말한다.

"짐이 복이 없어 아들도 없군요. 큰스님께서 아들 낳도록 상제님께 부탁해 주시지요."

표훈이 하늘나라에 가서 상제님께 여쭙고 돌아와 아뢴다.

"상제님 말씀으론 딸은 괜찮지만, 아들은 좋지 않다고 하십니다."

"딸을 아들로 바꿔 주시길 바라오."

표훈이 다시 하늘에 가 청하니, 상제가 말한다.

"하라면 할 텐데, 나라가 위험해질 텐데."

표훈이 내려갈 때 상제가 다시 불러 말한다.

"하늘과 사람 사이가 뒤엉키면 안 될 텐데, 당신이 이웃 마을처럼 드나들면서 천기를 누설한다. 다시는 오지 마라."

표훈이 하늘의 말로 타일렀지만, 경덕왕은 말한다.

"나라가 위태롭더라도 아들을 낳아 후사를 잇는다면 만족합니다."

그리하여 만월왕후는 태자를 낳았고, 경덕왕은 매우 기뻐했다. 태자가 8살에 경덕왕이 죽어 왕위를 이어 혜공왕惠恭大王이 되었다. 혜공왕이 어려서 태후가 섭정했지만, 정치가 잘 안 되고 역적이 일어나 막을 수 없었다. 표훈이 전해준 말이 들어맞은 것이다. 혜공왕은 여성이 남성으로 태어난 몸이라, 첫돌부터 왕이 되어서까지 늘 여성처럼 놀고 비단 주머니 차기를 즐거워했다. 도사들과 희롱하고 나라에 큰 난리가 났으므로, 결국 선덕왕宣德王 김양상金良相에게 죽었다. 그리고 표훈 이후로는 신라에 성인이 태어나지도 못했다.

2-7. 혜공왕

766년 경남 진주 관청 큰 건물 동쪽에 땅이 가라앉아 웅덩이가 생겼다. 어떤 책에는 큰 절 동쪽 작은 연못이라고도 하는데, 세로 3m가 좀 넘고 가로 2m가 좀 안 되었다. 갑자기 잉어 대여섯 마리가 생겨 점점 자라나니, 웅덩이도 따라서 커졌다.

그리고 767년, 별똥별이 동쪽 누각 남쪽에 떨어졌다. 머리가 항아리 같고 꼬리는 1m가 못 되었는데, 불같은 빛깔에다 천지가 흔들렸다. 이 무렵 경기도 김포의 77,000m² 논에서 생쌀이 다 익어 이삭이 되었다. 7월에 북궁 뜨락에 별 2개가 떨어지고, 또 1개가 떨어지더니 별 셋이 다 땅에 꺼졌다. 이보다 앞서 궁궐 북쪽 화장실에서 연꽃 두 줄기가 솟아났고, 봉성사奉聖寺 밭 한가운데서도 연꽃이 생겨났다. 그리고는 호랑이가 궁궐 안에 나타나 쫓아갔지만 놓쳤는가 하면, 대공大恭 각간의 집 배나무 위에 참새가 무수히 날아들기도 했다. 『안국병법安國兵法』 하권에서 천하에 큰 난리가 날 조짐이라 했으므로, 널리 사면하고 지난 일을 살폈다.

7월 3일 대공 각간이 역모를 일으키자, 왕도를 비롯한 5소경의 주와 군에서 96명의 각간이 싸워 큰 난리가 났다. 대공 각간의 가문은 망하여 그 집의 재산을 왕궁으로 옮겼다. 신성新城의 곡식 창고는 불에 탔지만, 사량리와 모량리에 있던 역적들의 재산도 다 왕궁으로 옮겼다. 난리가 석 달이나 이어지다 보니, 상 받은 이들도 많았지만 죽은 사람도 헤아릴 수 없을 정도였다. 앞의 글에서 표훈이 나라가 망한다고 했던 말이 이것이다.

2-8. 원성왕

김주원金周元 이찬이 처음 가장 높은 재상이 되었을 때, 원성왕 김경신은 각간으로서 둘째가는 재상이었다. 관모를 벗고 흰 삿갓을 쓰며 12줄 가야금을 들고 천관사天官寺 우물 속으로 들어가는 꿈을 꾸었다. 깨어나서 점치는 이에게 물어보았다.

"관모를 벗으면 관직을 잃고, 가야금을 들면 목에 칼을 쓰며, 우물에 들어가면 감옥에 갇힌다는 조짐입니다."

원성왕은 너무나 걱정되어 외출을 끊었다. 그러자 여삼餘三 각간이 만나기를 부탁했지만, 병을 핑계로 거절하여 거듭 청한다.

"한 번만이라도 뵙기를 바랍니다."

원성왕이 승낙하였고, 여삼은 말한다.

"공께선 무슨 걱정이 있으신가요?"

왕이 꿈과 점친 일을 다 알려주었고, 여삼은 일어나더니 두 번 절한다.

"좋고도 상서로운 꿈입니다. 출세하셔도 저를 잊지 않으신다면 해몽해 드리고 싶습니다."

왕은 주위 사람들을 물리치고는, 그렇게 해 달라고 부탁했다.

"관모를 벗는다면, 윗사람이 아무도 없다는 뜻입니다. 흰 삿갓은 면류관을 쓴다는 뜻이고, 12줄 가야금은 후손 12대에까지 이어질 조짐입니다. 천관사 우물에 든다면, 입궁하리라는 예고입니다."

"김주원 공이 내 윗자리에 있는데, 어떻게 내가 즉위하겠소?"

"몰래 북쪽 알천의 신께 제사를 지내보시지요."

그 말에 따르자, 얼마 지나지 않아 선덕왕이 서거하였다. 선덕왕은 경덕왕의 전제 왕권에 반발했던 김양상이란 인물로, 경덕왕의 아들 혜공왕을 죽이고 왕이 되었던 것이다. 귀족들이 모여 김주원을 왕으로 삼으려고 했다. 그러나 집이 북쪽에 있던 김주원이 입궁하려고 할 때, 갑자기 냇물이 불어나 건널 수 없었다. 원성왕이 먼저 입궁하여 즉위하였으므로, 김주원을 지지했던 이들도 모두 와서 같은 편이 되고 새 임금의 즉위를 축하했다. 이분이 원성왕 김경신이다.

경쟁자였던 김주원은 강릉으로 물러났다. 그리고 긍정적으로 해몽해 주었던 여삼은 이미 고인이 되었으므로, 자손을 불러 벼슬을 내렸다. 왕의 자식은 5명으로 혜충惠忠 태자, 헌평憲平 태자, 예영禮英 잡간, 대룡禮英 부인, 소룡禮英 부인 등이다.

원성왕은 곤궁했다가 출세하는 변화를 열심히 깨우쳤기에. 〈신공사뇌가身空詞腦歌〉를 지었다. 그 노랫말은 전하지 않는다. 원성왕의 아버지 김효양金孝讓 대각간이 조상 대대로 전하던 만파식적을 전해주었다. 원성왕은 만파식적을 얻었기에 하늘의 은혜를 두텁게 받아 그 덕을 빛냈다.

786년 10월 11일 일본의 문경왕文慶王이 신라를 침략할 생각이 었다. 그런데 신라에는 만파식적이라는 보물이 있다는 소문을 듣고, 금괴 1개(2kg)를 사신을 통해 보내서 달라고 한다. 왕이 사신을 타이른다. 일본서기를 보면, 55대 문덕왕文德王이 아닐까 싶다. 문경이라는 임금은 없는데, 임금이 아닌 태자일지도 모르겠다.

"짐은 진평왕 때 만파식적이 있었다는 이야기를 들었지만, 지금은 어디 있는지 모르겠다오."

이듬해 7월 7일, 다시 사신을 통해 금괴 20개를 보낸다.

"짐이 그런 신성한 물건을 얻어 보았다면, 귀국에도 나눠드리고 싶소."

왕은 이전과 같은 대답으로 물리치고, 은 1kg을 사신에게 주고는 일본의 황금을 받지 않았다. 8월에 사신이 돌아가자, 만파식적을 내황전內黃殿에 보관하게 했다.

795년, 즉위한 지 11년이 되었다. 당나라 사신이 경주에 한 달을 머물다 떠난 지 하루 만에, 두 여인이 궁궐에 와서 아뢴다.

"저희는 동지東池, 청지靑池 두 연못에 있는 용의 아내랍니다. 당나라 사신이 중앙아시아 사람 2명과 함께 와서, 저희 남편들과 분황사芬皇寺 우물의 용까지 작은 물고기로 둔갑시켜 통에 넣어 납치해 갔습니다. 폐하께서 저들에게 명을 내리사 우리 남편들, 나라 지키는 호국룡들을 지켜주소서."

청지는 동천사東泉寺의 연못으로, 절의 기록에 따르면 이 연못은 동해 용이 왕래하며 설법을 듣던 곳이었다. 동천사는 진평왕 때 지은 절로, 500나한, 5층탑과 밭, 일꾼 등을 갖추었다.

왕은 경북 경산까지 쫓아가 당나라 사신에게 직접 잔치를 베풀고는, 중앙아시아인들을 꾸짖었다.

"너희는 왜 우리 용 셋을 잡아 이리 왔느냐? 사실대로 말하지 않으면 더 큰 벌을 내리겠다."

그리하여 물고기 셋을 돌려받고, 원래 있던 세 곳에 방생했다. 용들은 물길이 솟아나도록 기뻐 날뛰며 떠났고, 당나라 사람들은 원성왕의 총명함에 감복했다.

임금이 하루는 황룡사의 승려 지해智海를 궁궐로 불러 50일 동안 『화엄경華嚴經』을 설법하게 했다. 어떤 책에는 황룡사의 이름이 화엄사, 금강사 등으로 나오는데, 절 이름과 불경 이름을 헷갈린 것 같다.

사미승 묘정妙正이 매일 경덕왕 때 기우제를 지냈던 곳인 금광정金光井에서 밥그릇을 씻었다. 이때 큰 자라 한 마리가 우물물에 떴다가 가라앉았다가 했다. 사미승이 남은 음식을 먹여주며 같이 놀았다. 지해가 설법을 마칠 때가 되어 묘정은 자라에게 말했다.

"50일이나 먹여주었는데, 뭐 보답 없냐?"

며칠 지나 자라가 작은 구슬을 뱉는다. 묘정에게 주려는 눈치라서, 묘정은 받아 허리춤에 찼다. 그 후로 임금이 묘정을 보고 사랑하는 마음이 들어 곁에 들이고는 못 떠나게 한다.

이 무렵 어떤 관리가 당나라에 사신으로 갈 때, 역시 묘정을 사랑해서 함께 가려고 했다. 임금이 허락해서 함께 당나라에 갔는데, 당나라 황제도 묘정을 총애하고 승상과 신하들도 다 존경하고 신뢰한다. 어떤 관상쟁이가 아뢴다.

"이 사미승은 좋은 관상이 하나 없는데도, 다들 좋아하는 건 무슨 보물을 갖고 있어서 그렇습니다."

사람을 시켜 뒤져보고 작은 구슬이 나오니, 황제는 말한다.

"짐에게 여의주 4개가 있다가 작년에 1개를 잃어버렸는데, 지금 보니 이게 그것이로구나."

묘정에게 묻고 그 사연을 들어보니, 여의주를 잃어버린 날이 묘정이 그 구슬을 얻은 날이었다. 구슬을 빼앗고 돌려보낸 이후로는 아무도 묘정을 사랑하지 않았다.

원성왕의 무덤은 토함산 서쪽 숭복사 터에 자리 잡았다. 최치원이 지은 비문이 있고, 보은사報恩寺와 망덕루望德樓도 세웠다. 그 할아버지 훈입訓入 잡간을 흥평왕興平王으로, 증조할아버지 의관義官 잡간을 신영왕神英王으로, 고조할아버지 법선法宣 대아간을 현성왕玄聖王으로 추증하였다. 현성왕의 아버지는 마질차摩叱次 잡간이다.

2-9. 때 이른 눈

『역전易傳』에 따르면, 여름에 눈이 내리면 신하가 반란을 일으

킨다고 한다.

40대 애장왕哀莊王 말기 808년 8월 15일 눈이 내렸고, 이듬해 숙부 김언승이 반란을 일으켜 애장왕을 죽이고 헌덕왕이 되었다. 41대 헌덕왕憲德王 때 818년 3월 14일 큰 눈이 내렸고, 이듬해부터 전국 각지에 반란 세력이 여럿 창궐했다. 46대 문성왕文聖王 때에도 839년 5월 1일에 눈이 많이 오더니, 8월 1일에는 온 세상이 어두워졌다.

2-10. 흥덕왕과 앵무새

42대 흥덕왕興德王이 826년 즉위하고 얼마 지나지 않았을 때, 당나라에 사신을 다녀온 이가 앵무새 한 쌍을 가져왔다. 금세 암컷이 죽었는데, 남은 수컷이 쉬지 않고 구슬피 울었다. 임금이 사람을 시켜 새 앞에 거울을 갖다 놓았더니, 거울 속 그림자를 보고는 제 짝이 돌아온 줄 알았다. 거울을 쪼아대다가 자기 그림자인 줄 알아차리고는 슬피 울다가 죽었다. 임금이 노래를 지어 주었지만, 전하지 않는다.

2-11. 신무왕 때 염장과 장보고

45대 신무왕神武王이 즉위하기 전에 의협심 있던 무사 궁파弓

巴(장보고)에게 말한다.

"제게는 같은 하늘 아래 살 수 없는 원수가 있소이다. 저를 위해 그자를 없애주신다면, 왕위에 올라 당신의 딸을 왕비로 맞아들이겠소."

장보고가 수락하고 물심양면으로 돕는다. 거병하여 서라벌을 쳐 왕위를 빼앗는 데 성공했다. 장보고의 딸을 왕비로 삼으려 했지만, 신하들이 몹시 간한다.

"장보고는 미천합니다. 주상께서 그 딸을 왕비로 삼으신다니, 불가합니다."

왕이 그 말에 따랐다.

이때 청해진淸海鎭에 군대를 주둔하고 있던 장보고는, 약속을 어긴 신무왕을 원망하여 반란을 일으키려 하였다. 염장閻長 장군이 그 소식을 듣고는 아뢴다.

"장보고가 불충한 일을 저지를 것이오니, 소신이 없애겠나이다."

왕이 기뻐하며 승낙하였다. 염장은 명에 따라 청해진으로 가서 심부름꾼에게 부탁한다.

"임금에게 원한이 좀 있어서요. 대사님의 식객이 되면 목숨을 보전할 수 있겠지요."

장보고가 듣고는 크게 화를 냈다.

"너희들이 왕에게 내 딸을 내치라 해놓고는, 무슨 낯짝으로 날 보러 왔느냐?"

염장이 다시 심부름꾼을 통해 말한다.

"다른 신하들이 다 그렇게 간할 때, 저는 끼어들지 않았답니다. 대사님께선 의심하지 마세요."

장보고가 듣고는, 안으로 들어오게 하여 말을 주고받는다.

"경은 어째서 여기 오셨소?"

"왕의 비위를 못 맞추었습니다. 해를 입지 않으려고, 대사님께 신세 지려고 합니다."

"운이 좋으시군요."

술자리에서 즐기다가, 염장이 장보고의 장검을 뽑더니 베어 죽였다. 장보고의 부하들은 모두 놀라 땅에 엎드려 항복했다. 염장이 그들을 이끌고 서라벌로 돌아와 말한다.

"장보고를 죽였습니다."

왕은 기뻐하며 염장에게 아간 벼슬을 내렸다.

2-12. 48대 경문왕

경문왕의 이름은 응렴膺廉이고, 18살에 화랑이 되었다. 20살이 되자 47대 헌안왕憲安王이 궁중에서 잔치를 열고는 응렴을 불러 물었다.

"화랑이 되어 세상을 유람했을 텐데, 뭐 특이한 것 좀 보았소?"

"소신은 아름다운 행실 셋을 보았나이다."

"그 얘기 좀 들려주시구려."

"첫째, 남보다 윗자리에 있으면서도 아랫자리에 앉는 겸손한 사람입니다. 둘째, 부유하지만 옷차림이 검소한 사람입니다. 셋째, 본디 귀한 세도가면서도 자신의 권위를 내세우지 않는 사람입니다."

왕이 그 말을 듣고 응렴이 현명한 줄 알게 되었고, 자신도 몰래 눈물을 흘리며 일러준다.

"짐에게 딸이 둘 있는데, 하나를 그대에게 시집 보내야겠소."

응렴이 절하고 머리를 조아리며 물러났다. 부모님께 알려드리니 기뻐하며 가족회의를 열었다.

"첫째 공주는 못생겼어. 둘째 공주가 아름다우니까, 그쪽에 장가들면 좋겠다."

응렴의 낭도 중에 우두머리였던 **흥륜사** 승려 범교가 이 소식을 듣고, 응렴의 집에 찾아가 물었다.

"대왕께서 공주를 공께 시집보내신다던데, 정말인가요?"

"그런데요."

"누구와 혼인하시렵니까?"

"양친께서 둘째 공주로 하라십니다."

범교가 타이른다.

"둘째 공주와 혼인하신다면, 저는 이 자리에서 죽으렵니다. 언니 공주에게 장가드세요. 그럼 세 가지 아름다운 일이 있을 테니, 잘 생각해 보십시오."

"시키시는 대로 할게요."

얼마 후 헌안왕은 날짜를 받아 응렴에게 사람을 보낸다.

"두 딸 중 그대 바라는 대로 보내리다."

응렴의 뜻을 받아 돌아온 사람이 아뢴다.

"첫째 공주와 혼인하겠답니다."

그러고는 석 달이 지나서 헌안왕의 병이 깊어져, 신하들을 불러 말한다.

"짐에게 아들이 없으니, 죽은 뒤에 응당 첫째 공주의 남편 응렴이 계승하게 하시오."

다음날 왕이 서거하고, 유언에 따라 즉위한다. 이때 범교가 경문왕을 뵈러 와 아뢴다.

"말씀드린 세 가지 아름다운 일이 모두 이루어졌습니다. 첫째, 언니 공주와 혼인한 덕분에 왕이 되셨습니다. 둘째, 예전에 좋아하셨던 아름다운 둘째 공주님과 맺어지시기 쉬워졌습니다. 셋째, 언니 공주를 선택하셨으므로 선왕 내외께서 아주 기뻐하셨습니다."

경문왕은 그 말에 덕이 있다고 생각하여 큰스님의 칭호를 내리고, 황금 130냥을 주었다. 임금이 서거하자, 시호를 경문왕이라 하였다.

왕의 침실에 매일 저녁이면 뱀들이 무수히 많이 모였다. 궁궐에서 일하는 이들이 무서워 내쫓았지만, 왕은 말한다.

"과인은 뱀이 없으면 편히 못 자느니라. 뱀을 쫓지 말아라."

잘 때마다 뱀들은 혀를 내밀어 경문왕의 가슴을 덮었다.

즉위하자마자 경문왕의 귀가 갑자기 당나귀처럼 길어졌다. 왕비도 궁궐의 그 누구도 알지 못하고, 오직 관모 만드는 이만 알았다. 그러나 평생토록 남에게 말하지 않다가, 죽을 무렵 서라벌 들어오는 길목의 도림사道林寺 대나무숲 인적 없는 곳에 이르러 대나무를 향해 외친다.

"임금님 귀는 당나귀 귀."

그 후로 바람이 불면 대나무가 소리 낸다.

"임금님 귀는 당나귀 귀."

경문왕이 꺼려서 대나무를 베고 산수유를 심게 했더니, 바람 불면 짤막한 소리가 난다.

"임금님 귀 길다."

화랑 요원邀元, 예흔邀元, 계원桂元, 숙종叔宗 등이 강원도 통천을 유람하다가, 넌지시 나라 다스리는 주제로 임금을 위한 노래 3편을 지었다. 그 초고를 사지 벼슬하는 심필心弼을 통해 대구大矩 화상에게 보내서, 〈현금포곡玄琴抱曲〉, 〈대도곡大道曲〉, 〈문군곡問群曲〉 등의 향가 3편을 짓게 했다. 경문왕 앞에서 연주했더니 크게 기뻐하며 상을 내렸지만, 이제는 전해지지 않는다.

2-13. 처용과 망해사

49대 헌강왕憲康王 시절 서라벌부터 온 나라에 집이 가득하고 담장도 이어져 있었다. 초가집 하나 없이 길마다 노래와 음악이 그치지 않은 데다가, 사계절 날씨가 다 좋았다. 헌강왕이 울산 개운포開雲浦에 갔다가 돌아오는 길에 대낮에 물가에서 쉬고 있으려니, 갑작스레 깜깜한 구름과 안개가 끼어 길을 잃었다. 괴이하여 주변에 물었더니, 일관이 아뢴다.

"동해 용이 재주를 부렸습니다. 좋은 일로 풀어주시지요."

그리하여 근처에 용을 위해 절을 지으라는 칙령을 내리자, 구름과 안개가 다 개었으므로 개운포라 이름 짓게 되었다. 동해 용은 기쁜 마음에 여덟 아들을 데리고 왕의 행차 앞에서 연주하고 춤추며 그 덕을 기렸다. 그 중에 '처용處容'이라는 이름의 아들은 헌강왕의 행차를 따라 서라벌까지 와서 왕을 보좌한다. 임금은 처용이 정착하도록 미녀를 아내로 삼게 하고, 급간 벼슬도 내렸다. 처용의 아내는 매우 아름다워서 전염병의 신이 사랑할 정도였다. 전염병의 신은 사람으로 둔갑해서 밤에 처용의 집으로 가 몰래 그 아내와 동침했다.

처용은 밖에서 집으로 돌아와 둘이 동침하는 광경을 보더니, 노래하고 춤추며 물러났다.

서라벌 밝은 달에
밤 들도록 다니다가,
들어와 잠자리를 보니
다리가 넷이더라.
둘은 내 아내의 것이지만,

둘은 누구의 것일까?

본디 내 아내였지만

빼앗긴 걸 어쩌랴?

이에 전염병의 신은 모습을 드러내고, 처용의 앞에 무릎을 꿇었다.

"제가 공의 아내를 탐내고 범했지만, 노여워하지 않으신 그 아름다운 성품에 감격했습니다. 이제부터 맹세합니다. 공의 그림만 보여도, 그 집 문 앞에 얼씬하지 않겠습니다."

이로부터 신라 사람들은 처용의 모습을 문에 붙여, 재앙을 물리치고 경사가 생기길 빌게 되었다.

왕이 세상을 떠나자, 울산 영취산靈鷲山 동쪽 언덕 좋은 터에 망덕사望德寺 혹은 신방사新房寺라는 이름의 절이 세워졌다. 앞서 나온 동해 용을 위해 세운 곳이었다. 그리고 (헌강왕은) 포석정鮑石亭에도 갔는데, 남산의 신이 나타나 그 앞에서 춤추었다. 그런데 아무도 볼수 없었고, 왕만 혼자 보았다. 남산의 신은 사람의 모습으로 나타나 왕 앞에서 춤추고, 왕도 그 동작을 따라 춤추는 모습을 보였다. 남산의 신을 '상심祥審(산신)'이라고도 불렀으므로, 신라 사람들은 그 춤을 '임금이 추었던 산신의 춤'이라고도 부른다.

어떤 사람은 이렇게도 설명한다. 신이 나타나자 장인에게 그 모습을 잘 본뜨고 새겨 후세에 전하게 했으므로, 모습을 잘 살핀다는 뜻의 한자로 '상심'이라 썼다는 것이다. 또는 '흰 수염 춤'이라고도 하는데, 산신에게 흰 수염이 난 모습대로 이름 붙인 것이다.

그리고는 금강령金剛嶺에 가서 북악의 신이 '옥으로 만든 칼과 자물쇠'라는 춤을 추는 것도 보았다. 동례전同禮殿에서 잔치를 열 때도 땅의 신이 나타나 '급간 벼슬하시는 땅의 주인'이라는 춤을 추었다.

『어법집語法集』에 이런 내용이 있다. 이 무렵 산신이 춤을 추며 "지리다도파도파智理多都波都波" 어쩌고 하는 노래를 불렀다. 지혜로 나라를 다스리는 이들이 도읍이 파괴될 줄 알고 다 달아난다는 뜻이다. 그래서 땅과 산의 신들이 나라가 망하리라고 경고하는 춤을 추었지만, 신라 사람들은 깨닫지 못하고 좋은 징조라 착각하여 유흥을 더 즐겼다. 그러니까 끝내 나라가 망한 것이다.

2-14. 진성여왕과 거타지

51대 진성여왕眞聖女王이 즉위하고 몇 년 지나서, 왕의 유모 부호부인鳧好夫人과 그 남편 위홍魏弘 잡간 등 서너 명의 총신들이 권력을 잡아 정치를 멋대로 했다. 호족 세력이 봉기하고 온 나라 사람들이 걱정하더니, 불교의 주문 비슷한 은어를 지어 길 위에 뿌려댔다. 진성여왕과 권력자들이 주워서 보고는 말한다.

"왕거인王居仁 아니면 이런 글 지을 사람이 누구겠어?"

그래서 왕거인을 감옥에 가두었다. 그는 시를 지어 하늘에 호소했고, 하늘은 감옥에 벼락을 내려 왕거인이 풀려나게 했다.

왕거인의 시는 이렇다.

(진시황 암살에 실패하고 처형당하게 된) 연나라 태자가 울었더니 무지
개가 해를 뚫고
(제자였던 왕의 후계자에게 미움을 사고 투옥당한) 추연의 원한 탓에 한여
름에 서리가 내렸네.
지금 나도 옛날 그들만큼이나 어쩔 수가 없는데,
하늘은 어째서 아무 기적도 내리지 않으실까?

다라니 비슷한 은어의 내용과 해석은 다음과 같다.

나무망국南無亡國
찰리나제刹尼那帝
판니판니소판니判尼判尼蘇判尼
우우삼아간于于三阿干
부이사바하鳧伊娑婆訶

나라가 망한다네
진성여왕
잡찬 벼슬하는 위홍을 포함한 두 사람
세 사람의 아간

진성여왕의 유모 부호부인, 그리고 끝

진성여왕의 막내아들 양패良貝 아찬이 당나라에 사신을 가다가, 후백제의 군대가 진도津島에 주둔하고 있다는 소식을 들었다. 궁병 50명을 뽑아 데리고 갔는데, 배가 황해도 곡도[우리말로 고니 섬]에 이르자 사나운 바람이 일어 열흘 동안 머무를 수밖에 없었다. 양패는 걱정되어 점을 쳤더니, 점쟁이가 말한다.

"섬에 신이 사는 연못이 있군요. 제사를 지내보소서."

제사상을 연못 위에 차리니 한 길 넘게 물이 솟았고, 밤에 한 노인이 꿈에 나타나 일러준다.

"활 잘 쏘는 사람 하나만 섬에 남겨주면, 순풍이 불게 해 주리다."

양패가 깨어나 주위에 이 말을 전해주고 물었다.

"누가 남을래?"

모든 이들이 아뢴다.

"나무 조각 50개에 우리 이름을 적고 물에 가라앉혀 제비를 뽑죠."

그대로 하자 거타지居陀知란 병사의 이름이 가라앉았으므로, 해당 인원을 남기게 되었다. 순풍이 불어 망설임 없이 배는 떠나고, 거타지는 시름 가득히 섬에 서 있었다. 그런데 갑자기 연못에서 노인이 나와 말을 건다.

"나는 서해의 신이라오. 해 뜰 무렵마다 웬 젊은 중이 하늘에서 내려와 주문을 외워대며 이 연못을 세 번 돌면, 우리 부부의 자손들이 물 위에 뜬다오. 젊은 중이 우리 아이들의 내장을 다 뽑아 먹어서, 우리 부부와 딸 하나만 남았소. 내일 아침 또 올 테니, 그 놈을 활로 쏘아주오."

거타지가 말한다.

"활쏘기는 내 장기랍니다. 말씀대로 해 드리지요."

노인이 고마워하며 물로 돌아갔고, 거타지는 엎드려 기다렸다. 다음날 해가 밝자, 과연 젊은 중이 와서 예전처럼 주문을 외워 늙은 용의 간을 뽑아먹으려고 했다. 거타지는 화살을 쏘아 젊은 중을 맞추었더니, 늙은 여우로 변해 땅에 떨어져 죽었다. 노인이 나와서 고마워했다.

"공께 은혜를 입어 우리 목숨이 살았소. 제 딸을 아내로 삼아 주시오."

"한 분 남은 따님조차 제 아내로 삼게 해 주신다니, 정말 제 소원이었어요."

노인은 딸을 꽃가지 하나로 변하게 하여 거타지의 품에 안겨주고, 용 두 마리가 거타지를 모시고 원래 탔던 배를 따라잡게 했다. 그리고는 그 배를 당나라까지 마저 호위했다.

당나라 사람들이 용 두 마리가 신라 배를 업고 오는 것을 보고는 임금에게 아뢰자, 이렇게 대꾸했다.

"신라 사신은 예사 사람이 아닌가 보다."

잔치를 열어 신하들보다 윗자리에 앉히고, 금과 비단을 잔뜩 내렸다. 신라에 돌아온 거타지가 꽃가지를 꺼내 드니, 여자가 되어 함께 살았다.

거타지 이야기는 고려 태조 왕건의 할아버지 작제건作帝建 이야기에 그대로 수용되어, 고려의 건국 신화로서 나름 새로운 시대를 예고하는 역할을 맡기도 했다.

2-15. 효공왕

52대 효공왕孝恭王 시절, 912년 봉성사 바깥 문 동서로 21간이던 집에 까치가 집을 짓는 흉조가 있었다. 외척이던 53대 신덕왕神德王이 오랜만에 박씨로서 즉위한 지 4년째인 915년, 영묘사 사랑방에 까치집 34개, 까마귀집 40개가 나타났다. 그해 3월 서리가 두 번 내리고, 6월 포항의 강물과 바닷물이 서로 다투었다.

2-16. 경명왕

54대 경명왕景明王 시절, 918년 사천왕사 벽화의 개가 짖어 3일 내내 불경을 외워 물리쳤지만, 반나절 만에 또 짖었다. 920년 2월 황룡사 탑 그림자가 한 달 동안 사지 벼슬하는 금모今毛의 집 뜰에 거꾸로 비쳤다. 또 10월에는 사천왕사 오방신의 활줄이 다 끊어지고, 벽화의 개가 뜰에 뛰쳐나왔다가 다시 들어갔다.

2-17. 경애왕

55대 경애왕景哀王이 즉위한 924년 2월 19일, 황룡사에 100명의 고승을 불러 호국 불경을 설법하게 했다. 또한 선승 300명에게도 대왕이 친히 향을 피워 음식을 공양했다. 이것이 처음 선종禪宗과 교종敎宗이 함께 모여 설법한 것이다.

2-18. 경순왕

56대 김부대왕金傳大王의 시호는 경순왕敬順王이다. 927년 후백제의 견훤甄萱이 경북 영천까지 쳐들어오자, 경애왕景哀王은 고려 태조에게 구원을 부탁한다. 장수에게 1만 정예병을 주었지만, 도착하기 이전 11월 겨울에 견훤은 서라벌에 들어왔다. 왕과 비빈, 왕족 모두 포석정에 모여 잔치를 여느라 견훤의 군대가 온 줄도 몰랐다. 그러다가 어쩔 줄 모를 만큼 놀란 왕과 왕비는 후궁으로 달아났다. 왕족과 벼슬아치들의 가족 역시 사방으로 흩어졌지만, 적에게 잡혀

귀천 없이 엎드려 노비가 되길 간청했다. 견훤은 병사들에게 나라와 개인의 재산을 다 약탈하게 하더니, 왕궁에 들어가 경애왕을 찾으라고 주위에 명령했다. 왕은 왕비, 빈과 첩 몇 사람과 후궁에 숨어 있다가 잡혀 왔다. 견훤은 경애왕을 자살하게 하고 왕비를 강간했으며, 그 부하들도 빈과 첩을 마찬가지로 범했다.

견훤은 경애왕의 친척 동생인 김부를 왕으로 삼아 즉위하게 했다. 경순왕 김부는 견훤이 세운 임금이었지만, 경애왕의 시신을 서쪽 빈소에 모시고 여러 신하와 통곡했다. 고려 태조도 사신을 보내 조문했다.

다음 해 928년 3월에 태조가 5천 기병을 거느리고 서라벌에 도착했을 때, 경순왕과 신하들이 교외에서 맞이하고 입궐하여 정과 예의를 다하였다. 임해전臨海殿에서 잔치를 열고 술을 마시며 경순왕이 말한다.

"우리 신라가 하늘의 뜻에 어긋나 침략받았습니다. 견훤이 오만하고 불의하여 우리나라를 해치니, 얼마나 원통한지요!"

그리고는 눈물을 흘리니, 주위 신하들도 다 울었고 태조 역시 눈물을 흘렸다.

고려의 군대가 수십 일을 머무르다 떠났는데, 지휘에 따라 단정했고 규율을 조금도 어기지 않았다. 서라벌의 남녀들은 기뻐하며 말한다.

"예전에 견훤이 왔을 때는 늑대와 호랑이 같았는데, 고려 태조 왕건 공께서 오시니 부모님을 뵌 것 같네요."

8월에 태조가 사신을 통해 경순왕에게 비단옷과 길들인 말을 보냈고, 신라의 여러 관료와 장수에게도 각각 차이가 나게 선물을 주었다.

935년 10월, 사방의 영토는 다 다른 나라 땅이 되고, 신라의 기세가 약해지고 고립되어 더 버틸 수 없었다. 그러므로 경순왕은 신하들과 신라 땅을 고려 태조에게 바쳐 항복할지 의논하고 있다. 신하들은 그럴지 말지 의견이 분분하였고, 경순왕의 태자가 말한다.

"나라가 버티거나 망하는 일에는 하늘이 정한 운수가 반드시 있소. 충신과 의사들이 백성의 마음을 수습하다가 힘이 다했다면 그만두어 마땅하지만, 어째서 천년 사직을 함부로 남에게 주려 하시오?"

경순왕이 대꾸한다.

"이렇게 고립되고 위태로운 데다가 우리 세력을 지킬 수도 없다. 이 이상 강해질 수도 없고, 약해질 수도 없는 최악의 상황에, 무고한 백성들만 도탄에 빠뜨리기도 차마 할 수 없는 노릇이다."

김봉휴金封休 시랑을 시켜 고려 태조에게 항복 문서를 보냈다.

태자는 울며 왕에게 작별하고, 금강산에 들어가 죽을 때까지 베옷 입고 풀 먹으며 지냈다. 막내아들도 머리를 깎고 범공梵空이란 법명의 화엄종 승려가 되어 법수사, 해인사 등에 머물렀다.

태조는 신라의 항복 문서를 받고 왕철王鐵 태상을 보내 경순왕을 맞이하게 했다. 경순왕은 신하들을 이끌고 아름다운 수레와 말을 12km나 늘어뜨리며 귀순했다. 이 행차로 길은 막히고 담처럼 구경꾼이 늘어섰다. 태조는 교외까지 나서 마중하고, 훗날 승정원 자리가 되는 대궐 동쪽 한자리를 내주었다. 태조의 장녀 낙랑공주樂浪公主를 경순왕의 부인으로 삼았는데, 신라 왕이 자기 나라를 버리고 다른 나라에 살게 된 처지에 빗대어 이름을 '신란공주神鸞公主'로 고쳤으며 그 시호는 효목孝穆이다. 이런 이름은 난새가 계빈왕이라는 임금에게 갇혀 자유를 그리다가 죽었기 때문이다.

경순왕에게 정승 벼슬을 내리고 태자보다 윗자리에 두었다. 녹봉으로 180t을 주고 따라온 수행원들도 등용했으며, 신라를 경주로 고쳐 그 식읍으로 삼았다.

앞서 경순왕이 신라 땅을 바치고 항복했을 때, 태조는 매우 기뻐 후하게 대접하고 사자를 시켜 전했다.

"임금님께서 과인에게 나라를 주신다니, 정말 큰 선물입니다. 종실과 혼인하여 영원히 사위와 장인 사이가 되길 바랍니다."

"제 아버님 신흥대왕神興大王의 아우이신 억렴億廉의 따님이 덕스럽고 아름답기도 하니, 안살림을 가장 잘하실 겁니다."

태조가 아내로 맞이하니, 신성왕후神成王后 김씨이다. 고려 때 김관의金寬毅 등사랑이 편찬한 『왕대종록王代宗錄』에 다음과 같이 이른다. 신성왕후 이씨는 원래 이정언 경주 대위가 경남 합천(협주)의 수령으로 있을 때, 태조가 행차하여 왕비로 삼았으므로 협주군이라고도 부른다. 왕비의 기일은 3월 25일로, 정릉貞陵에 장사지내고 현화사玄化寺에 모셨다. 이분이 낳은 아들이 훗날 안종安宗이 되었다. 그런데 위 기록과 달리 성이 이씨이며, 이 밖에 25명의 왕비 중에 김씨는 없어서 알 수 없다. 그러나 김부식의 논의에서 안종은 신라왕의 외손자라 했으므로, 역사의 기록이 옳다고 보아야 한다. 안종은 고려 8대 현종의 아버지로, 이후 고려 임금은 모두 현종의 자손이므로 결국 경순왕은 고려 임금들의 조상이기도 하다.

태조의 손자 경종景宗 왕주王佃는 경순왕이었던 김부 정승공政承公의 딸을 왕비로 들여 헌승왕후憲承皇后로 삼았다. 그래서 정승공을 아버지뻘, 상부尚父로 대접했다. 정승공은 978년 세상을 떠났고, 시호를 경순왕이라 했다. 경순왕을 상부로 책봉했던 글의 내용은 다음과 같다.

"칙령을 내린다. 주周나라가 열렸을 때 강태공姜太公이 벼슬했고, 한漢나라가 시작할 때 소하蕭何를 등용했다. 이 덕분에 천하가 안정되고 왕업을 널리 열었다. 용 그림이 나타난 이후 주나라 30대에 걸쳐 400년을 기린처럼 자취를 남겨, 해와 달이 거듭 밝아지고 하늘과 땅이 서로 조화로우니, 임금의 역할이 없더라도 신하들이 잘 다스린 덕분이다.

낙랑왕 김부 정승은 대대로 신라에 자리 잡아 왕이 되었다. 재주와 문장이 하늘과 땅에 두루 떨쳤으며, 늘 부유하게 영지에 머무르며 병법에 익숙했다. 고려 태조는 일찍이 이웃과 화목하게 지내고 신라의 전통을 존중해서, 김부를 부마로서 인척이 되게 하여 그 절개에 보답하였다. 이로써 고려와 신라의 왕실과 나라가 모두 하나가 되고, 임금과 신하도 온전히 삼한을 합치게 되었다. 그 아름다운 이름과 본받을 만한 행적이 널리 알려졌으므로, 상부와 공신의 칭호를 내린다. 녹봉은 예전과 같지만 식읍은 예전과 합쳐 1만 호가 되었다. 감당 관료들은 날짜를 뽑아 예를 갖추고 명을 받들어 시행하라."

975년 10월 왕융이 이처럼 칙명을 받들었으니, 서류가 오는 대로 실행하시오.

975년 10월 시중 이하 여러 관료들이 서명하고, 낙랑군왕 김부에게 고함.

김부식은 『삼국사기』에서 말한다.

신라의 박씨와 석씨는 모두 알에서 태어났다 한다. 김씨는 하늘에서 황금 궤짝에 실려 내려왔다는가 하면, 황금수레를 타고 왔다고도 하는데 더욱 괴상해서 믿을 수 없다. 그러나 세상에 그렇게 전해지니까 실제 사실인 것처럼 되었다. 다만 건국 초기 신라 임금들은 자기에게는 검소해도 남들에게는 넉넉하게 대했으며 관청과 행사의 규모도 작았다. 지성으로 중국을 섬겨 사신들이 끊이지 않았고, 자제들도 늘 유학을 보내 당나라 조정에서 활동하고 중국 문화를 공부하게 했다. 그렇게 성현의 풍속으로 교화되어, 오랑캐 습속을 버리고 예의의 나라가 되었다. 또한 당나라 군대의 위엄으로 백제와 고구려를 평정하고, 그 땅을 군현으로 삼는 전성기를 이루었다.

그러나 불교를 믿되 그 폐단을 깨닫지 못하여, 마을마다 백성들의 집 대신 탑과 절이 즐비할 지경에 이르렀다. 백성들이 다 달아나 중이 되었다면 병사와 농부가 점점 줄어든다는 것이므로, 나라는 날로 쇠약해져 결국 난리가 나고 망하지 않겠는가? 이런 때에 경애왕은 더 놀기만 하느라 궁녀와 신하들을 데리고, 포석정에서 술 마시고 잔치하다가 견훤이 오는 줄도 몰랐다. 남북조 시절 남조 진나라가 북조 수나라의 침략을 받아, 남조의 왕비 장려화張麗華가 북조의 장수 한금호韓擒虎에게 잡혀 죽었던 일과 다를 게 없다.

경순왕이 태조에게 귀순한 일은 부득이해서 했겠지만 아름답기도 하다. 태조의 군대에 힘껏 저항하다가 전사했더라면, 국력이 고갈되어 집안이 무너지고 무고한 백성들도 해쳤을 것이다. 그러나 태조의 항복 권고가 있기 이전에, 창고를 봉인하고 군현의 호적을 모아 귀순하였다. 그러므로 매우 크게 조정에 공을 세우고 백성들에게 덕을 끼쳤다고 평가한다.

소동파는 5대 10국 시절, 오, 월나라 땅을 송나라에 바친 전씨를 충신이라 하였지만, 신라의 공덕은 그보다 더욱 대단하다. 고려 태조는 왕비와 빈이 많아 그 자손이 번성했는데, 현종은 신라의 외손으로 즉위하여 이후의 왕통은 모두 경순왕의 자손이다. 이것은 그 음덕 덕분이 아닐까?

신라가 땅을 바치고 나라가 없어지자, 신회神會 아간은 외직을 그만두고 돌아와 서라벌의 도성이 황폐해진 모습을 보았다. 그 때문에 『시경』의 〈서리리黍離離〉와 같은 탄식의 노래를 지었지만 전하지 않는다.

2-19. 남부여가 된 옛 백제 – 북부여는 앞서 나왔다

부여군은 옛 백제의 수도로 혹 소부리[=서울?]라고도 한다. 『삼국사기』에 따르면 백제 성왕聖王 때인 538년 사비성으로 천도하고 나라 이름을 남부여라 했다. 그런데 그 지명이 소부리, 곧 사비로 지금의 고성진古省津이라는 주석이 달려 있다. 그리고 『양전장적量田帳籍』이라는 토지 문서에도 "소부리군" 운운하는 표현이 있는데, 지금의 부여군을 옛 이름을 되살려 부른 것이다. 백제 왕가의 성이 부扶씨였으므로 그렇게 부르며, 간혹 여주餘州라고 부르는 이유는 부여군 서쪽 자복사資福寺 높은 자리 위에 997년 여주의 절 공덕사功德寺를 기린다는 휘장이 있기 때문이다. 또한 옛날 하남에 임주林州 자사를 두었을 무렵의 지도에도 여주라는 두 글자가 나오는데, 임주는 고려 후기의 부여군 임천면이고, 여주는 부여군이다.

『백제지리지百濟地理志』는 『후한서』를 인용하여, 삼한에는 78개의 나라가 있는데 백제는 그중 하나라고 했다. 그리고 『북사北史』에 따르면 백제의 동쪽에 신라가 있고, 그 서남쪽은 큰 바다로 막혔으며, 북쪽 끝에 한강이 있다. 수도는 거발성居拔城(크고 밝은 성) 또는 고마성固麻城(웅진성)이라 부르며, 그 밖에 다섯 방향으로 각각 성이 있다. 『통전』 역시 백제는 남으로 신라, 북으로 고구려와 접해 있고, 서쪽은 큰 바다로 막혀 있다고 한다. 『구당서』에 따르면 백제는 부여와 같은 종족이다. 그 동북쪽에는 신라가, 서쪽으로 바다를 건너면 중국 장강의 하류가, 남쪽 바다 저편에 왜국이, 북으로는 고구려가 각각 자리 잡고 있다. 그 임금은 동쪽과 서쪽에 두 개의 성을 두고 머문다고 했다. 『신당서』는 백제의 서쪽 경계가 장강 하류 지역이고 남쪽에 왜국이 있는데 모두 바다를 건너며, 역시 북쪽에는 고구려가 있다고 했다.

『삼국사기』·「백제본기」는 이렇게 말한다. 백제의 시조는 온조 왕이고, 그 아버지는 주몽이라고도 불리는 추모왕鄒牟王이다. 주몽이 북부여에서 피신하여 졸본부여에 이르렀는데, 졸본부여의 왕이 아들은 없이 딸만 셋 있었다. 그런데 주몽의 비범함을 알아보고 둘째 딸과 혼인을 시켰더니, 얼마 후에 졸본부여의 왕이 죽고 주몽이 계승하였다. 두 아들이 태어났으니 첫째가 비류沸流, 둘째는 온조溫祚였다. 그러나 주몽은 졸본부여의 혈통이었던 이들을 무시하고, 북부여에서 태어난 유리를 태자로 삼았다. 그러자 비류와 온조는 유리 태자와 함께 살 수 없으리라 짐작하고, 오간, 마려 등 10명의 신하와 따르는 많은 백성을 이끌고 남쪽으로 떠났다. 마침내 경기도 광주에 이르러 북한산에 올라 살 만한 곳을 찾아보았다.

그러나 비류는 바닷가에 살고 싶어 했으므로, 10명의 신하가 간한다.

"이 하남河南 땅만이 북으로 한강을 끼고 동쪽에 산을 기대어, 남쪽에 농사짓기 좋고 서쪽은 큰 바다가 막아주는 곳입니다. 얻기 어려운 요충지이거늘, 여기를 도읍으로 해야 마땅하지 않겠습니까?"

비류는 듣지 않고 백성을 나누어 인천 미추홀彌雛忽에 가 자리 잡았고, 온조는 하남 위례성慰禮城을 도읍으로 10명의 신하의 도움을 받았다 하여 나라 이름을 '십제+濟'라 하였다. 이때는 기원전 18년이었다. 인천은 땅에 습기가 많은데 물도 짜서 비류는 잘 지낼 수 없었는데, 위례성을 보니 도읍으로서 굳건하고 백성들도 태평하였다. 비류는 부끄러워하다가 죽고, 그 신하와 백성들은 위례성으로 돌아왔다. 훗날 백성들이 다 기뻐했다고 하여 나라 이름을 '백제'로 고쳤다. 그 왕가는 고구려와 마찬가지로 부여에서 유래했으므로, 해씨를 성으로 삼았다. 성왕 때에 지금의 부여군인 사비성으로 천도했다.

이런 옛 기록도 있다. 동명왕의 셋째 아들 온조는 기원전 18년 졸본부여에서 위례성으로 와 나라를 세우고 왕이 되었다. 그리고 기원전 5년에 경기도 광주로 천도하여 389년을 지내다가, 13대 근초고왕 무렵 고구려에서 (지금의 서울 지역인) 남평양을 되찾아 경기도 양주로 천도하여 105년을 지냈다. 그러다가 21대 개로왕蓋鹵王이 고구려 장수왕의 계략에 죽고 22대 문주왕文周王이 즉위하여 475년 지금의 충남 공주인 웅천熊川으로 옮겨 63년을 지내며, 26대 성왕이 소부리에 천도하여 남부여라는 나라 이름을 써서 31대 의자왕까지 120년에 이른 것이다. 그러나 신라 김유신과 당나라 소정방에게 멸망 당했다.

백제에는 예로부터 5부가 있어, 37군으로 나누어 200여 성 76만 호를 다스렸다. 당나라는 5부의 땅에 각각 웅진, 마한, 동명, 금련, 덕안 등 5도독부를 두고, 호족들을 자사로 삼았다. 그렇지만 얼마 지나지 않아 신라가 그 땅을 차지하고, 웅주熊州, 전주全州, 무주武州 등과 여러 군현을 설치했다.

그리고 부여군의 호암사虎嵓寺에는 정사암政事嵓이라는 바위가 있어, 재상을 뽑을 때면 서너 명 후보의 이름을 적어 상자에 넣고 봉인하여 그 위에 두었다가 얼마 후에 열고 이름에 도장이 찍힌 사람을 임명했다. 그러므로 '정사'라는 이름이 붙은 것이다.

사비성 근처 백마강에도 바위가 있어, 당나라 소정방이 백제를 침략할 때 그 위에 앉아 물고기 모양의 용을 낚았다고 한다. 그래서 바위 위에 용을 무릎 꿇린 자국이 있으므로 용바위라고 부른다. 또한 부여군에는 일산日山, 오산吳山, 부산浮山이라는 3산이 있었고, 백제의 전성기에 각각 신선이 머물러 아침저녁으로 왕래가 끊이지 않았다.

사비성 근처 언덕, 훗날의 낙화암 근처에도 10명쯤 앉을 만한 바위가 있는데, 백제의 임금이 왕흥사王興寺에 불공드리러 갈 때면 먼저 이 바위에서 부처님께 절을 했다. 그러면 바위가 절로 따뜻해졌으므로 돌석이라 했다. 사비수 양쪽 절벽은 병풍처럼 아름다워, 백제의 임금들은 늘 잔치를 열고 노래하며 춤추었으므로 고려 후기에도 이곳을 대왕포大王浦라 불렀다.

시조 온조왕은 동명왕의 셋째 아들로 풍채가 당당하고, 효도와 우애가 있었으며 말타기와 활쏘기도 잘했다. 2대 다루왕多婁王은 너그러우면서도 위엄과 인망이 두터웠다. 7대 사비왕沙沸王은 6대 구수왕仇首王이 죽은 뒤 왕위를 계승했지만, 나이가 어려 정치를 할 수 없었기에 폐위하고 8대 고이왕古爾王을 옹립했다. 어떤 이는 239년 사비왕이 죽자 고이왕이 왕위에 올랐다고도 한다.

2-22. 무왕과 선화공주

제목의 무왕은 옛 기록엔 무강왕武康王이라 나오지만, 백제에는 무강이란 왕이 없다.

해설

따라서 신라 진평왕과 같은 시기인 무왕으로 추정한 것이다 그러나 기자조선의 마지막 임금으로 위만에게 나라를 빼앗긴 기준이 마한의 시조로서 무강이란 칭호로 불리기도 했다.

30대 무왕武王의 이름은 장璋이었다. 홀어머니가 사비성 남쪽 연못가에 집을 짓고, 연못의 용과 어울려 무왕을 낳았다. 어릴 때 이름은 서동薯童으로 헤아릴 수 없는 기량이 있었지만, 늘 참마를 캐서 팔아 생계를 유지했으므로 백제 사람들이 참마를 한자로 써서 서동이라 불렀다.

신라 진평왕의 셋째 공주 선화善花가 비길 데 없이 아름답다는 소문을 듣고는, 국경을 좀 쉽게 넘을 수 있게 머리를 깎아 승려의 행색을 하고는 신라 서라벌로 참마를 가져가 동네 어린이들에게 나누어 주었다. 어린이들이 몰려들자 다음과 같은 노래를 지어 불러준다.

선화 공주님은

남몰래 정분이 나서

서동 서방님을

밤에 그 씨알을 품고 간다네요.

노래가 온 서라벌에 퍼져 왕궁에까지 알려지고, 여러 신하가 공주를 멀리 귀양 보내라고 힘써 간한다. 선화가 귀양 길을 떠날 때, 왕비는 순금 한 됫박을 노자로 주었다. 선화가 유배지로 가는 도중에 서동이 나타나 절하고는, 곁에서 모시겠다고 한다. 선화는 서동이 어디서 왔는지 알 수 없었지만, 뜻밖의 만남에 정말 기뻐하여 서동을 믿었다. 그리하여 따르고 연인이 된 후에, 서동의 이름까지 알게 되니 동요의 영험도 믿게 되었다. 함께 백제에 와서 어마마마가 주었던 황금을 보여주며 생계를 의논하려 하였다.

서동이 활짝 웃으며 말한다.

"이게 뭐요?"

"황금인데, 이것으로 평생 먹고살 수 있다오."

"내가 참마 캐던 곳에 흙처럼 쌓여 있는데."

선화가 듣고는 매우 놀란다.

"그게 천하에 엄청난 보물이오. 궁궐에 보낼 수 있도록, 황금이 있는 곳을 알려주시겠소?"

"그럽시다."

황금을 캐서 언덕처럼 쌓아두고 용화산 사자사龍華山 獅子寺의 지명知命 법사에게 가서 수송할 방법을 알아보니, 지명이 알려준다.

"제가 신통력으로 보낼 테니, 황금을 갖고 오세요."

선화는 편지를 써서 황금과 함께 사자사 앞에 두고, 지명은 신통력으로 하룻밤 사이에 신라 궁중으로 보낸다. 진평왕은 이 일을 신기하게 생각하여 선화와 서동 부부를 존중하게 되고, 답장으로 인사했다. 서동은 이 일로 인심을 얻어 무왕이라는 백제의 임금이 되었다.

하루는 무왕이 부인과 함께 사자사에 행차하는데, 용화산 아래 큰 연못가에서 미륵불을 비롯한 3개의 불상이 나타난다. 행차를 멈추고 정성껏 불공을 드리고는, 부인이 무왕에게 말한다.

"여기에 꼭 큰 절을 지어야겠어요. 제 소원입니다."

왕이 찬성하고 지명 법사를 불러 이 연못을 메우자고 부탁하니, 신통력으로 하룻밤 사이에 산을 무너뜨려 연못을 메꿔 평지로 만들었다. 이어서 미륵을 포함한 3개의 불상을 만들고, 전각과 탑을 각각 3곳에 나누어 세우고 '미륵사'라는 이름을 붙였다. 『삼국사기』에는 이름이 '왕흥사'라고 나오기도 하지만, 왕흥사는 부여에 있는 다른 절로, 백제 27대 위덕왕이 세웠다.

진평왕이 장인 여러 명을 보내 창건을 도와주었고, 일연 당시에도 미륵사는 남아 있었다. 『삼국사기』에는 무왕이 법왕의 아들이라 했는데, 여기서는 홀어머니의 자식이라 하니 모를 일이다.

해설

미륵사를 창건한 사람은 신라 선화공주가 아닌, 백제 귀족 출신 왕비였다.

✜

보충

미륵사 복원 과정에서 나온 사리봉영기

"가만히 생각하건대, 법왕法王께서 세상에 출현하시어 근기根機에 따라 부감赴感하시고, 중생에 응하여 몸을 드러내신 것은 마치 물 가운데 비치는 달과 같았다. 이 때문에 왕궁에 의탁해 태어나 사라쌍수娑羅雙樹 아래에서 열반에 드셨는데, 8곡斛의 사리를 남겨 삼천대천세계三千大天世界를 이익 되게 하셨다. 마침내 찬란히 빛나는 오색五色[사리]으로 일곱 번을 돌게 하였으니, 그 신통 변화는 불가사의하였다. 우리 백제 왕후는 좌평佐平 사택적덕沙宅積德의 딸로서 오랜 세월 동안 선인善因을 심으시어 금생에 뛰어난 과보[승보勝報]를 받으셨다. [왕후께서는] 만민을 어루만져 기르시고 삼보三寶의 동량棟梁이 되셨다. 때문에 삼가 깨끗한 재물을 희사하여 가람伽藍을 세우고, 기해년 정월 29일에 사리를 받들어 맞이하셨다. 원하옵건대, 세세토록 공양하여 영원토록 다함이 없어서 이 선근善根으로 우러러 대왕 폐하의 수명은 산악과 나란히 견고하고, 왕위는 천지와 함께 영구하여, 위로는 정법正法을 크게 하고 아래로는 창생蒼生을 교화하는 데 도움이 되게 하소서. 다시 원하옵건대, 왕후의 몸에 나아가서는, 마음은 수경水鏡 같아서 법계法界를 항상 밝게 비추시고, 몸은 금강과 같아서 허공과 같이 불멸하시어, 칠세七世를 영원토록 다함께 복리福利를 받고, 모든 중생들이 다함께 불도를 이루게 하소서."

[출처] 한국학중앙연구원 – 향토문화전자대전, 김상현 역

해설

위 기록에 따르면 미륵사를 창건했던 백제 왕후는 신라의 선
화공주가 아닌, 백제 귀족 사택적덕의 딸이었다. 무왕과 진
평왕 시절 백제와 신라의 사이가 그리 좋지 않았던 데다가,
다른 기록에는 나오지 않는 선화공주와 서동의 이야기가 허
구일 가능성이 크다. 그러나 허구적 인물이 역사적으로는 무
가치하다 할지 모르지만, 피로 이루어진 신라와 백제의 통합
을 화기애애한 동화적 분위기로 애써 달리 기억하려 했던 이
들의 노력을 무의미하다고 할 수는 없다. 특히 동서 갈등이
현대사의 큰 굴곡으로 여전히 남아있는 현 상황에서, 선화공
주라는 캐릭터를 통해 피의 역사를 씻었던 치유의 기억은 설
령 그녀가 가공인물일지라도 소중한 게 아닐까?

164   삼국유사

2-21. 후백제의 견훤

『삼국사기』 열전에 이런 기록이 있다. 견훤甄萱은 경북 상주 함창 사람으로 867년에 태어났다. 본래 성은 이李씨였는데 나중에 견씨甄를 성으로 삼았다. 아버지 아자개阿慈个는 농부였는데, 885~887년 무렵 상주에 자리잡고 장군을 자처했다. 아자개의 아들 넷이 다 유명했지만, 견훤이 특히 걸출하고 지략이 많았다.

『이비가기李碑家記』에 따르면 다음과 같다. 진흥왕의 왕비 백융부인 사도思刀의 셋째 아들 구륜공仇輪公의 아들 선품善品 파진찬의 아들 작진酌珍 각간이 왕교파리王咬巴里를 아내로 삼아 낳은 원선元善 각간이 바로 아자개이다. 그러므로 아자개는 진흥왕의 고손자이다. 아자개의 첫째 상원부인上院夫人, 둘째 남원부인南院夫人 등 두 부인이 5남 1녀를 낳았다. 장남은 상보尙父 견훤, 차남 능애能哀 장군, 3남 용개龍蓋 장군, 4남 보개寶蓋, 5남 소개小蓋 장군, 딸은 대주도금大主刀金이다.

내용이 다른, 또 다른 옛 기록도 있었다. 옛날 광주 북촌에 살던 부자에게 용모 단정한 딸이 있었는데, 그 아버지에게 말한다.

"자줏빛 옷을 입은 사내가 매일 밤 제 방에 온답니다."

"긴 실을 옷에 꽂아 봐라."

그렇게 하고는 날이 밝는 대로 북쪽 담벼락까지 실을 따라갔더니, 큰 지렁이 허리에 바늘이 꽂혀 있었다. 그래서 임신하고 사내아이를 낳았는데, 15살이 되자 견훤이란 이름을 스스로 지었다.

892년 왕을 자처하여 전주에 도읍을 정하고, 43년이 흐른 934년 세 아들이 반역하자 고려 태조에게 항복했다. 아들 금강金剛이 즉위했지만, 후백제는 936년 고려 군대와 경북 구미 선산에서 싸우고 져서 망했다.

또 다른 이야기다. 견훤이 태어나 젖먹이였을 때, 밭 가는 아버지에게 어머니가 밥을 나르려고 견훤을 숲 근처에 내려놓았다. 그런데 호랑이가 젖을 먹이므로, 이 소문을 들은 마을 사람들은 신기하다고 했다. 성장하자 몸집이 크고 비범한 기개가 있었다. 군인이 되어 서라벌에 갔다가, 서남쪽 해안에서 창을 베개 삼아 적을 대비하며 솔선수범한 공로로 비장이 되었다. 892년 진성여왕이 즉위한 지 6년째에 총애받는 간신들이 나라의 권력과 기강을 어지럽히고, 가뭄도 들어 백성들은 유민이 되고 도적이 벌떼처럼 일어났다. 견훤도 신라를 배신할 뜻으로 무리를 모아 서라벌 서남쪽을 쳤더니, 가는 곳마다 호응이 있어 한 달 사이 5천 명이 모였다. 견훤은 광주를 쳐 왕 노릇도 할 정도가 됐지만, 아직 공공연히 왕을 자처하지는 못하고 신라 벼슬 이름 뒤에 개국공開國公이란 칭호를 붙였다. 889년 또는 892년의 일이었다.

이 무렵 강원도 원주의 호족 양길良吉이 강성해서, 궁예弓裔가 그 부하가 되었다. 이 소식을 들은 견훤은 양길에게 비장 벼슬을 내린다. 견훤이 서쪽을 다니다가 전북 전주에 다다라, 맞이하는 백성들을 보고는 인심을 얻게 된 게 기뻐 주위에 말한다.

"백제가 개국 600여 년 만에 신라의 요청을 받은 당나라 고종이 소정방 장군을 보내 13만 수군이 바다를 건너고, 신라 김유신도 황산벌을 지나 당나라 군대와 함께 백제를 쳐 망하게 하였다. 내 여기 도읍을 세워 그 울분을 설욕하지 않을 수 있으랴?"

마침내 후백제왕을 자칭하고 관직 제도도 세우니, 때는 900년으로 신라 효공왕이 즉위한 지 4년째였다.

918년 궁예가 세운 태봉의 수도 강원도 철원의 민심이 갑자기 달라져, 고려 태조가 추대받아 즉위했다. 견훤이 소식을 듣고 사자를 보내 축하하고, 공작 깃털 부채와 지리산 대나무 화살 등을 선물로 주었다. 견훤은 태조와 겉으로는 친한 척 속으로는 시기했다. 청백색의 말을 바치는가 하면 925년 10월 겨울에 3천 기병으로 경북 구미 금오산성에 쳐들어왔다. 태조도 정예병으로 대적했지만, 견훤의 군세가 예리하여 승부를 내지 못했다. 태조는 견훤의 군대가 지칠 때까지 휴전하고자 하여 화친을 청하는 문서를 보내며, 동생 왕신王信을 견훤의 외조카 진호眞虎와 볼모로 교환했다. 12월에 견훤은 경남 거창군을 비롯한 20여 성을 취하고, 중국 후당後唐에 사신을 보내 나라로 인정받고자 했다. 후당은 견훤에게 백제 군사의 벼슬을 내리고 식읍 2,500호의 백제왕으로 인정했다.

이듬해 진호가 갑자기 죽었는데, 견훤은 살해당했다고 의심하여 왕신을 가두고 일전에 주었던 청백색 말을 돌려달라는 사자를 보냈다. 태조는 웃으며 돌려주었다. 927년 9월 견훤이 경북 문경 산북면을 불태우니, 신라 경애왕이 태조에게 구원을 청한다. 태조는 경북 영천[울주라 한 것은 잘못이다.]으로 진군하여 마지막엔 서라벌까지

들어간다. 경애왕과 부인은 포석정에 나가 있었기에, 더욱 처참하게 패했다. 견훤은 신라 왕비를 강간하고 경애왕의 동생뻘 되는 김부를 왕으로 삼았다. 왕의 동생 효렴孝廉과 재상 영경英景을 포로로 데려가고, 신라의 보물과 무기, 젊은이들과 뛰어난 기술자들도 견훤이 직접 잡아갔다.

태조가 정예병 5천으로 대구 팔공산 아래에서 견훤과 크게 싸웠지만, 김락金樂과 신숭겸申崇謙 장군들이 전사하고 온 군대가 다 패배하여 태조도 겨우 죽음을 면했다. 그리하여 견훤에게 대응하지 못하고, 견훤의 죄가 차고 넘치게 하였다. 견훤은 기세등등하여 경북 칠곡군, 성주군, 경남 진주 등을 약탈하고, 충북 보은과 경북 의성 등을 쳤다. 의성 태수 홍술洪述이 항전 끝에 전사하니, 태조는 자신의 오른팔을 잃었다고 했다. 930년 견훤이 대군을 일으켜 경북 안동을 치려고 석산에 진을 치고, 태조 역시 100보쯤 떨어진 안동 북쪽 병산리에 주둔했다. 여러 번 싸워 견훤을 물리치고 김악金渥 시랑을 사로잡았다. 다음날 견훤이 잔병을 수습하여 안동 풍산읍을 습격하자, 원봉 성주는 막을 수 없어 성을 버리고 달아났다. 태조는 무척 화가 나서 마을의 격을 낮춰 하지현이라 했다. 원봉이 원래 그 마을 사람이었기 때문이다.

신라 경순왕과 신하들은 부흥이 어려울 정도로 나라가 쇠락해지자, 고려 태조를 끌어들여 친선을 맺고 후원을 받고 싶었다. 견훤이 이 소식을 듣고 또 서라벌에 가 패악질을 하려다가, 태조가 먼저 도착할까 싶어 편지를 보낸다.

"신라의 재상 김웅렴金雄廉 등이 당신을 서라벌로 모신다는데, 큰 자라가 우니 작은 자라도 운다는 격이고 매의 날개를 종달새가 찢겠다는 허튼소리요. 백성들은 도탄에 빠지고 사직은 폐허가 되겠지. 내가 옛 명장들의 채찍을 잡고 도끼를 휘둘러 밝은 햇빛처럼 신라의 신하들 앞에 맹세하고, 신라 6부의 백성들을 올바르게 타일렀더니 뜻밖에 간신들이 달아나고 경애왕은 죽었다오. 그래서 경명왕의 외사촌이자 헌강왕의 외손자인 분을 즉위시켜 나라와 임금을 다시 세운 것이라오.

당신은 내 충고를 살피지 않고 유언비어만 듣고, 온갖 꾀와 여러 방면으로 왕위와 나라를 얻으려 하는구려. 그러나 당신네는 내가 탄 말의 머리도 본 적 없고 우리 소 터럭 하나 못 뽑았지. 초겨울엔 색상索湘 도통이 성산 아래 항복했고, 이번 달엔 김락金樂 좌장군이 미리사美利寺 앞에서 죽었지. 우리가 당신네를 죽이고 잡은 게 적지 않아 강약과 승패가 분명하거늘, 평양성 문루에 활을 걸고 대동강 물을 말에게 먹이고 싶구먼.

그러나 지난달 7일 오월국吳越國의 반상서班尚書가 사신으로 와 그 임금의 이런 조서를 전하였소.

'견훤 경과 고려는 오랫동안 사이가 좋아 동맹을 맺은 줄로 아오. 그런데 양쪽의 볼모가 다 죽었다고 예전의 우호를 잃고 서로 침략을 계속한다기에, 사신을 경의 수도에 보내는 한편 고려에도 글을 보내니 전쟁을 그치고 친하게 지내시오.'

나는 임금을 존중하고 큰 나라를 섬기려는 마음이 두터워서,

오월국 임금의 가르침을 공경하여 따르고자 하오. 다만 당신이 그 만두려 해도 그만두지 못하고, 질 싸움에 곤란할까 걱정이오. 조서의 내용을 적어 보내드리니 유심히 보시구려. 토끼와 사냥개가 다 지친다면, 조개와 황새가 서로 버틴다면 남들이 비웃소. 헤매지 마시고 후회할 일도 없으시길 바라오."

928년 정월 태조가 답장했다.

"오월국 반상서가 전한 조서와 함께, 당신이 보낸 기나긴 편지 잘 받았소. 오월국 사자의 조서에다가 좋은 말씀에 가르침까지 받아서, 감격스럽지만 의심도 들어 돌아가는 인편에 하고픈 말씀 전하겠소. 나는 위로는 하늘의 뜻과 아래로는 남들의 추대에 따라, 장군의 권세를 맡아 세상 다스릴 기회를 잡았다오. 삼한이 재앙을 만나 국토가 다 황폐해져서, 백성들은 도적이 되고 논밭은 맨땅이 아닌 곳이 없었소. 난리 나는 소리를 그치고 나라를 재해에서 구하려고, 당신과 우호를 맺어 수천 리가 농토와 뽕나무밭이 되어 백성들은 생업을 누리게 되었소. 그렇게 7, 8년간 전쟁이 없었다가, 925년 10월 갑자기 당신이 일을 벌여 교전하게 되었다오.

당신은 수레바퀴 앞의 사마귀처럼 처음부터 우리를 업신여기고 들이대다가, 모기가 산을 짊어지듯 난감한 걸 깨닫고 마지막엔 참 용맹하게도 퇴각했지요. '오늘부터 친하게 지내자, 이 맹세를 어기면 하느님이 벌 줄 거야.'라며 두 손 모아 공손히 하늘에 맹세하더니 말이지요. 나도 전쟁을 그친다는 무武와 죽이지 않는다는 인仁을 존중하고 기약하며, 겹겹이 포위를 풀어 병졸들을 쉬게 하며 볼모 보내기도 마다하지 않았으니, 오로지 백성들을 편안하게 하고 싶었다오. 이러니 내가 남쪽 사람들에게 큰 덕을 베풀었지요. 왜 맹약의 피가 마르기도 전에 흉악한 위세를 또 일으켜서, 벌과 전갈의 독이 백성들을 해치고 이리 호랑이의 광기가 서라벌 근처까지 가로막아 도성과 왕실을 불안하게 하시오? 누가 올바르게 주나라를 존중한 춘추오패春秋五霸와 같고, 누가 기회를 엿보다가 한나라를 찬탈했던 무리처럼 간악함을 보였던가요? 존엄한 신라 왕이 당신에게 몸을 굽혀 아버지라 부르게 하다니, 질서가 뒤집혀 모든 계층이 걱정한다오. 원보元輔의 충성심이 아니었더라면 사직을 지킬 수 있었겠소?

내 마음에 숨기는 악이 없이 임금을 존중할 뜻만 간절하여, 신라 조정을 돕고 나라를 위기에서 구하려고 했다오. 그러나 당신은 터럭만큼 작은 이익을 알아차리고 하늘과 땅만큼 두터운 은혜를 저버렸다오. 임금을 시해하고 궁궐을 불태우며 벼슬아치와 백성들을 학살하는가 하면, 궁녀들은 수레에 싣고 보물은 약탈했소. 걸주桀紂 같은 폭군들보다도, 제 부모를 잡아먹는 맹수들보다도 더 흉악하도다.

나는 하늘이 무너질 증오심과 해가 뒷걸음질 칠 정성으로, 매가 참새를 쫓듯 개와 말처럼 애쓰려 했소. 다시 출전하여 2년이 지나 땅에서는 천둥 번개처럼, 물에서는 범과 용처럼 날쌔서 움직이면 성공하고 거사하면 허사가 없었다오. 윤경을 해안까지 쫓아 산더미처럼 갑옷을 빼앗고, 추조를 성 밖에서 잡을 때 시체가 들을 덮었소. 충북 청원에서 길환吉奐의 목을 베고 경남 함양에서 수오隨晤를 깃발 아래 죽이는가 하면, 충남 예산을 점령할 때 형적刑積 등 수백 명을 전사하게 하고 경북 김천, 상주를 쳐부술 때 직심直心 등 4, 5명의 무리를 참수했으며, 대구 동화사에서는 우리 깃발만 보고 달아나 경산京山은 구슬을 입에 물고 항복했지요. 경남 진주는 남쪽에서 귀순, 전남 나주는 서쪽에서 귀순했다지요. 이렇게 우리가 정복을 해대는데도, 다 수복될 날이 멀다고 할 거요?

반드시 망한 나라 신하들의 원한을 설욕하고, 통일 왕조를 열었던 한나라 고조가 크게 한번 이겼던 마음을 본받아 풍파를 그치고 천하를 길이 맑게 할 것이오. 하늘이 도우시면 천명이 어디로 가겠소? 게다가 오월왕 전하의 덕이 여기까지 이르러, 약한 백성을 인자하게 보살피사 특별히 동방에서 전쟁을 그치라고 깨우치는 조서를 내리셨다고요. 가르침을 받고 어찌 받들지 않겠소? 당신도 이 조서에 따라 전쟁을 그친다면, 큰 나라의 은혜에 보답할 뿐만 아니라 끊어진 백제의 대도 이을 수 있을 것이오. 그래도 허물을 고치지 않겠다면, 후회해도 소용없소." 이 글은 최치원이 지었다.

932년 용맹스럽고 지략 있는 견훤의 신하 공직龔直이 태조에게 귀순하였다. 견훤은 공직의 두 아들과 한 딸을 잡아 다리 힘줄을 불로 지져 끊었다. 가을 9월 견훤은 일길一吉에게 고려 예성강을 수군으로 침입하여 3일 동안 황해도 연안, 백천, 한강과 임진강 하구 등의 배 100여 척을 불사르고 달아나게 했다고 한다.

934년 견훤은 태조가 충남 홍성에 주둔했다는 소식을 듣고 장정들에게 새벽밥을 먹이고 쳐들어갔다가, 진지를 차릴 새도 없이 금필黔弼 장군의 날랜 기병에게 3천여 명이 참살당했다. 충남 공주 이북 30여 성은 이 소문을 듣고 스스로 항복하고, 견훤의 부하였던 종훈宗訓 술사, 지겸之謙 의원, 상봉尙逢, 최필崔弼 등 용장들도 태조 에게 항복했다.

936년 정월 견훤이 아들들에게 일렀다.

"내가 신라 말년에 후백제를 세워 여러 해가 지났구나. 군대가 북쪽 고려보다 두 배나 되는데도 이기질 못하니, 하늘이 고려를 돕 나 보다. 고려왕에게 귀순하여 목숨을 보전하지 않을 테냐?"

신검神劍, 용검龍劍, 양검良劍 등 세 아들 다 듣지 않았다.

『이재가기李磾家記』는 다음과 같이 전한다.

견훤에게는 9명의 자녀가 있다. 장남은 신검(견성), 차남 겸뇌謙 腦 태사, 3남 용술龍述 좌승, 4남 총지聰智 태사, 5남 종우宗祐 대아간, 6남은 알 수 없고, 7남은 위흥位興 좌승, 8남은 청구靑丘 태사, 딸 하 나는 국대부인國大夫人으로 모두 상원부인上院夫人이 낳았다.

견훤은 처첩이 많아 10여 명의 자녀가 있었는데, 4남 금강金 剛은 키가 크고 지혜로워 견훤이 총애하고 왕위를 물려주려 하였 다. 그 형 신검, 양검, 용검 등이 알아차리고 몹시 걱정했다. 이 무렵 양검은 강주도독, 용검은 무주도독이라 신검만 견훤 곁에 있었는 데, 능환能奐 이찬이 강주와 무주에 사자를 보내 양검, 용검과 모략 을 꾸몄다. 그러더니 영순英順의 무리와 함께 935년 봄 3월 신검에 게 권하여 견훤을 전북 김제 금산사 불당에 가두고, 금강은 사람을 보내 죽이게 했다. 신검은 대왕을 자처하고 사면령을 내렸다고 한다.

이때 견훤은 잠자리에서 일어나지도 못한 채로 궁정의 떠들썩한 함성을 듣고, 무슨 소리냐고 물었더니 신검이 알려주었다.

"아바마마는 늙으셔서 군사와 국정이 답답했는데, 장남 신검이 부왕의 자리를 이었다고 온 장수들이 환호성을 지르는군요."

이윽고 아버지를 금산사 불당에 가두고, 파달 등 30명의 장사가 감시하게 했다. 이런 동요가 있었다.

가엾어라! 전주 아이. 아빠 잃고 우는구나.

견훤은 후궁과 소년 소녀 둘, 고비녀古比女라는 여종과 내시 능우남能又男 등과 함께 갇혔다가, 4월에 술을 빚어 장사 30명에게 먹여 취하게 하고 고려에 귀순했다. 그러자 태조는 소원보小元甫, 향예香乂와 오염吳淡, 충질忠質 등을 바닷길로 보내 맞이하게 했다. 견훤이 태조보다 10년 연상이므로 아버지뻘로 높여 부르고 남쪽 궁궐에 편안히 모시고는, 경기도 양주의 논밭을 식읍으로 삼고 노비 40명과 말 9필을 내리며 먼저 귀순한 신강信康을 아전으로 삼아 견훤을 모시게 했다.

견훤의 사위 영규英規 장군이 그 아내에게 몰래 말했다.

"대왕께서 40년을 애쓰셔서 천하가 거의 통일되려 했는데, 하루아침에 집안의 불행 탓에 땅을 잃고 고려에 망명하셨구려. 훌륭한 여성은 남편을 저버리지 않고 충신은 섬길 임금을 바꾸지 않는 다오. 내 임금을 버리고 역적인 아들을 섬긴다면, 무슨 낯으로 천하의 의인들을 대하겠소? 게다가 고려 왕건 공은 어질고도 검소하여 민심을 얻었나니, 하늘이 인도하여 삼한의 임금이 되리다. 편지를 보내 견훤 대왕을 위로하는 동시에, 왕건 공에게 은근히 뜻을 전해 훗날의 복도 도모합시다."

"당신 뜻이 내 뜻이네요."

936년 2월 사자를 보내 태조에게 이런 뜻을 전했다.

"왕건 공께서 의로운 군대를 일으키신다면 제가 호응해서 맞이하겠습니다."

태조가 기뻐서 사자를 후하게 대접하고 영규에게 사례했다.

"장군의 은혜로 군대가 합쳐져 도중에 막힘이 없다면, 먼저 장군을 뵙고 당에서 부인께 절하여 형님과 누님으로 섬겨 끝까지 보답하겠습니다. 천지신명 모두 이 말씀을 들으셨습니다."

6월에 견훤이 태조에게 아뢰었다.

"제가 전하께 항복한 까닭은 전하의 위세에 기대어 역적인 아들놈을 죽이려는 것입니다. 대왕께 군대를 빌려 역적을 치게 해 주신다면, 저는 죽어도 한이 없겠습니다."

"토벌하지 않으려는 게 아니고, 때를 기다리는 것입니다."

왕무王武 태자와 박술희朴述希 장군을 선봉으로 삼아 기병 10만으로 충남 천안으로 가게 하고, 가을 9월에 태조도 3군을 거느리고 천안에 이르렀다. 군대를 합쳐 경북 구미로 진군하니, 신검의 군대

가 방어했다. 갑오일에 경북 선산 낙동강 유역에서 대치할새, 고려
군은 동북쪽을 등지고 서남쪽으로 진을 쳤다. 태조가 견훤과 군대
를 살피는데, 갑자기 칼과 창 모양의 흰 구름이 우리 군에서 일어나
적진을 향했다. 이때 북을 치며 진군하니, 후백제의 장수들 효봉,
덕술, 애술, 명길 등이 그 엄정한 군세만 보고는 갑옷을 벗으며 진
앞에 나와 항복했다. 태조가 그들을 위로하고 신검이 어디 있는지
묻자, 효봉 등이 말했다.

"신검 원수는 중군에 있답니다."

태조는 공훤 장군 등에 명령을 내려 3군으로 한꺼번에 공격했
고, 후백제군은 무너져 달아났다.

황산벌에 이르러 신검은 두 아우와 부달富達, 능환能奐 등 40여
명의 장군과 함께 항복했다. 태조는 받아들여 남은 모두를 위로하
여 처자와 함께 상경하게 하고는, 능환을 꾸짖었다.

"양검 등과 모략을 꾸며 대왕을 가두고 아들을 왕으로 세운 건
네 꾀였다지. 신하된 도리로 이럴 수가 있느냐?"

능환은 머리를 조아리고 대꾸하지 못했기에, 명을 내려 처형했
다. 신검은 남들이 강하게 권했던 탓에 왕위를 잘못 이어받았지만,
그 본심은 아니었고 뉘우쳐 반성하기에 특별히 사형에 처하지 않고
용서했다. 그러자 견훤은 분해서 큰 종기가 나, 며칠 후 9월 8일 개
태사에서 죽으니 향년 70세였다.

태조의 군대는 기강이 엄격하여 병사들은 조금도 흐트러지지
않았고, 온 지역이 편안하여 노인과 어린이들까지 다 만세를 불렀

다. 태조는 영규에게 말한다.

"견훤왕이 나라를 빼앗기고 어느 한 사람 신하로서 위로하는 이가 없었는데, 영규 경 내외만 천 리 밖에서 편지를 보내는 정성과 과인에게 귀순하는 미덕을 보이셨군요. 그 의리를 잊을 수 없지요."

좌승 벼슬과 밭 1천 경을 내리고 역마 35필로 가족들을 맞이했으며, 두 아들에게도 벼슬을 내렸다. 견훤은 892년 나라를 세워, 45년만인 936년에 망했다.

역사가는 평한다.

신라는 운수가 다하고 도리를 잃어 하늘이 더 돕지 않았고, 백성들은 의지할 데 없는 틈을 타 도적이 고슴도치 털처럼 일어났다. 가장 왕성한 이들은 궁예와 견훤 둘이었다. 궁예는 본디 신라 왕자인데도 자기 집안을 원수로 삼아, 선조의 그림을 칼로 베었으니 너무 심하게 사나웠다. 견훤은 신라 백성으로 신라의 녹을 먹으며 반역할 뜻을 품어, 나라의 위기를 기회로 생각하고 그 도읍을 침략하여 왕과 신하를 다 짐승처럼 죽이니 천하에 으뜸가는 악당이었다. 그러니까 궁예는 신하들에 버림받고 견훤은 아들에게 불행을 당한 일이, 다 자업자득이고 누구 탓할 자격이 없다. 항우나 이밀 같은 능력자들도 한나라, 당나라의 천하통일을 막을 수 없었거늘, 궁예와 견훤 따위가 우리 태조를 당할 수 있었을까?

2-22. 금관가야의 「가락국기」

　『가락국기』는 고려 문종(재위 1046~1083) 때 금관지주사金官知州事 벼슬했던 이가 지은 것으로, 여기 요약하여 싣는다.

　세상이 막 생겨났을 때는 이 땅에 나라 이름도, 임금과 신하도 따로 없었다. 먼 옛날 아도간我刀干, 여도간汝刀干, 피도간彼刀干, 오도간五刀干, 유수간留水干, 신천간神天干, 오천간五天干, 신귀간神鬼干 등 9간이 있었지만, 추장으로서 백성을 거느렸다. 1백 호 75,000명이 산과 들에 모여 우물 파고 밭 갈아 먹고 마시며 살았다.

　서기 42년, 후한 광무제光武帝 때 북쪽 구지봉龜旨峰에서 사람을 부르는 듯한 기이한 소리가 나서 2~3백 명이 모여들었다. 여기서 '구지'는 봉우리 이름인데, 조개껍데기 100개를 들여 비싸게 거북점을 칠 때 쓰는 거북이 모양이라 그렇게 이름 붙인 것이다.

　누구인지 그 모습은 보이지 않고 사람 목소리 비슷한 소리만 들렸다.

　"게 누구 없소?"

　9간이 답한다.

　"우리가 있어요."

　"내 있는 곳을 뭐라 하오?"

　"구지봉이라는 곳인데요."

　"하느님께서 내게 명을 내리시길, 여기 자리 잡고 나라를 세워 임금이 되라 하셨소. 그래서 내 여기 내려왔으니, 당신들은 봉우리

꼭대기에서 땅을 파 흙을 모아 주시오. 그러면서 이런 노래를 불러 주오.

거북아 거북아
머리를 내밀어라.
만약에 안 내밀면
구워 먹어 버린다.

노래하고 춤추시오. 그게 대왕을 맞이하는 기쁨의 춤이라오."

9간이 그 말대로 기뻐하며 노래하고 춤추었다. 이윽고 우러러보니 하늘에서 자주색 끈이 땅에까지 드리워져 있었다. 끈 아래에 붉은 천으로 감싼 금빛 함이 보여, 열어보니 해처럼 둥근 금빛 알 6개가 나왔다. 사람들은 모두 놀랍고도 즐거워하며 무수히 절하다가, 다시 함을 싸서 아도간의 집으로 가지고 와 옥좌 위에 고이 모셔두고 해산했다.

12일이 지난 다음 날, 13일째 아침에 사람들이 다시 모여 함을 열었더니, 6개의 알이 각각 위엄 있는 동자가 되어 있었다. 평상에 앉히고 절하며 치하하고 공경했다. 그 중에 한 분은 나날이 자라나 열흘 만에 2m를 훌쩍 넘은 키는 은殷나라 시조 탕왕湯王을, 용 닮은 얼굴은 한나라 시조 고조高祖를, 여덟 빛깔 눈썹은 요 임금을, 겹으로 된 눈동자는 순 임금을 꼭 빼닮았다. 보름날 즉위하여 수로왕 혹은 수릉首陵이라 했는데, 수릉은 돌아가신 뒤의 시호이다.

나라 이름을 대가락, 혹은 가야라 했는데, 6가야 중 하나였다. 나머지 다섯 분도 각각 다섯 가야의 주군이 되었다. 가락국 금관가야는 동쪽으로 황산강, 서남쪽으로 바다를 접하고 서북쪽으로 지리산, 동북쪽에 가야산이 있었고 남쪽이 나라의 끄트머리였다. 임시로 궁궐을 지어 다스릴 때, 어찌나 소박하고 검소한지, 초가지붕 끝도 다듬지 않고 흙 계단도 70cm가 채 못 되었다.

즉위 2년째, 서기 43년 봄 정월 수로왕은 말했다.

"짐은 수도를 정해야겠소."

임시로 지었던 궁의 남쪽 신답평新畓坪에 행차하여 사방으로 산을 둘러보더니, 주위에 말한다. 여기서 신답평은 예부터 농사를 짓지 않는 땅이었다가 새로 경작하게 되어 이런 이름이 되었다. '답畓'은 한국식 한자이다.

"여기는 땅이 너무 좁지만, 부처님의 제자들께서도 머물 만큼 아름답소. 게다가 음양오행설에 따르면 하나를 상징하는 물에서 셋을 상징하는 나무가 자라고, 셋을 상징하는 나무가 땔감이 되어 일곱을 상징하는 불이 나타나니, 이 땅 한 곳에 칠성님도 계시겠소. 그러니 이 땅을 토대 삼아 널리 개척한다면 아름답지 않겠소?"

1,500보 둘레로 외곽에 성을 쌓고, 궁궐, 전당과 여러 관청, 무기고와 곡창 지을 곳을 정하고 돌아왔다. 온 나라의 장인과 기술자를 뽑아 정월 20일에 공사를 시작하여 3월 10일에 마쳤다. 궁궐과 사택은 농한기에 마저 짓기로 하고, 그해 10월에 시작하여 이듬해 2월에 다 지었다. 좋은 날을 택하여 궁궐에 들어가 갖가지 일을 다

열심히 다스렸다.

한편 완하국浣夏國 함달왕含達王의 부인이 갑작스레 태기가 있더니 알을 낳았다. 그 알에서 사람이 태어나 이름을 '탈해'라 지었다. 탈해는 바다를 따라 가락국으로 내려왔다. 키는 120cm 정도인데 머리둘레가 키의 1/3이나 되었다. 싱글벙글하며 대궐로 들어와 수로왕에게 말한다.

"당신 임금 자리를 뺏으러 내가 왔지."

수로왕이 대답한다.

"나는 천명으로 즉위하여 나라와 백성을 편안하게 하려 하오. 천명을 어기면서까지 이 자리를 줄 수는 없소. 우리나라와 백성을 당신에게 맡기지도 않을 것이오."

"그러면 술법으로 겨루자."

"좋소."

잠시 후 탈해가 참새로 변하니 수로왕은 새매가 되고, 탈해가 매로 변하니 수로왕은 수리가 되었다. 눈 깜짝할 사이에 이렇게 하다가 탈해가 본 모습으로 돌아오니, 수로왕도 그렇게 했다.

탈해가 승복하여 말했다.

"술법을 겨루다가 참새가 새매에게, 매가 수리에게 죽기를 면했군요. 성인께서 살생을 싫어하신 어진 마음 덕분이 아니겠습니까! 왕께서 저와 자리를 다투었다 하기도 민망합니다."

하직하고 떠났다. 탈해는 교외의 나루로 가 중국 배가 오가는 길을 따라 떠났다.

왕은 탈해가 머물며 난리를 일으킬까 걱정이 되어 급히 수군 5백 명으로 뒤쫓았다. 그러자 탈해는 국경을 넘어 신라로 들어갔고, 수군은 모두 돌아왔다. 이 사건에 대한 기록은 신라의 것과 크게 다르다.

서기 48년 7월 27일, 9간이 수로왕께 아뢴다.

"대왕께서 내려오셔서 아직 왕후를 모시지 못했습니다. 청컨대 신들의 딸 중에 좋은 이를 간택하사, 궁궐로 맞아들여 왕후로 삼으소서."

임금이 답한다.

"짐은 천명으로 내려왔으니, 왕후가 될 이도 천명에 따라 나타나겠지요. 경들은 염려 마시오."

그리고는 유천간에게 명을 내려 준마를 가벼운 배에 태우고 망산도望山島로 가 기다리게 하고, 신귀간도 승점乘岾으로 가라 했다. 망산도는 도성 남쪽 섬이고, 승점은 왕이 머물던 땅에 있었다.

갑자기 서남쪽 바다에서 붉은 돛단배가 붉은 깃발을 날리며 이쪽으로 왔다. 유천간의 무리가 망산도 위에서 불을 올려 이끌어주었더니 바삐 상륙했다. 신귀간이 이것을 보고 곧바로 궁궐에 아뢰었다. 왕이 듣고는 기뻐하며, 9간의 무리에게 목란으로 만든 키를 잡고 계수나무로 된 노를 저어 맞이하게 했다. 그렇게 궁궐로 모시려 했지만, 왕후가 될 사람이 이렇게 말한다.

"여러분들과 평소에 알지도 못했는데, 경솔히 따를 수 있겠나요?"

유천간의 무리가 돌아와 왕후의 말을 전했더니, 왕도 수긍하고는 담당관을 거느리고 대궐 밖으로 가 서남쪽 24km 쯤 산기슭에 장막을 치고 기다렸다.

왕후는 산 바깥 별진포別浦津에 배를 대고는, 높은 언덕에 쉬면서 입었던 비단 바지를 벗어 산신령에게 폐백으로 바쳤다. 시집갈 때 따르는 신하들로 신보申輔, 조광趙匡과 그 아내 모정慕貞, 모량慕良이 있었고, 종들까지 합치면 20명쯤 되었다. 수 놓은 비단과 위아래 저고리, 금은보화와 옥 장신구, 유리그릇을 헤아릴 수 없을 만큼 지니고 왔다.

왕후가 가까이 오자, 임금은 나아가 영접했다. 함께 궁궐로 돌아와, 신하들과 다른 사람들은 뜰 아래에서 임금을 뵙고 물러났다. 수로왕은 담당관에게 왕후의 신하 부부들도 데려오게 하고는 말했다.

"사람마다 방 하나씩 주고, 종들은 대여섯 명씩 방 하나를 쓰게 하시오."

좋은 음료와 향기로운 술, 아늑한 잠자리를 주고는, 옷과 비단 등 보물은 한데 모아 병사들에게 지키게 했다.

수로왕은 왕후와 침전에 들었고, 왕후가 조용히 왕에게 말한다.

"저는 아유타국阿踰陀國의 공주로 이름은 허황옥許黃玉, 나이는 16살이랍니다. 올해 5월에 부왕과 모후께서 제게 말씀하셨지요.

'우리가 어젯밤 같은 꿈을 꾸었단다. 함께 하느님을 뵈었는데 이렇게 말씀하시더라. 가락국의 군주 수로는 하늘이 낸 신성한 임금인데, 나라를 세우고도 아직 아내가 없으니 경들이 공주를 시집보내시오. 그러고는 승천하셨는데, 꿈에서 깨고도 그 말씀 귀에 선하다. 공주는 우리와 하직하고 가락국으로 가거라.'

그리하여 바다를 떠돌며 신선이 먹는다는 대추를 찾듯이, 하늘을 맴돌며 천도복숭아를 좇듯이, 그런 끝에 씽씽매미 이마처럼 아름다운 모습을 갖추고 용안을 가까이 모시게 되었네요."

임금은 답했다.

"짐은 성인이 될 소질을 약간이나마 갖추고 태어난 덕분에, 공주께서 멀리서 오실 줄 진작 알았소. 그래서 신하들이 왕후를 들이라는 청을 따를 수 없었답니다. 성품이 맑으신 공주께서 이렇게 오셨으니, 부족한 제게는 참 다행이지요."

혼인하고 1박 2일이 지나, 왕후가 타고 온 배를 돌려보냈다. 뱃사공과 함께 온 15인에게 각각 쌀 1t, 베 30필씩을 하사하여 귀국하게 했다.

8월 1일, 왕후와 한 수레를 타고, 왕후의 신하들 부부까지 수레를 나란히 하여 돌아왔다. 잡다한 물건을 다 싣고 궁궐로 돌아오니 정오가 되었다. 왕후는 중궁에 거처하고 그 신하들 부부는 호젓한 집 두 채에 각각 살았다. 그 밖의 종들은 20간 정도의 여관 한 채를 주어 가족 수대로 나누어 살게 했다. 품삯을 남들이 부러워할 정도로 많이 주되, 가지고 왔던 보물은 창고에 보관하여 왕후의 생활비로 쓰게 했다.

하루는 왕이 신하들에게 일렀다.

"9간의 무리는 뭇 벼슬아치의 으뜸이거늘, 그 자리와 이름이 모두 서민들의 것이지 높은 관직의 칭호라 할 수 없소. 혹시 외국에 알려진다면 웃음거리가 될까 부끄럽소."

결국 아도는 아궁我躬, 여도는 여해汝諧, 피도는 피장彼藏, 오도는 오상五常으로 고쳤다. 유수와 유천은 앞 글자는 그대로, 뒤 글자만 고쳐 유공留功, 유덕留功이라 했다. 신천은 신도神道로, 오천은 오능神道으로 고쳤다. 신귀臣貴는 음을 바꾸지 않고 뜻만 바꾸었다.

신라의 직제를 받아들여 각간(1등), 아질간(6등), 급간(9등)의 관등을 두고, 이하 신하들은 중국 주나라, 한나라의 제도를 따라 정하였다. 이것은 옛것을 새것으로 고치고, 관등을 나누어 직책을 정하는 방법이 아니겠는가? 이렇게 수로왕은 나라를 다스리고 집안을 가지런히 하며, 백성을 자식처럼 사랑하였다. 그 교화는 엄숙하지 않아도 위엄이 있었고, 그 정치는 엄격하지 않아도 잘 다스려졌다.

더욱이 수로왕이 왕후와 함께 머무는 것은, 하늘 곁에 땅이 있고 해 곁에 달이 있고 양 곁에 음이 있는 것과도 같았다. 그 공은 하夏나라 시조 우왕禹王의 왕후가 하나라를 도운 것, 요堯임금의 딸들이 순舜임금에게 시집갔던 것과 맞먹는다. 꿈에 자주 곰이 보이더니, 태자 거등공居登公을 낳았다. 그러나 189년 3월 1일 왕후가 157세로 서거했다. 사람들은 땅이 꺼지듯 한탄하고 구지봉 동북쪽 언덕에 장사지냈다. 친자식처럼 백성을 아끼던 왕후의 은혜를 잊지 못해서, 처음 배를 대었던 두도촌渡頭村을 임 오신 곳이라는 뜻의 주포촌主浦村으로, 비단 바지를 벗었던 언덕을 능현綾峴으로, 붉은 깃발을 날리며 들어왔던 해변을 기출변旗出邊이라 각각 부르게 되었다.

다른 여러 가야

왕후를 따라왔던 신보, 조광 등은 가야에 도착하고 30년이 흘러 각각 두 딸을 낳았고, 내외 모두 1, 2년 후에 세상을 떴다. 다른 종들도 7, 8년이 지나도록 아이를 낳지 못했고, 고향을 그리고 그리다가 죽었다. 그들이 살던 곳엔 아무도 남지 않게 되었다.

수로왕은 혼자 베개를 베는 홀아비 신세를 늘 슬퍼하다가, 10년 후 199년 3월 23일 158세로 서거했다. 나라 사람들은 왕후를 잃던 날보다 더욱 비통해하여 마치 부모를 잃은 듯했다. 대궐 동북쪽 평지에 높이 3m, 둘레 45km 정도의 '수릉왕릉'이라는 빈궁을 만들어 장사 지냈다. 아들 거등왕居登王 이래로 9대손 구형왕仇衡까지 이 묘에 모시고, 매년 1월 3일과 7일, 5월 5일, 8월 5일과 15일마다 제사를 넉넉하고 깨끗하게 이어 왔다.

신라 30대 문무왕 김법민은 661년 3월 조서를 내렸다.

"가야국 시조 수로왕의 9대손 10대 구형왕께서 신라에 귀순하셨고, 그 아드님 세종世宗의 아드님 솔우공率友公의 아드님 서운庶云 잡간의 따님 문명왕후文明皇后께서 짐을 낳으셨소. 그러므로 수로왕은 짐의 15대 할아버님이시오. 금관가야라는 나라는 진작 망했으나 그 묘는 아직 남아 있으니, 종묘에 합쳐 제사를 이어 가겠소."

그리하여 금관가야의 궁터에 사자를 보내 묘에 가까운 좋은 밭 730km를 '왕위전王位田'이라 이름 짓고 제사 지낼 재원을 마련했다. 수로왕의 17대손 갱세賡世 급간은 조정의 뜻대로 밭을 관리하고, 매년 제사 지낼 때마다 술과 떡, 밥이며 과일과 과자 등을 끊임없이 차렸다. 제삿날은 앞서 나왔던 거등왕이 정한 다섯 날짜를 그대로 지켰으니, 이로부터 우리 후손들이 향기롭고 효심 깊게 제사를 지낼 수 있었다.

거등왕이 즉위했던 199년에 별실을 설치한 이래로 구형왕 말년까지 330년 동안 이 제사는 길이 이어져 왔지만, 구형왕이 금관가야를 떠나고는 661년까지 60년 동안에는 간혹 빠뜨리기도 했다.

아름답다, 문무왕이여!
먼저 조상을 받드니, 효자구나, 효자야!
끊겼던 제사를 다시 지내는구나!

신라 말년에 충지忠至 잡간이라는 이가 있었는데, 금관가야의 옛 성을 취하고는 성주와 장군을 자칭했다. 그러자 영규英規 아간이 충지의 위엄을 믿고 금관가야의 종묘를 빼앗아, 제 나름의 방식을 따라 제사를 지내려고 했다. 마침 단오가 되어 신께 고하다가 이유 없이 무너진 대들보에 깔려 죽었다. 그래서 충지는 말한다.

"전생에 인연이 다행히 있었는지, 성스러운 수로왕께서 다스리시던 이 성의 제사를 모시게 되었지만 그렇다고 영규처럼 멋대로 지낼 수는 없겠소. 마땅히 진영을 그려 향과 등불로 공양하고, 그 그윽한 은혜를 갚으려 하오."

마침내 남해 지방에서 나는 비단 70cm에 수로왕의 진영을 그려 벽에 붙이고, 아침저녁으로 촛불을 켜며 우러러 받들었다. 그러나 고작 3일 만에 진영의 두 눈에서 피눈물이 한 말이나 나 땅을 적셨다. 충지는 너무나 두려워져서, 그 진영을 묘 밖으로 가져가 불태웠다.

그리고는 수로왕의 직계 후손 규림圭林을 불러 말한다.

"어제 불길한 일이 있었는데, 왜 자꾸 이런 것이오? 아마 묘의 혼령들께서 내가 수로왕의 진영을 모시고 공양했던 게 불손하다고 여기시고 크게 노하셨나 보오. 영규는 이미 죽었고, 나도 무서워하다가 수로왕의 진영을 태워버렸으니, 아마 누구도 모르게 벌을 받겠지요. 규림 경은 수로왕의 직계 후손이니, 예전처럼 제사를 모셔주시오."

규림이 이어받아 제사를 지내다가 88세에 죽고 그 아들 간원間元이 이어 모셨지만, 단옷날 제사 때 영규의 아들 준필俊必이 또 발광하여 묘에 와 간원이 차린 제사상을 치워버리고 자기가 다시 차려 제사 지냈다. 그러나 술잔을 세 번 올리기도 전에 병이 들고 집에 가 죽었다.

그러니까 이런 옛말이 있다. 멋대로 지내는 제사는 복은커녕 재앙을 불러온다고 했다. 이들 부자를 두고 앞에는 영규가, 뒤에는 준필이 있다고도 할 수 있으려나?

해설

문무왕의 조서는 건국 시조신이 특정 가문의 조상신으로 변화하는 모습을 보여준다. 그리고 영규와 충지의 이야기는, 수로왕이 지역 신앙으로 정착하는 대신에 혈통 위주의 조상신으로 완전히 변모했다는 의미이다.

또 도적들이 사당에 금은보화가 많다고 듣고 훔치려고 했다. 처음 가니 갑옷과 투구 차림의 무사 한 사람이 화살을 당기며 묘에서 나와 사방으로 쏘아대서 7, 8명을 명중시켜 죽였다. 도적들은 달아났다가 며칠 뒤에 다시 왔지만, 7m나 되는 번개 같은 눈빛의 구렁이가 묘에서 나와 8, 9명을 물어 죽였다. 겨우 살아난 이들은 다 엎어지고 자빠지며 달아났다. 그리하여 수로왕릉 안팎으로 신령들이 보호하고 있는 줄을 알게 되었다.

199년 처음 묘를 만들었을 때부터 1076년까지 모두 878년 동안, 제단에 쌓인 아름다운 흙은 무너지지 않았고, 나무도 마르거나 썩지 않아 심은 그대로였다. 게다가 늘어놓은 옥 조각 조각마다 부서진 게 없었다. 당나라 신체부辛替否의 말을 이로 미루어 살펴본다. 그는 "예로부터 이제껏, 망하지 않은 나라, 허물어지지 않는 무덤이 어디 있으랴?"고 했다. 금관가야는 망했으니 그 말이 맞는 것 같지

만, 그러나 수로왕릉은 훼손되지 않았으니 온전히 다 믿을 소리는
아니다.

　이 중에 놀이로 수로왕을 기리는 방법이 있다. 매년 7월 29일
백성과 관리, 군졸 할 것 없이 모두 수로왕비 허황옥이 나타났던 망산
도 가까운 언덕에 올라, 장막을 치고 술 마시며 즐겁게 논다. 그러
다가 이리저리 눈짓하면 힘쓰는 사람들이 이편저편 나뉘어, 망산도
에서 육지까지 말굽을 달리는가 하면, 물에서는 서로 뱃머리를 밀
어대며 북쪽 고포까지 경쟁한다. 이것은 유천간, 신귀간이 왕후가
오기를 기다리다가 급히 수로왕에게 알렸던 일의 흔적이다.

　금관가야가 멸망한 이후, 이 지역의 이름은 대대로 달랐다.
681년 신라 31대 경명왕 때는 금관경金官京이라 부르고 태수를 두었
다. 259년 후 고려 태조가 통합하고 48년 동안 임해현臨海縣이라 부
르고 배안사排岸使를 두었다가, 이후로 27년 동안 임해군 또는 김해
부라 하며 도호부를 두었다. 그리고는 64년 동안 방어사防禦使를 두
었다.

　991년 김해부 토지를 측량하던 조문선趙文善이 장계를 올렸다.

　"수로왕의 묘에 딸린 밭이 너무 많습니다. 15결(7만 평?)이면 옛
관례에 따라 제사 지내기에 충분하니, 나머지를 일하는 백성들에게
나누어 주십시오."

　관청에서 장계를 전하자, 조정에서 명을 내린다.

　"하늘에서 알이 내려와 성스러운 임금이 되셨고, 즉위하사
158세를 사셨나니 저 옛적 삼황 이래로 견줄 분이 없도다. 서거하

시고 선대로부터 속했던 논밭을 지금에 와서 줄이자니, 참으로 미심쩍은 일이로다. 허락할 수 없다."

그러나 조문선이 거듭 요청하자 조정에서도 수용하여, 논밭의 절반을 능묘에 그대로 두고 절반을 마을 장정들에게 나누어 주게 했다. 조문선은 조정의 명에 따라 절반을 능원에 속하게 두고, 절반을 부역하는 장정들에게 지급했다. 분배가 거의 끝나갈 때, 조문선은 너무 피곤해서 자다가 7, 8명의 귀신들이 포승줄과 칼을 쥐고 말을 거는 꿈을 꾸었다.

"네 죄가 크니 베어 죽이겠다!"

조문선은 벌을 받다가 몹시 아파서 퍼뜩 깨었다. 이 때문에 병이 들어 남에게 알리지도 못하고, 밤에 관문을 넘어 달아나려다가 병이 낫지 않아 죽었다. 그래서 토지 측량 대장에 조문선의 도장이 찍혀 있지 않게 되었다.

나중에 사신이 와서 그 밭을 다시 조사해 보니, 15결에서 1/5 정도가 부족했다. 모자란 밭이 어찌 되었는지 추궁해서 안팎의 관청에 보고하고, 칙령을 내려 제사 지내기 충분하도록 조정했다. 예나 지금이나 안타까운 일이다.

수로왕의 8대손 9대 김질왕金銍王은 나랏일을 부지런히 하며, 불교를 신봉하여 시조 허황후 할머님의 명복을 빌고 싶었다. 452년 수로왕과 허황후가 혼인한 곳에 '왕후사王后寺'라는 절을 짓고, 사자를 보내어 근처의 무던한 밭 10결로 절 운영비를 충당하게 했다. 이 절이 생기고 500년이 지나 장유사長遊寺가 세워졌는데, 이 절에는 밭 300결을 모두 바쳤다. 장유사를 관리하는 승려들은 왕후사가 자기들 절의 동남쪽 경계 안에 있다고 주장하여 왕후사를 없애고 창고로 만들어, 가을에 추수한 곡식을 겨울에 저장하거나 마굿간, 외양간의 용도로 활용했다. 슬픈 일이다.

수로왕 이하 9대의 내력을 아래와 같이 기록하며, 기념하는 문구도 붙이겠다.

천지개벽하여 해와 달이 밝아지고,
인륜도 생겼는데 임금은 아직 없네.
중국은 여러 시대 지났건만 우리는 아직 나라가 나뉘어,
신라가 생기고 가야도 생기네.
백성을 맡아 보살필 분 뉘 있으리?
마침내 하느님께서 창생을 돌보시리.
임금의 표식과 정령도 내리시니,
산속에 알이 내려와 안개 속에 얼핏 자취가.

안은 아득하고 밖은 캄캄,
보아도 형체 없고 듣자니 소리 난다.
합창으로 아뢰고 군무도 바쳤더니,
7일 후 일시에 고요해지다가
바람 불어 구름 걷히고 푸른 하늘,
둥근 알 여섯이 한 가닥 자줏빛 줄에

낯선 땅 늘어선 집마다,

구경꾼들 우글우글 들끓는다.

다섯은 마을로 하나는 성으로,

같은 시절 같은 자취 형제와도 같다.

하늘이 세상을 위해 덕과 질서를 만들었나니,

왕위에 오르자 온 세상 맑아지네.

옛 법 따른 궁궐의 평평한 섬돌,

온갖 일 힘쓰며 정치를 베풀리라.

기울임도 치우침도 없이 한결같이 정밀하게,

다니는 길 짓는 농사 서로 양보하며

사방이 안정되어 만백성이 태평성대건만,

풀잎의 이슬인가 대춘나무처럼 장수하진 못하셨네.

천지가 변하고 조야가 슬퍼하네,

금빛 같던 자취와 옥과 같던 그 목소리.

후손은 끊임없고 제사도 향기롭고,

세월은 흘러도 전통은 꺾이지 않네.

2대 거등왕居登王의 아버지는 수로왕이고, 어머니는 허왕후이다. 199년 3월 13일 즉위하여, 39년을 다스리다가 253년 9월 17일에 서거했다. 왕비는 신보의 딸 모정으로 그 어머니와 이름이 같고,

태자 마품麻品을 낳았다. 『개황력開皇曆』에 따르면 성이 김씨인데, 시조 수로왕이 황금알에서 태어났으므로 김씨가 성이 되었다고 한다.

3대 마품왕麻品王은 그 이름에 말 마馬 자를 쓰기도 하며, 김씨이다. 39년을 다스리다가 291년 1월 29일 서거했다. 왕비는 종정감 조광趙匡의 손녀 호구好仇로, 태자 거질미居叱彌를 낳았다.

4대 거질미왕居叱彌王은 금물왕今勿王이라고도 하며, 김씨이다. 291년 즉위하여 56년을 다스리다가 346년 7월 8일에 죽었다. 왕비는 아궁阿躬 아간의 손녀 아지阿志로, 왕자 이시품伊尸品을 낳았다.

5대 이시품왕伊尸品王은 김씨이며, 346년 즉위하여 62년간 다스리다가 407년 4월 10일 서거했다. 왕비는 극충克忠 사농경의 딸 정신貞信으로 왕자 좌지坐知를 낳았다.

6대 좌지왕坐知王은 김질金叱이라고도 부르며, 407년 즉위했다. 품팔이하던 여인에게 장가를 가서 그 무리에게 벼슬을 주어 나라가 시끄러웠다. 신라가 쳐들어올 궁리를 하니, 박원도朴元道라는 신하가 좌지왕에게 간한다.

"버려진 풀 사이라도 살펴보면 새들이 숨어 있는데, 사람은 어떻겠습니까? 하늘과 땅이 다 무너지고 꺼지면, 사람은 어디서 버티겠습니까? 점쟁이가 주역 점을 쳐서 '해解'라는 괘를 얻었는데, 풀이한즉 발가락 끊듯 소인을 없앤다면 친구들이 도우리라는 것입니다. 주군께서는 주역의 이 가르침을 명심하소서."

왕이 지난 잘못을 사과하며 그 말을 옳다고 했다. 품팔이하던 여인을 내쫓아 하산도荷山島로 귀양 보내고, 정책을 고쳐 백성을 편안하게 했다. 15년을 다스리다가 421년 5월 12일 서거했다. 왕비는 도녕道寧 대아간의 딸 복수福壽인데, 아들 취희吹希를 낳았다.

해설

위 기사는 가야의 중심이 금관가야에서 대가야로 옮겨가던 시기의 것으로, 여기서의 용녀가 허황옥 집단이라는 설을 인정한다면 금관가야 지배층의 내분을 암시하는 내용이다.

7대 취희왕吹希王은 질가라고도 부르며, 김씨이다. 421년 즉위하여 31년을 다스리다가 451년 2월 3일 서거했다. 왕비는 진사進思 각간의 딸 인덕仁德으로, 왕자 질지銍知를 낳았다.

8대 질지왕銍知王은 김질왕金銍王이라고도 부른다. 451년 즉위하여, 이듬해 수로왕과 허황옥 왕후의 명복을 빌기 위해 그들이 혼인한 곳에 왕후사를 짓고, 밭 10결을 바쳐 운영 비용을 충당하게 했다. 42년을 다스리다가 492년 10월 4일 죽었다. 왕비는 김상金相 사간의 딸 방원邦媛으로 왕자 겸지鉗知를 낳았다.

9대 겸지왕鉗知王은 김겸왕金鉗王이라고도 부른다. 492년 즉위하여 30년을 다스리다가, 521년 4월 7일 서거했다. 왕비는 출충出忠 각간의 딸 숙으로, 왕자 구형仇衡을 낳았다.

10대 구형왕仇衡王은 김씨로, 521년 즉위하여 42년을 다스렸다. 562년 9월 신라 24대 진흥왕이 쳐들어오니, 구형왕은 직접 군대를 통솔했으나 병사 수에서 밀려 맞설 수 없었다. 구형왕은 형제인 탈지仇衡王 이질금을 금관가야 본국으로 보내고, 왕자와 장손 졸지공 등을 신라에 보내 항복했다. 왕비는 분질수分叱水 이질爾叱의 딸 계화桂花로 세 아들을 낳았는데, 첫째 세종世宗 각간, 둘째 무도茂刀 각간, 막내 무득茂得 각간(『삼국사기』에 무력武力이란 이름으로 나오는데, 김유신의 할아버지이다.) 등이다.

『개황록開皇錄』에서는 532년 신라에 항복했다고 한다.

논평한다. 『삼국사기』에도 구형왕이 532년 신라에 항복했다고 한다. 그렇다면 수로왕이 즉위했다는 42년으로부터 490년이 된다. 그러나 이 기록에 따르면 땅을 바친 게 562년이라 하므로, 30년을 더하면 562년이다. 지금 두 가지 설을 모두 남겨둔다.

3편
흥법, 불교의 전래

3-1. 순도가 고구려에서 한국 불교를 시작하다

순도順道 다음으로 법심法深, 의연義淵, 담엄曇嚴 등이 잇달아 나타나 불교를 일으켰지만, 옛 기록이 남지 않아 차례로 싣지 못한다. 『해동고승전海東高僧傳』을 참고 바란다.

『삼국사기』·「고구려본기」에 이른다.

372년 소수림왕 때, 당시 장안에 도읍하고 있던 중국 북조 전진前秦의 부견苻堅이 승려 순도順道와 불상, 경문 등을 사신을 통해 보냈다. 그리고 374년 아도阿道도 진晉에서 왔다. 375년 초문사肖門寺를 지어 순도를 머물게 하고, 이불란사伊弗蘭寺를 지어 아도를 머물게 하니, 고구려 불교의 시작이었다. 『해동고승전』에 이들이 위魏에서 왔다는 것은 오류이며, 실제로는 전진에서 왔다. 초문사가 지금의 흥국사興國寺, 아불란사가 흥복사興福寺라 한 것도 틀렸다. 내 생각에는 고구려의 도읍이 환도성(=안시성, 安市城)으로 지금의 압록강(안민강)인 요수 북쪽이었는데, 개성에 있던 흥국사의 이름이 그곳에 있을 수는 없다.

압록강 깊은 봄 풀빛 고운 물가
백사장 갈매기들 한가로이 자다가
별안간 먼 데 노 젓는 소리에 놀라
어디서 온 고깃배 안갯속 길손인가.

3-2. 마라난타가 백제에서 개벽을 일으키다

『삼국사기』·「백제본기」는 말한다.

384년 백제 침류왕沈流王 때 인도의 승려 마라난타摩羅難陀가 동진東晉을 거쳐 왔으므로, 예우하여 궁궐로 들였다. 385년 한산주 새 도읍에 절을 짓고 10명의 승려를 둔 것이 백제 불교의 시작이었다. 392년 즉위한 아신왕阿莘王은 불법을 신봉하여 복을 구하라 하교했다. 마라난타는 번역하면 동학童學(공부하는 어린이)이란 뜻이며, 그 기이한 행적은 『해동고승전』에 실려 있다.

하늘이 우매한 백성을 일깨우려 해도

재주 부려 호응하게 하기 어렵거늘,

마라난타는 몸소 노래와 춤으로 풀이해 주어

곁에 사람들이 깨달음의 눈을 뜨게 하는구나.

3-3. 아도가 신라에서 터전을 잡다

아도我道는 아두阿頭라고도 한다.

『삼국사기』·「신라본기」 4권에 이런 내용이 있다.

5세기 전반기 눌지왕訥祗王 때 묵호자墨胡子라는 승려가 고구려에서 경북 선산으로 왔다. 그 지역 주민인 모례毛禮 혹은 모록毛祿이라는 이가 집 안에 굴을 파서 거처를 마련해 주었다. 이때 양나라에서 원표元表라는 스님이 사신으로 와서 승복과 향을 전해 주었지만, 임금과 신하가 다 어디에 쓰는 물건인지 알 수 없었다. 심부름꾼이 향을 싸 들고 온 나라를 다니며 물어보는데, 묵호자가 이것을 보고는 알려주었다.

"이것은 향이라고 하는데, 불에 태우면 냄새가 짙어 신성한 분들께 정성을 바칠 수 있답니다. 신성하기로야 불·법·승(佛·法·僧) 삼보보다 더한 게 없을 테니, 이것을 태우며 발원한다면 꼭 영험이 있겠습니다."

그런데 눌지왕 때 중국 남조는 진나라, 송나라 무렵이므로, 양나라에서 사신이 왔다는 말은 틀렸다. 이때 공주가 매우 아파, 묵호자를 불러 향을 태우며 빌자 바로 나았다. 눌지왕은 기뻐하며 큰 선물을 주었지만, 묵호자는 얼마 지나지 않아 자취를 감추었다.

그리고 5세기 후반기 비처왕毗處王 때 아도 화상이 시중드는 사람 셋과 함께 모례의 집에 왔다. 그 옷차림과 생김새가 묵호자와 비슷했는데, 몇 년 지내다가 병도 없이 죽었다. 시중들던 세 사람이 남아서 불경을 소리 내어 읽어주니, 이따금 신도들이 있었다. 다음의 「아도본비我道本碑」나 다른 전기와는 아주 다른 내용인데, 『해동고승전』에는 인도 혹은 오나라 사람이라 한다.

「아도본비」에 따르면 다음과 같다.

아도는 고구려 사람으로 어머니는 고도령高道寧이다. 3세기 전반기에 조조가 세운 위나라 사람 아굴마我堀摩(성이 아씨임)가 고구려에 사신으로 왔다가, 고도령을 임신하게 하고 돌아갔다. 아도가 5살 때 어머니가 출가를 시켰고, 16살에 위나라에 가 아버지를 만나고 현창 화상에게 불교 공부를 했다. 19세에 돌아와 어머니를 뵙고 이런 말씀을 들었다.

"고구려는 여전히 불교를 모르지만, 3,000개월이 지나면 신라에서 성스러운 임금님이 나서서 불교가 크게 흥할 거야. 신라의 수도 경주에는 7개 절터가 있어. 첫째는 금교 동쪽의 천경림天鏡林(흥륜사, 興輪寺), 둘째는 삼천기三川歧(영흥사, 永興寺), 셋째와 넷째는 용궁 남쪽(황룡사, 皇龍寺)과 북쪽(분황사, 芬皇寺), 다섯째 사천미沙川尾(영묘사, 靈妙寺), 여섯째 신유림神遊林(사천왕사, 四天王寺), 일곱째는 서청천婿請田(담엄사, 曇嚴寺) 등이다. 모두 지금 세상이 아닌 옛 세상 부처님의 절터이며, 불교의 물결이 길이 흐를 곳이지. 넌 그리 가서 불교의 씨앗을 뿌리고 떨쳐 신라 불교의 시조가 되어라."

아도가 그 말씀에 따라 신라에 와서, 경주 서쪽 지금의 엄장사嚴莊寺 자리에 머물렀다. 때는 263년이었다.

궁궐에 가서 설법하려 했지만, 예전에 보지 못했던 것이라 세상 사람들이 꺼리고 아도를 죽이려는 이들도 있어, 경북 선산 모례의 집으로 달아나 숨었다. 옛 기록에 따르면, 아도 법사가 처음 모례의 집에 다다르자 천지가 진동하였다. 사람들이 불교의 승려를 어떻게 부를지 몰라 '아두삼마'라 하였다. '삼마'는 우리말로 무당을 뜻하는 것으로, '사미'라는 말과도 같다.

3년이 지나 성국공주成國公主가 병이 들었지만, 무당과 의사는 고치지 못했다. 칙사를 사방으로 보내 다른 의사를 찾자, 아도가 급히 대궐로 가 병을 고쳤다. 왕이 너무나 기뻐 소원을 들어주마 할 때, 아도는 말했다.

"저는 달리 바라는 건 하나도 없고, 그저 천경림天鏡林에 절을 지어서 불교를 일으켜 나라의 복을 구하고 싶습니다."

미추왕이 허락하여 공사를 시작했다. 이때 풍속이 검소해서 띠풀을 엮어 지붕을 이고 '흥륜사'라 이름 붙였다. 아도가 흥륜사에 머물며 강의할 때, 이따금 하늘에서 꽃비가 내려 『화엄경』의 한 장면과도 같은 모습을 연출했다.

모례의 누이동생 사씨史氏는 출가하여 비구니가 되었다. 역시 삼천기에 '영흥사'라는 절을 짓고 머물렀다. 얼마 후 미추왕이 죽자 신라인들이 해치려 하므로, 아도는 모례의 집으로 돌아와 자기 무덤을 만들어 숨고는 다시 나타나지 않았다. 그래서 불교도 일단 사라졌지만, 23대 법흥왕이 514년 왕위에 올라 불교를 일으켰다. 아도가 온 263년으로부터 252년 후의 일이니, 고도령의 예언 3천여 월이 맞아떨어졌다.

　이로 미루어 보면 『삼국사기』와 「아도본기」의 이야기들은 서로 어긋나 같지 않다. 양나라와 당나라의 두 『고승전』과 『삼국사기』·「본기」는 모두 고구려와 백제 두 나라 불교의 시초가 진나라 말기 4세기 후반이었다고 했으므로, 순도와 아도 두 법사가 소수림왕 때 고구려에 왔다는 사실은 확실하고 오류가 아니다. 그런데 아도가 곧 5세기 후반 비처왕 때 신라에 왔다는 묵호자라면, 고구려에 100년을 머물다 왔다는 말이다. 아무리 성인의 행동과 자취가 보통사람과는 다르다 하여도 그럴 리는 없다. 신라의 불교 수용이 이토록 늦을 수는 없겠다. 그렇다고 아도가 미추왕 때 왔다 하기엔, 아도가 고구려에 머물던 374년보다 1세기 정도 앞서게 된다. 이 무렵은 신라에 아직 문물과 예절은 물론 나라 이름도 정비되지 않았을 때인데, 아도가 와서 불교를 믿자고 청할 수 있었을까? 게다가 고구려를 거치지 않고 신라로 넘어간다는 것도 불합리하다. 설사 불교가 잠깐 있다가 없어졌더라도, 그렇게 아무 흔적도 없고 향도 못 알아볼 수 있을까! 왜 하나는 늦고 하나는 빠른가?

　불교가 동쪽으로 전파되는 흐름을 보건대, 필시 고구려와 백제에서 비롯되어 신라로 건너왔으리라. 신라 눌지왕이 고구려 소수림왕 시절에 해당하므로, 아도가 고구려를 떠나 신라에 온 것은 눌지왕 때인 4세기 후반이었을 것이다. 또한 공주의 병을 고친 것도 아도가 한 일이었다고들 전하니, 묵호자란 것도 진짜 이름이 아니라 어떤 특징을 지목하여 그렇게 부른 것이겠다. 양나라 사람들이 남인도에서 온 달마를 파란 눈의 호승, 진나라에서 선비족 출신이었던 도안을 검은 도사 등으로 불렀던 일과 마찬가지였다. 그러니까 아도는 위험 탓에 이름을 숨기고 말하지 않았는데, 신라 사람들이 각각 듣고는 묵호자니 아도니 이름으로 나눠서 둘로 전승했다. 그리고 아도의 생김새가 묵호자와 비슷하다고 했으니, 이게 같은 사람이라는 증거이다.

고도령이 말한 7개 가람은 절을 세운 순서를 예언한 것인데, 두 『고승전』에는 빠져있는 '삼천미'를 5번째로 올렸다. 3천여 월이란 것도 믿을 것은 못 되지만, 눌지왕에서 법흥왕 때인 527년까지는 무려 100년이나 되니까 1,000여 개월이라 하면 거의 비슷하겠다. 성이 '아'이고 외자 이름인 것도 의심스럽고 확실하지 않다.

북위의 승려 담시曇始(일명 惠始)의 전기에 이런 기록이 있다.

담시는 관중 사람으로 출가하여 신기한 행적이 많았다. 384년 수십 권의 경전을 요동에 지니고 가서는 자신을 구원하기, 홀로 깨닫기, 중생을 구제하여 보살이 되기 등의 3승의 가르침으로 계율을 세웠다. 이것이 고구려 불교의 시초였다. 405년 다시 관중으로 돌아와 장안 근처의 불교를 이끌었다. 담시는 발이 얼굴보다 하얗고,

흙탕물을 건너도 젖지 않아서 온 세상이 '백족화상白足和尙'이라고 불렀다. 더러운 세상 속에 깨끗한 모습을 유지하는 게 꼭 연꽃과도 같았다.

진나라 말기 북쪽의 흉노족 하나라의 임금 혁련발발赫連勃勃이 관중을 침략하여 무수히 많은 이들을 죽였다. 담시도 난리를 만났지만, 칼을 맞아도 다치지 않았다. 혁련발발은 감탄하여 승려들을 풀어주고 죽이지 않았다. 담시는 산속으로 숨어 고행을 하며 지냈다. 북위의 태무제가 다시 장안을 빼앗고는 관중과 낙양까지 점령했다. 이때 하북성 안평현에 최호崔皓라는 자가 도교를 좀 배우고 불교를 시기했는데, 가짜 나라 북위의 신임을 얻어 재상이 되었다. 도교의 교주 구겸지寇謙之와 함께 불교가 무익하고 백성을 해친다고 주장해서, 태무제가 불교를 폐지할까 말까 하도록 했다.

450년 담시는 마침내 북위를 감화시킬 때가 온 줄로 알았다. 그래서 정월 초하루 첫 조회 때 궁궐 문 앞으로 지팡이를 짚고 갔다. 태무제는 알아차리고 담시를 죽이라 명했지만, 병사들과 태무제 자신이 여러 번 담시를 베어도 상처 하나 입힐 수 없었다. 북쪽 정원에서 기르던 호랑이까지 풀었지만, 호랑이도 담시에게 가까이 가지 않았다. 태무제는 당황하고 두려워하다가 큰 병에 걸렸고, 최호와 구겸지도 차례로 몹쓸 병을 얻었다. 태무제는 저 둘 탓에 죄지었다 하여 두 집안을 다 잡아 죽이고, 불교를 부흥시키라고 선포했다. 그리고 담시는 종적을 감추었다.

논의해 본다. 담시가 396년 고구려에 왔다가 405년 관중으로 돌아가기까지 20여 년을 머물렀다는데, 어째서 우리 역사책엔 기록이 없을까? 담시는 헤아릴 수 없을 만큼 황당한 인물인데, 아도, 묵호자, 마라난타 등과 같은 시기 비슷한 행적을 보인다. 아마 3인 중 한 사람이 그 이름을 바꾼 게 아닐까 한다.

황금 다리에 쌓인 눈 녹기도 전에
신라의 봄빛도 돌아오지 않았거늘
어여쁘다, 봄의 신은 생각도 많으셔서
모례님 댁 매화를 먼저 피우셨구나.

3-4. 법흥왕이 불교를 공인하고 이차돈이 순교하다

아도가 활동했던 눌지왕 때로부터 1세기가 지났다.

『삼국사기』·「신라본기」에, 법흥왕이 즉위한 지 14년이 되었을 때, 하급 관리 이차돈異次頓이 순교했다고 이른다. 이 해는 527년으로 인도의 달마達摩가 중국 남경에 도착했을 무렵이고, 낭지朗智 법사도 경남 양산 영취산靈鷲山에서 법통을 처음 열었다. 그러므로 큰 가르침이 흥하거나 망할 때는, 반드시 멀고 가까운 곳에서 함께 감응이 일어난다는 점을 알 수 있다.

806~820년 사이 남간사南澗寺 승려 일념一念이 '염촉[이차돈]의 묘에서 향을 사르며 예불하는 모임의 글'을 지어 이 사건을 자세히

실었는데, 대략 다음과 같다.

법흥왕이 자극전紫極殿에서 즉위하여 동방을 굽어살피고 말했다.

"옛날 한나라 명제가 꿈에서 감응한 덕분에 불교가 동쪽으로 전파되었다 하오. 과인도 왕으로서 생명을 지닌 모든 것들을 위해, 복을 빌고 죄를 사할 곳을 만들고 싶소."

그러나 공목工目, 알공謁恭 등 신하들은 그 깊은 속내를 헤아리지 못하고, 그저 나라를 다스리는 대강의 뜻만 따를 뿐이었다. 절지으려는 거룩한 마음을 따르는 이가 없었으므로 왕은 한탄했다.

"어허, 과인이 덕 없이 즉위한 탓에 위로 음양의 조화를 잃고, 아래로 백성들을 기쁘게도 못하는구나! 정치하는 사이 불교에 마음 두어도, 뜻을 같이할 사람 하나 없단 말인가?"

궁궐에서 태자의 친구 노릇을 하던 박염촉朴厭髑, 혹은 이차돈이라고도 부르는 이가 있었다. 이름 마지막 자인 '촉', '돈' 등은 모두 조사이므로 실제 이름은 '염' 또는 '이차'이다. 아버지는 알 수 없지만, 할아버지는 습보갈문왕習寶葛文王의 아들 중 아진阿珍이었다. 신라 관직 17등급 가운데 4등급을 파진찬 또는 아진찬이라고 하며, 그 이름은 종이다. 습보 또한 이름인데, 신라인들은 추존한 왕을 갈문왕이라 부르지만 나도 자세히는 모르겠다. 김용행金用行이 지은 「아도비」에는 이때 이차돈의 나이 26세로 아버지는 길승吉升, 할아버지는 공한功漢, 증조할아버지는 신라 16대 흘해왕乞解王이라 하였다.

이차돈은 대쪽 같은 성미에 거울처럼 맑은 뜻을 품고, 명문가의 자손으로 조정을 보살펴 태평성대의 성군을 모시는 충신이 되고자 하였다. 나이 22살로 사인 벼슬을 하고 있었다. 사인은 신라에 있던 대사, 소사 중에서 하급 관직이다.

이차돈은 법흥왕의 얼굴을 살펴 그 마음을 알아채고 아뢴다.

"제가 『시경』에서 보았는데, 옛사람은 풀 캐고 나무하는 무식한 이들에게도 방책을 물었다고 합니다. 죄가 되더라도 말씀을 듣고 싶습니다."

"네가 할 수 있는 일이 아니란다."

"나라 위해 죽기가 신하 된 도리이며, 임금을 위해 죽기가 백성된 의리입니다. 임금의 뜻을 잘못 전한 죄로 저를 처형하신다면, 백성들이 다 복종하여 명을 어기지 않을 것입니다."

"사비왕은 새 한 마리를 매에게서 살리려고 자신의 살을 베어 저울에 달았고, 자신의 피를 뿌리고 목숨을 바치고도 일곱 마리 짐승을 불쌍히 여겼다. 내가 불교를 전파하려는 이유는 이런 가르침으로 사람들을 이롭게 하려는 것인데, 무고한 너를 죽이라고? 네가 설령 공덕을 이룰지라도, 누명 쓰지 않고 사는 게 더 낫지 않느냐."

"온갖 소중한 것 중에도 목숨만큼 버리기 어려운 게 있을까요? 그러나 저는 오늘 저녁 죽더라도 내일 큰 가르침이 이루어져, 불교가 태양처럼 하늘에 떠오르고 임금님께서 길이 편안하시길 바랍니다."

"난새 봉황의 자식은 어려도 하늘을 뚫을 만한 기개가 있고, 어린 기러기 고니도 태어나면서 바다를 건널 기세가 있다더니, 네가 꼭 그렇구나. 보살 같은 실천이로다!"

그리하여 법흥왕은 짐짓 위엄을 갖추어, 형틀과 무기를 사방에 펼쳐 놓고 신하들을 불러 물었다.

"경들은 내가 절을 지으려는데, 어째서 지체하는가?"

신하들을 어쩔 줄 몰라 급히 변명하고 손가락을 이리저리 가리켰다. 왕은 이차돈을 불러 꾸짖으니, 표정이 변하고 대답은 없었다. 화가 난 척 이차돈을 처형하라 하고는 관아로 끌고 왔다. 이차돈이 발원하고 망나니가 목을 베었더니, 흰 젖이 한길 높이로 솟아났다.

이 대목에 관하여 『향전』에는 이런 기록이 있다. 이차돈이 왕명이라고 절 지으라는 명령을 전했더니, 여러 신하가 간하였다. 그러자 법흥왕이 이차돈을 꾸짖고, 왕명을 잘못 전한 죄로 처형하였다는 것이다. 여기서 이차돈이 이렇게 발원했다고 한다.

"우리 성스러운 임금님께서 불교를 일으키려 하시므로 제 목숨과 인연을 다 버리나니, 하느님께서는 기적을 내리사 사람들을 두루 일깨워주소서."

그러자 머리가 날아가 경주 금강령 꼭대기에 떨어졌다고 한다.

다시 「신라본기」로 돌아간다. 이차돈이 죽자 사방의 하늘이 어두워지고 태양이 빛을 감추며, 땅이 흔들리며 꽃비가 내렸다. 법흥왕은 슬피 눈물로 곤룡포를 적셨고, 재상들의 근심에 머리에 쓴 관까지 땀이 흘렀다. 샘물은 말라 고기와 자라가 앞다투어 뛰어올랐고, 굳센 나무도 부러져 원숭이가 떼지어 울어댔다. 동궁에서 함께 말 달리던 친구들 서로 돌아보며 피눈물 흘렸고, 대궐에서 소매를 맞잡던 친구들도 애끓는 사별을 안타까워했다. 상여를 바라보며 곡소리 듣는 이들 모두 부모를 잃은 듯이 말했다.

"개자추介子推가 굶주린 주군을 위해 다리 살을 벤 충성도 여기에 비할 수 없겠다. 홍연弘演이 자신의 배를 갈라 임금의 심장을 담았던 장렬함도 비교가 되지 않는다. 임금님의 신앙심에 부응하여 아도의 본심을 이룬 성자로다."

북산인 금강령 서쪽 고개에 장사 지냈다.

그런데 아까의 『향전』에서는 금강령에 이차돈의 머리가 날아가 떨어졌다고 했는데, 여기서는 그 금강령을 장지라고 하면서도 어째서인지 그런 일을 언급하지 않았다. 궁궐 사람들은 슬퍼하며 좋은 터에 절을 지어 자추사刺楸寺(백률사, 栢栗寺)라 하였다. 집집마다 불공을 드리면 대대로 부귀영화를 누리고, 사람마다 도를 닦으면 불교의 이익을 얻으리라.

진흥왕 때인 544년에 흥륜사를 세웠다는데, 『삼국사』와 『향전』에는 법흥왕 시절 527년 터를 잡고 535년 천경림의 나무를 베며 시작했다고 한다. 대들보며 여러 목재, 석재가 다 천경림의 나무만으로 충분했다. 544년은 절이 완성된 해이다.

547~548년 즈음 양梁나라 사신 심호沈湖가 사리를 가져왔고, 이어서 565년 진陳나라 사신 유사劉思와 승려 명관明觀이 불경을 지니고 왔다. 덕분에 별자리처럼 절들이 이어지고 기러기떼 모여 날 듯 탑이 늘어섰다. 세우는 법당마다 범종도 드리우고, 훌륭한 수도

자들이 사람들에게 복의 텃밭이 되어주며, 대승과 소승 불교가 온 나라에 자비의 구름 되어 깔렸다. 그리하여 분황사의 진나陳那, 부석사의 보개寶蓋, 낙산사의 오대五臺 등 외국의 보살들도 이 땅에 머물게 되었다. 나아가 인도의 이름난 승려들까지 드나들어, 삼한이 한 나라처럼, 온 세상이 한 가족처럼 통하게 되었다. 그러므로 그 공덕은 하늘 나무에 걸릴 만하고, 은하수에 그림자를 비출 만하다. 이것이 아도, 법흥왕, 이차돈 세 성현 덕분이 아니겠는가! 그 후 혜륭惠隆 국통과 효원孝圓 법주, 김상랑金相郎, 녹풍鹿風 대통, 진노眞怒 대서성, 김억金嶷 파진찬 등이 오래된 무덤을 정돈하고 이차돈 순교비를 세웠다.

817년 8월 5일, 41대 헌덕대왕 시절 흥륜사의 영수永秀 선사가 이차돈의 무덤에 불공 드릴 이들을 모아서는, 매월 5일마다 제단을 쌓고 불경을 읽어 그 명복을 빌었다. 또한 지역 노인들이 이차돈의 제삿날 아침이면 흥륜사에 모인다는 이야기도 있었다. 매월 5일이라면 이차돈이 순교했던 그 무렵이었다.

오라! 그럴 만한 임금이 나야 그럴 만한 신하도 나는 법이고, 그럴 만한 신하가 있어야만 이런 공덕도 생기지 않을까? 유비라는 물고기가 제갈량이란 물고기를 만나듯, 법흥왕과 이차돈이 구름이 용처럼 서로 공감하여 만난 게 아름답지 않은가!

법흥왕은 불교를 부흥시켜 절을 세웠다. 절이 완공되자, 면류관을 벗고 승복을 입더니, 왕족을 절의 노비로 바쳤다. 이런 노비는 고려 후기까지도 왕손이라 불렀다. 예컨대 무열왕 때이 신도 김양도金良圖 재상의 화보花寶, 연보蓮寶라는 두 딸을 바쳤던 일, 역적 모척毛尺의 가족을 절의 노비로 삼은 일 등이다. 두 집안의 자손들이 고려 후기까지도 있었다.

법흥왕은 몸소 절의 주지가 되어 널리 불교를 전파하고자 했다. 진흥왕은 그런 성군의 덕을 이어받아 왕위를 계승하고 신하들을 이끌어, 위엄을 다 이루고 '대왕흥륜사'라는 이름을 내릴 수 있었다. 법흥왕의 성은 김써로 출가하여 법명을 법운法雲, 자를 법공法空이라 하였다. 그런데 『승전』의 여러 설 가운데 그 왕비가 출가하여 법명을 법운으로 삼았다거나, 진흥왕이나 그 왕비도 법운이라 하는 등 혼동이 많아 미심쩍다.

송나라의 『책부원귀冊府元龜』에서는 법흥왕의 성을 모募, 이름을 진秦이라고 주장했다.

해설

이것은 법흥왕을 '모즉지매금왕牟卽智寐錦王'이라 적은 기록에서 모즉지라는 이름을 성+이름으로 오해해서 생긴 설이다.

『책부원귀』에 따르면 법흥왕이 흥륜사를 세운 535년, 왕비도 영흥사를 창건하고, 신라 최초의 여승이었던 사씨(모록의 누이)의 남은 자취를 그리워하다가 남편과 함께 출가하여 그 법명을 묘법妙法이라 했다. 역시 영흥사에 머물다가 세상을 떠났다고 한다.

이에 대해 『삼국사기』에도 644년 영흥사의 소상이 저절로 허물어지고, 얼마 후 '진'홍왕비였던 여승이 작고했다고 전한다. 그런데 돌이켜보면 진흥왕은 법흥왕의 조카였으며, 그 왕비 사도부인思刀夫人 박씨는 모량리 영실英失 각간의 딸이었다. 사도부인이 출가하여 여승이 된 건 맞지만, 영흥사를 창건하지는 않았다. 따라서 『삼국사기』의 여승은 '진'흥왕비가 아닌 '법'흥왕비였다. 이 부분은 법흥왕비 파도부인巴刀夫人의 죽음에 관한 기록이다. 파도부인이 영흥사를 창건하고 불상을 세웠기 때문이다.

법흥왕과 진흥왕이 왕위를 버리고 출가했던 행적이 역사에 남지 않았던 까닭은, 정치적 의미의 교훈을 주는 일이 아니라서였다. 그리고 527년 불교를 애호했던 양나라 무제를 위해 웅천주에 대통사大通寺라는 절을 세웠다고 한다. 이 웅천주는 충남 공주로, 당시에 신라 소속이긴 했다. 그러나 527년에 흥륜사를 짓고 다른 지역에 또 절 세울 틈은 없었을 테니, 527년이 아니라 529년에 세웠을 것 같다.

법흥왕을 기리는 시이다.

성현의 지혜는 만 년 뒤까지 헤아리거늘,
구구한 여론 다 부질없어라.
부처님 뜻대로 임금의 뜻도 따라 굴러가면,
태평한 요순시절 불교로 이루리라.

그리고 이차돈을 기리는 시이다.

놀라워라, 큰 뜻을 위해 목숨을 가벼이 버리다니.

하얀 핏빛은 하늘 꽃 더불어 다정하다네.

한번 칼날에 이 몸 죽은 다음,

절마다 종소리는 온 서라벌에 그득그득.

3-5. 백제 법왕이 살생을 금지하다

백제 29대 법왕法王의 이름은 선宣 또는 효순孝順이다. 599년 즉위하던 해, 살생을 금지하는 조서를 내렸다. 민가에서 기르던 사냥매를 놓아주게 하고, 고기잡이 사냥도구 등을 다 불태우라 하여 모든 살생을 엄금한 것이다. 이듬해 600년, 승려 30명을 출가하게 하고, 사비성에 왕흥사王興寺를 세울 토대를 닦다가 세상을 떴다.

무왕武王이 왕통을 잇고 아버지가 닦은 터에 수십 년 만에 절을 다 지어, 미륵사彌勒寺라고도 불린다. 산을 등지며 물을 마주하고, 사계절 내내 아름다웠다. 무왕은 늘 배를 타고 절에 들어가 아름다운 풍경을 감상했다.

그런데 이것은 다음 옛 기록과는 약간 차이가 있다. 무왕은 가난했던 어머니, 연못의 용을 아버지로 태어났으며, 어릴 때 이름은 서예薯蕷, 즉위 후 시호는 무왕이었고 애초에 절은 왕비와 함께 창건하였다고 한다. 기리어 말한다.

'짐승을 죽이지 말라' 은혜로운 말씀 여기저기 퍼지니,

덕분에 돼지나 물고기까지 흐뭇하여 온 세상이 어진 마음.

성군께서 덧없이 떠났다 하지 마소.

저 위 미륵님 세상은 이제 막 꽃 피는 봄이라오.

3-6. 고구려가 도교를 받들어,
고승 보덕이 백제로 망명하고 고구려가 망함

『삼국사기』·「고구려본기」에 이런 기록이 있다.

고구려 말기 당나라 태종과 같은 무렵부터 고구려 사람들이 도교의 일종인 오두미교를 앞다투어 믿었다. 27대 영류왕榮留王 무렵인 624년, 당 고조가 이 소문을 듣고 도사를 통해 노자의 상을 보내고, 왕과 고구려 사람들이 듣도록 『도덕경』을 강의하게 했다. 이듬해 당나라에 사신을 보내 불교와 도교 배우기를 청하니, 당 고조가 수락하였다. 642년 보장왕이 즉위하자 유·불·도 3교를 함께 일으키려고, 당시 세도가였던 연개소문淵蓋蘇文 재상은 "도교가 유·불교만큼 번성하지 못했으니, 당나라에 사신을 보내 도교를 수입하소서."라고 했다.

이 무렵 보덕普德 화상은 평남 용강군 반룡사盤龍寺에 머물면서, 도교 같은 이단이 국교인 불교에 맞서면 나라가 위태로우리라 근심하였다. 그래서 여러 차례 간해도 듣지 않자, 650년 혹은 667년에

신통력으로 반룡사를 전북 전주 고달산으로 옮겨 살았다. 18년 혹은 1년이 지나 고구려는 망했다. 지금 고달산 경복사에 있는 '날아온 절간'이 이것이다. 『삼국사기』의 기록은 여기까지이고, 그 '날아온 절간'에는 고려 이자현李資玄의 시도 남아있고, 김부식이 보덕의 전을 지어 세상에 전한다.

그리고 『당서』에는 이렇다.

앞서 수나라 양제가 요동 정벌을 나설 때 양명羊皿이라는 하급 장수가 있었다. 고구려를 이기지 못하고 죽게 되자 맹세했다.

"꼭 저 나라의 세도가로 다시 태어나서 망하게 하리라."

개蓋씨가 권력을 잡고 성씨의 한자를 개㨁로 고쳤는데, 양명의 이름을 세로로 붙인 것과 똑같다.

또한 고구려의 옛 기록에도 이렇게 나온다.

612년 수 양제가 30만 대군으로 바다 건너 쳐들어왔고, 614년 10월 고구려 영양왕嬰陽王이 항복하는 글을 바치려고 했다. 이때 어떤 사람이 몰래 작은 활을 품고 사신을 따라 양제가 탄 배에 이르렀다가, 양제가 글을 읽으려 할 때 화살을 쏘아 그 가슴을 맞혔다. 양제가 퇴각하며 주위에 말했다.

"천하의 주인인 내가 작은 나라를 직접 쳤건만, 이기지 못하고 후세의 영원한 비웃음거리가 되었소."

그러자 양명이라는 재상이 아뢰었다.

"제가 죽거든 고구려의 재상이 되어, 반드시 저들을 멸망시켜 폐하의 원수를 갚겠습니다."

이 이야기는 양만춘이라는 이름이 훗날 붙여진 안시성 성주
가 당 태종의 눈에 화살을 쏘았다는 설화의 활약상과 유사하
다. 아마 여기서 모티브를 땄을 것이다.

양제가 죽고 양명은 고구려에 다시 태어났다. 15세에 문무를
두루 갖추었다는 소문이 나서, 영류왕이 등용하였다. 양명은 자칭
'개'씨에 이름은 '금金'이라 했는데, 시중에 해당하는 '소문' 벼슬을
했다. 『당서』에는 개소문이 자신을 '막리지莫離支'라 했는데 중서령
벼슬과 같다고 했다. 『신지비사神誌秘詞』 서문에도 "대영홍大英弘 소
문이 서문을 쓰고 주석하다."라 했으므로, 소문이 벼슬 이름이라는
게 입증되는 것 같지만, 대영홍의 전기에 문인 '소'영홍蘇英弘이라고
도 나와서, 이젠 뭐가 맞는지 모르겠다.

전생에 양명이었던 개금이 영류왕에게 이뢰었다.

"솥에 다리가 세 개이듯, 나라에는 3교가 있어야 합니다. 제가
우리나라를 살핀즉, 유교와 불교만 있고 도교는 없어 나라가 위태
롭습니다."

영류왕도 그렇게 생각해서 당나라에 부탁하니, 서달敍達 등
8명의 도사가 왔다. 『삼국사기』에도 625년에 이런 일이 있었다고
한다. 그런데 양명이 614년에 죽어 고구려에 다시 태어났다면 이때
나이가 고작 10살 남짓일 텐데, 세도가가 되어 왕에게 당나라에 사
신 보내기를 요청했다고 한다. 어느 한 기록은 시기가 틀렸겠지만,

일단 모두 실어둔다.

영류왕은 기뻐하며 절을 도교 사원인 도관으로 바꾸고, 도사를 유교의 선비보다 윗자리에 앉혔다. 도사들은 고구려의 이름난 산천을 다니며 그 기운을 억눌렀다. 옛 평양성은 초승달처럼 새로운 기운이 있었는데, 도사들이 남쪽 대동강의 용에게 주술을 걸어 성을 꽉 채우게 하니 보름달처럼 꽉 차서 기울어갈 기운으로 바뀌었다. 용이 증축하여 기운을 막았으므로 막는다는 뜻의 '언堰' 자를 넣어 평양성을 용언성이라 하였다. 그리고 『용언도龍堰堵』 혹은 『천년보장도千年寶藏堵』라는 이름의 예언서를 짓는가 하면, 신령이 깃든 바위도 구멍을 파고 부쉬버렸다. 이 바위는 도제암 혹은 조천석朝天石이라 하는 것으로, 옛날 시조 동명왕이 하느님께 아뢸 때 탔던 바위였다.

개금은 또 동북과 서남 방향으로 장성을 쌓자고 건의했는데, 16년 걸린 공사에 남자들은 다 징발되고 여자들이 농사를 지었다.

해설

초승달과 보름달의 기운은 기이편의 백제 멸망 설화에서 "신라는 초승달, 백제는 보름달" 이야기와 비슷하다.

보장왕寶藏王 때 당 태종이 6군으로 쳐들어왔지만, 역시 이기지 못하고 퇴각했다. 그러나 668년 당 고종 때, 유인궤, 이적, 신라의 김인문 등이 고구려를 멸망시키고는 보장왕을 당나라로 잡아갔다.

한편 보장왕의 아들은 4천 가구를 거느리고 신라에 항복했다. 이 부분은 『삼국사기』와 달라 함께 기록한다.

1091년 대각국사大覺國師 의천義天이 경복사景福寺의 '날아온 절간'에서 보덕의 진영을 보고 시를 남겼다.

> 열반과 대승불교는
> 우리 보덕 스님으로부터 말미암았는데
> 슬프다, 절간이 날아온 뒤로
> 동명왕이 세운 오랜 나라 위기를 맞다니.

그 발문은 이렇다. 고구려 보장왕이 도교에 현혹되어 불교를 믿지 않으니까, 보덕이 절간을 날려 백제 땅에 오게 되었다. 나중에 신비한 사람이 고구려 마령馬嶺에 나타나 "너희 나라 망할 날이 멀지 않았다."고 사람들에게 경고했다. 모두 『삼국사기』와 같고, 보덕의 전기와 승전도 나오는 이야기이다.

보덕에게는 11명의 유명한 제자가 있었다. 무상無上은 제자 김취金趣 등과 평남 안주에 금동사金洞寺를, 적멸寂滅과 의융義融은 전북 임실에 진구사珍丘寺를, 지수智藪는 대승사大乘寺를, 일승一乘과 심정心正, 대원大原은 전북 전주에 대원사大原寺를, 수정水淨은 전북 정읍에 유마사維摩寺를, 사대四大와 계육契育은 중대사中臺寺를, 개원開原은 충북 단양에 개원사開原寺를, 명덕은 연구사燕口寺를 각각 세웠다. 개심開心과 보명普明에게도 보덕의 전기와 같은 내용의 전기가 있다. 기리어 말한다.

불교라는 큰 바다는 끝없이 아득해서

유교니 도교니 온갖 물도 여기 다 모이는데,

우습구나, 고구려왕아! 작은 웅덩이에 얽매여서

석학께서 다른 바다로 떠나는 줄도 몰랐더냐?

3-7. 경주 흥륜사 금당의 10대 성인

동쪽에 자리한 진흙 소상은 각각 아도, 염촉(이차돈), 혜숙, 안함, 의상 등이며, 서쪽에는 표훈, 사파(사복), 원효, 혜공, 자장 등이 자리했다.

❖❖

보충

10대 성인의 마주보기

서쪽	성격	동쪽
표훈		아도
"표훈 이후로 신라에 성인이 나타나지 않았다." (『삼국유사』 기이편, 경덕왕 충담사 표훈대덕)	'성인'의 시작과 끝	신라에 불교를 전래한 인물
사파(사복)	'죽음'을 마주하는 태도	염촉(이차돈)
죽음을 거치지 않고 왕생함		불교를 위해 순교함
원효	대중불교의 확산 – 역설을 통한 이적異蹟	혜숙
승려로서 아들을 지님, 불교의 대중적 확산에 기여		자신의 넓적다리 구워 먹음, 신발만 남기고 신이 됨
혜공	외국불교의 수용 (대중불교+불교 논리학)	안함(안홍)
『조론』을 지은 승조의 후신		서역 승려와 함께 귀국함
자장	귀족불교의 실천	의상
당나라에서 석가모니 진신사리와 함께 귀국, 만년에 오만하여 문수보살을 알아보지 못한 과오		전국 각지에 사찰 조성 (경제적 기반 필요)

4편
탑상, 탑과 불상

4-1. 옛 세상 부처님이 앉으셨던 바위

『옥룡집玉龍集』, 「자장전慈藏傳」 등 여러 승려의 전기에서 한결같이 말했다.

신라의 왕궁 월성月城의 동쪽, 용궁의 남쪽으로 옛 세상 부처님이셨던 가섭불迦葉佛이 앉아 수행했던 '가섭불 연좌석宴坐石'이 남아 있다. 그곳은 가섭불 시대 일곱 절터 중 하나로 지금의 황룡사이다.

『삼국사기』를 살피면, 553년 진흥왕이 즉위한 지 14년째에 월성 동쪽에 새 궁궐을 쌓는데, 황룡이 나타나서 왕이 놀라 황룡사로 고쳐 지었다. 연좌석은 황룡사 금당 뒤편에 있는데, 내 보기엔 높이가 1m 50cm 정도, 둘레는 세 아름으로 우뚝하게 섰고 꼭대기는 평평했다. 진흥왕이 절을 세우고 두어 번 불이 나서 돌이 갈라졌지만,

절에서 쇠를 붙여 보호했다. 이 연좌석을 찬양하는 시가 있다.

가섭불의 빛 아득해진 지 언제런가?
연좌석만 의연히 남았구나.
뽕나무밭이 바다로 몇 번을 바뀌었는데
불쌍해라! 꼼짝도 않고 버텨내다니.

그러나 몽골의 침략 이후 황룡사 절간과 탑은 다 불탔고, 연좌석도 파묻혀 땅처럼 평평해져버렸다.

『아함경』에 따르면 가섭불은 우리 우주의 세 번째 부처님으로, 사람의 수명이 2만 년이었을 때 나타났다. 사람의 수명은 우주의 시간이 흐를수록 늘었다 줄었다 한다는 증감비에 따라 계산하면, 최초의 우주에는 사람의 수명이 무한했다가, 8만 년일 때 우리 우주가 시작되었다. 여기서 1세기마다 1년씩 줄어 10살까지 줄어들었다가, 다시 8만 년까지 늘어나는 증·감기가 각각 있다는 것이다. 이렇게 20번 줄었다가 20번 늘어나면 한 단위의 우주가 된다. 한 단위의 우주에는 1,000명의 부처님이 나타나는데, 지금 석가모니 부처님은 네 번째로, 아홉 번째 감기에 나타난 것이다. 석가모니 때 사람의 수명이 100년이라 치면, 가섭불의 2만 년으로부터 200만 년이나 흘렀다. 지금 우주의 첫 부처님 구류손불拘留孫佛로부터도 역시 몇 백만 년이나 흘렀다. 더 이전 우주의 사람 수명이 무한대였던 시절은 또 얼마나 되랴? 석가모니부터 지금 1281년까지 2,230년, 구류

손불에서 가섭불을 거슬러 오르면 몇백만 년이다.

고려의 명사 오세문吳世文이 지은 〈역대가歷代歌〉에 따르면, 1219년에서 49,600년을 거슬러 오르면 천지개벽한 반고盤古 시절이 된다고 했다. 그리고 연희궁延禧宮 김희령金希寧 녹사의 『대일역법大一歷法』에는 천지개벽부터 1084년까지 1,937,641년이 흘렀다고 했다. 또한 중국의 『찬고도纂古圖』는 천지개벽에서 공자의 죽음까지 276만 년이 지났다고 했다.

여러 불경을 살피면 가섭불에서 지금에 이르는 이 바위의 나이도, 우주의 시작에 비하면 어린아이 정도에 불과하다. 그러나 세 명의 천지개벽 설은 이 바위의 나이에도 못 미치니, 너무나 허술한 것이다.

4-2. 요동의 아소카왕 탑

『삼보감통록三寶[=佛·法·僧]感通錄』이란 책에 고구려 요동성 옆의 탑에 대해서 예부터 노인들이 전해온 말이 실려 있다. 옛날 고구려의 거룩한 임금이 국경을 돌아보다 이 성까지 왔는데, 땅을 덮은 오색구름 속에 어떤 승려가 지팡이 짚고 선 모습을 보았다. 그러나 다가가면 사라졌다가 멀리 보면 다시 나타났다. 옆에 흙으로 된 3층 탑이 있었는데, 위에는 뭔지 모를 솥(인도식 탑의 모양)을 엎어놓은 것 같은 모양을 하고 있었다. 다시 승려를 찾아도 잡초뿐이었고, 땅을

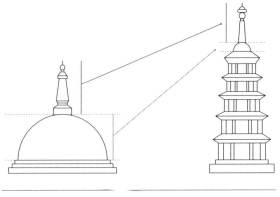

탑 상단에 남은 인도식 탑 모양

한길 팠더니 지팡이와 신발이 나왔고, 더 팠더니 산스크리트어로 쓴 비석도 나왔다. 모시던 신하가 아뢰었다.

"이것은 불교의 탑입니다."

왕이 그 곡절을 묻자, 다시 답하였다.

"한사군 때 것으로, 하늘에 제사 지내는 황금빛 피부의 부처님입니다."

그리하여 신앙심이 생겨 7층 목탑을 쌓았고, 훗날 불교가 들어와 그 전말을 다 알게 되었다. 이제 석탑은 그 높이마저 줄고, 목탑은 무너졌다. 아소카왕이 인도를 통일하고 곳곳에 탑을 많이 쌓았다고 하니, 요동 땅에 이런 탑이 있는 것도 이상한 일은 아니다.

660년대 요동을 넘어 당나라가 쳐들어왔다. 당나라 장수 설인귀薛仁貴는 수나라도 지났던 요동의 어느 산에 이르러, 사람의 왕래가 끊겨 쓸쓸한 모습의 불상을 보았다. 어느 노인에게 물었더니, 옛날 나타났던 것이라길래 그 모습을 그려 장안으로 돌아왔다. 이에 대해서는 대장경의 '약藥'자 항목에 나온다.

한나라 시절 역사책의 지리지를 찾아보니 요동은 압록강 밖 유주幽州에 속해 있었다. 여기 나오는 고구려의 거룩한 임금은 누구인지 알 수 없지만, 시조 동명성왕이라 할 수는 없다. 동명성왕은 기원전 19년에 세상을 떠났는데, 이때는 한나라도 아직 불경을 못 보았던 시절이거늘 어떻게 고구려 신하가 산스크리트어를 풀이할까? 그러나 한나라에 이런 문자를 산스크리트어라고 알아볼 수 있는 사람은 있었을 테니까, 마찬가지로 고구려도 부처님의 이름 정도는 알 수 있었을 것이다.

옛 기록에 따르면 아소카왕은 귀신을 부려 90만 명이 사는 곳마다 탑을 하나씩 쌓았다고 한다. 그래서 이승에 84,000개의 탑을 쌓아 큰 바위 안에 숨겨두었다는 것이다. 지금 신비한 일이 여러 곳에서 나타나는 까닭은, 다 탑 속의 부처님 사리에서 헤아릴 수 없이 감응이 일어난 덕분이다. 기리어 말한다.

아소카왕의 보탑 여기저기 세워져

비에 젖어 구름에 묻혀 이끼도 끼었지만

돌이켜 보라, 지금껏 얼마나 많은 눈들이

부처님 무덤인 탑을 가리키며 기도했으랴.

4-3. 금관성 파사석탑

경남 김해 금관성 호계사虎溪寺의 파사석탑婆娑石塔은 서기 48년 금관가야 시조 수로왕의 부인 허황옥 왕후가 옛 인도 동북부 코살라 왕국의 수도였던 아요디아Ayodhya에서 싣고 온 것이다. 공주였던 허황옥은 부모님 명에 따라 바다 너머 동쪽으로 가려고 했지만, 용왕의 노여움을 사 돌아올 수밖에 없었다. 부왕에게 아뢨더니 이 탑을 싣고 가게 해서, 쉽게 한반도 남해안 주포主浦에 정박할 수 있었다. 아름다운 붉은 돛과 붉은 깃발, 붉은 옥 등을 가득 싣고 왔다. 처음 왔을 때 붉은 깃발을 달고 들어왔고, 언덕 위에서 비단 바지를 벗었다. 그래서 이들은 각각 기출변旗出邊(깃발이 나타난 바닷가)과 능현綾峴(비단 언덕)이라는 이름이 되었다.

수로왕이 허왕후를 맞아 150년간 함께 나라를 다스렸다. 그러나 아직은 이 땅에 절을 짓거나 불공을 드리지도 못했고, 불교가 들어와 사람들이 믿은 적도 없었다고 한다.

452년 8대 질지왕 때 이르러 비로소 왕후사라는 절을 지었는데, 신라 법흥왕이 불교를 공인한 것보다 앞섰다. 이 일은 금관가야의 본기에 보이는데, 왕후사는 고려 후기에도 복을 구하고 왜구를 막기에 힘을 보태고 있었다.

파사석탑은 사각형 5층으로 이루어진 특이한 모양으로, 작은 붉은 반점이 있는 무른 돌로 되어 있다. 그런데 이런 돌은 한반도에서 나지 않는다. 『신농본초神農本草』에는 닭의 벼슬에서 난 피를 찍어 파사석인지 알아볼 수 있디고 하는데, 그래서 여기 돌에 붉은 반점이 찍혀 있다. 금관가야는 '가락국'이라고도 하는데, 자세한 것은 앞서 기이편의 「가락국기」에 실려 있다. 기리어 말한다.

석탑 실은 배 깃발도 경쾌하게
부처님께 빌어 거친 파도 막고 왔네.
허황옥이 바다 건너기만 도와줬으랴?
천년 내내 남해안에서 왜구도 막아줬다네.

4-4. 고구려 영탑사

『해동고승전』의 본전에 자세히 나온다. 평남 용강군 출신 고구려 승려 보덕(자 지법)이 평양성에 살 때, 늘 암자의 노승이 불경을 가르쳐달라 했다. 보덕은 마지못해 석가모니의 마지막 설법이었던『열반경』40권에 대하여 강의하고, 서쪽 대보산 동굴 아래 참선했다. 그런데 신비한 사람이 나타나 여기 와 살라고 부탁하고는, 지팡이를 보덕의 앞에 두며 그 땅을 가리키고 말했다.

"이 아래 8각형 8층 석탑이 있다."

땅을 파 보니 과연 그러했다. 그래서 영탑사靈塔寺라는 절을 짓고 머물렀다.

4-5. 황룡사 장육불

신라 24대 진흥왕은 553년 2월 용궁 남쪽에 궁궐을 짓고자 했다. 그런데 땅에서 황룡이 나타났으므로, 궁궐을 절로 개축하고 황룡사란 이름을 붙였다. 569년에 담까지 쌓아 17년 만에 완공하였다.

얼마 후 큰 배가 울산 울주 곡포 남쪽 바다에 정박하였다. 알아보니 편지가 붙어 있었다.

"인도 아소카왕이 구리 12.4t과 황금 3kg으로 석가 3존상을 만들려다가 이루지 못하였지만, 배에 실어 바다로 보내며 축복하겠다. 인연 있는 땅에 가 5~6m 높이 장육상의 존경스러운 모습을 이루리라."

구리가 8배 많았고 금이 1/30이었다는 설도 있지만 오류이며, 구리가 이 절반쯤이었다고도 한다. 글과 함께 석가불과 문수, 보현보살 등 인도 양식으로 이루어진 3존상의 모형도 있었다.

울주의 관리가 임금께 아뢰자, 칙사가 성 동쪽 높이 양지바른 마골산에 동축사東竺寺를 지어 배에 실렸던 3존상의 모형을 맞아들이게 했다. 금과 철은 서라벌로 옮겨 574년 혹은 573년, 단박에 장육존상으로 만들었다. 가운데 석가불 상은 무게 8t으로 황금이 1kg 약간 넘게 들어갔으며, 두 보살상은 철 2.6t에 황금이 이보다 약간 적게 들어갔다.

황룡사에 모셨더니, 이듬해 불상이 눈물을 흘려 발꿈치 아래

20cm 깊이 땅까지 적셔 진흥왕의 죽음을 예언했다. 그런데 불상을 진평왕 때 완성했다는 설은 오류이다.

다른 기록은 이렇다.

아소카왕은 인도 마우리아에서 석가모니 열반 1세기 후에 태어났다. 석가모니를 직접 모시지 못하여 안타까워하다가 금과 철을 좀 모아 불상을 만들려고 세 차례 시도했지만 완성하지 못했다. 왕의 태자가 유독 이 공사를 돕지 않으므로, 꾸짖는 편지를 보내자 태자가 아뢰었다.

"우리나라 혼자 힘써봐야 안 될 일이었어요. 이룰 수 없을 줄 진작 알았습니다."

왕도 그렇게 생각하여 배에 실어 보냈다. 온 세상 16개 큰 나라와 500개 중간 나라, 1만 개의 작은 나라 8만 개의 마을 어디를 다닌들 만들 수 없었지만, 마지막에 신라에 이르러 진흥왕이 문잉림文仍林에서 완성하고 부처님 모습을 갖추게 되었다. 그리하여 아소카왕은 걱정거리가 없어졌다.

훗날 자장(590~658) 큰스님이 당나라 유학 시절 오대산에서 문수보살이 나타났다. 문수보살은 자장에게 비결을 주며 부탁했다.

"너희 신라 황룡사는 석가모니와 예전 세상 가섭 부처님들이 강연하던 땅이라, 연좌석이 아직도 있다. 그래서 인도 아소카왕이 황금을 좀 모아 바다에 띄워 보내, 1,300년 후 신라에 다다라 황룡사에 모셔질 수 있었다. 다 공덕과 인연 덕분이니라."

이렇듯 앞서 본 것과는 내용이 다른 기록도 있다.

불상이 만들어지자, 동축사에 모셨던 모형도 황룡사에 옮겼는데, 절의 기록에는 이렇다.

진평왕 때 584년에 금당을 짓고, 선덕여왕 때 환희歡喜라는 승려가 첫 주지였다. 둘째 주지가 자장 국통이었고, 혜훈惠訓, 상률廂律 등이 이어받았다. 몽골의 침략 때 큰 불상과 보살상이 다 불타 없어지고, 작은 석가상 모형만 남았다. 기리어 말한다.

속세 어느 곳 참된 고향 아니랴만
불교와 인연은 우리 신라 으뜸이라서,
아소카왕이 이루지 못한 게 아니라
월성 옛 부처님 터를 찾아왔다네.

4-6. 황룡사 9층탑

신라 27대 선덕여왕 시절, 636년 자장 법사가 중국에 유학할 때 오대산에서 문수보살이 나타나 가르침을 얻었다. 자세한 내용은 의해편 「자장정률」에 있는데, 문수보살이 이어서 말했다.

"너희 신라 임금은 전생에 인도의 왕족이었으므로 미래의 성불이 이미 결정되어 있다. 이렇듯 다른 동이족과는 다른 특별한 인연이 있지만, 산천이 험하고 인심이 사나워서 이단을 많이 믿어 천벌도 받는다. 그러나 나라에 유식한 스님이 계신다면, 군신과 백성들이 다 태평성대를 누리리라."

문수보살이 말을 마치고 사라지자, 자장은 이분이 문수보살의 화신이었음을 깨닫고 눈물을 흘리며 물러났다.

중국 태화太和 연못 근처를 지날 때, 갑자기 신비한 사람이 나타나 물었다.

"여기 왜 왔소?"

"깨달음을 얻으러요."

신비한 사람이 절하고 다시 물었다.

"당신 나라에 무슨 곤란한 일이 있소?"

"북으로 말갈이, 남으로 왜구들이, 그리고 고구려와 백제도 자꾸 쳐들어와 종횡으로 노략질하니 백성들이 힘겹지요."

"당신 나라 임금께서 여인이시라, 덕이 있으셔도 위엄이 없으니 이웃들이 업신여긴다오. 빨리 귀국하시구려."

"제가 돌아가면 뭐 나아질까요?"

"황룡사 수호신인 용이 내 큰아들이라오. 하느님의 명으로 그 절을 지키고 있지요. 귀국하여 절 안에 9층 탑만 쌓으면, 이웃들이 복속되고 삼한의 아홉 지역이 조공을 바쳐 왕조가 길이 이어지리다. 탑을 쌓거들랑 팔관회八關會를 열고 죄인을 사면하신다면, 외적이 해치지 못하리라. 다 되면 저를 위해 서라벌 근처 남쪽 바닷가에 절 한 채 지어주시고, 제 복을 빌어주시면 저도 보답해 드릴 것이오."

말을 마치자 옥을 바치고는 사라졌다. 절 기록에 따르면, 탑을 세워야 할 이유를 들었던 이곳이 종남산終南山 원향圓香 선사의 거처라고 한다.

643년 16일 자장은 당나라 임금이 하사한 불경, 불상, 가사, 폐백을 가지고 귀국하였다. 선덕여왕에게 탑 쌓을 일을 아뢰자, 여러 신하와 함께 의논하였다.

"백제에 기술자를 청해야 가능하겠습니다."

좋은 비단으로 백제에 부탁하니, 명장 아비지阿非知가 와서 목재와 석재를 맡았다. 용수라고도 불리는 김춘추의 아버지 용춘 이간도 200명의 기술자를 관리했다. 첫 기둥을 세우는 날, 아비지는 백제가 망하는 꿈을 꾸었다. 그래서 의심스러운 마음이 들어 공사를 중단하자, 갑자기 큰 지진이 나고 하늘이 어두워졌다. 그 와중에 어느 노승과 장사가 본당의 문에서 튀어나와 기둥을 세우고는 없어졌다. 그러자 아비지도 생각을 바꿔 9층탑을 완성했다.

탑의 중심기둥에 대한 기록[찰주기, 刹柱記]에는 철로 된 토대 위아래 높이가 44~80m 정도라 했다. 자장이 오대산에서 받은 부처님의 사리 100알을 황룡사 9층탑의 중심기둥과 경남 양산 영축산의 통도사通度寺, 자신이 울주에 창건한 태화사大和寺 탑 등에 나누어 모셨다. 이 탑을 세우고 천하가 태평하며 삼한이 통일되었으니, 정말 신통하지 않은가!

훗날 고려 태조가 신라를 점령하려고 이야기한다.

"신라에 3보가 있어 쳐들어갈 수 없다던데, 무엇무엇이오?"

"황룡사 장육상과 9층탑, 그리고 진평왕이 하늘에서 받은 옥 허리띠 '천사옥대'입니다."

그래서 그만두었다. 주나라에 중국 각지를 상징하는 솥 9개가 있으므로 초나라가 넘볼 수 없다고 한 일과 비슷하다. 기리어 말한다.

신들께서 도우사 서라벌에 우뚝

휘황찬란한 노란빛 파란빛 날아갈 듯

올라서면 삼한 아홉 지역만 복종할까?

온 세상이 다 태평해지겠네.

또한 신라의 고승 안홍安弘이 편찬한 『동도성립기東都成立記』에 이런 내용이 있다.

"신라 27대 임금이 여인이라, 덕은 있어도 위엄은 없어 삼한의 아홉 지역이 쳐들어오곤 했다. 그러므로 용궁 남쪽 황룡사에 9층 탑을 쌓아 이웃 나라의 침략을 억누르려고 했다. 1층은 일본, 2층은 중국, 3층은 오나라와 월나라, 4층은 탐라국, 5층은 백제, 6층은 말갈, 7층은 거란, 8층은 여진, 9층은 고구려였다."

그리고 『삼국사기』와 황룡사의 옛 기록에는 이렇다.

553년 진흥왕 때 황룡사를 짓고 645년 9층 목탑을 세웠다. 698년 효소왕 때 벼락을 맞았는데, 이게 성덕왕 때라는 기록은 잘못되었다. 720년에 성덕왕 때인 다시 지었다가 868년 48대 경문왕 시절 2번째 벼락 맞고 3번째 다시 지었다. 953년 고려 광종 때 3번째 벼락 맞고, 1021년 현종 때 4번째 다시 지었는데, 1035년 4번째 벼락 맞아 문종 시절 5번째 또 지었다. 1095년 헌종 때는 5번째 벼락, 1096년 숙종 시절 6번째 중건했다가 1238년 고종 때 몽골의 침입으로 탑과 장육상, 절간이 다 탔다.

4-7. 황룡사 종과 분황사 약사여래, 에밀레종

754년 신라 35대 경덕왕이 황룡사 종을 만들었다. 2m 정도 높이, 20cm 약간 넘는 두께에 108t 무게였다. 시주는 왕비 사량부인으로 이상택里上宅에 속한 장인이 만들었다. 고려 숙종 때 다시 만들었는데, 길이가 15cm 쯤 되었다. 이듬해 분황사 약사여래 동상도 본피부本彼部 강고내말强古乃末 장인이 67t 무게로 만들었다.

그리고 신라 중대 마지막 임금 경덕왕은 아버지 성덕왕을 위해, 구리 26t을 바쳐 큰 종을 만들다가 완성을 못 보고 죽었다. 아들 혜공왕이 770년 12월, 관리들에게 명하여 기술자들을 모아 완성하고 봉덕사에 두었다. 봉덕사는 경덕왕의 형 효성왕이 738년 아버지 성덕왕의 명복을 빌며 세웠다. 그러므로 종에는 '성덕대왕신종'이라는 기록이 붙어 있다. 본디 경덕왕이 아버지를 위해 시주한 재물로 만들었으니, 성덕종이라고도 한다. 김필월金弼粵이 기록을 남겼지만, 번잡하여 신지 않겠다.

4-8. 영묘사 장육상

선덕여왕이 영묘사를 짓고 소상을 만든 인연은 의해편 「양지
사석」에 나온다. 764년 경덕왕 때 곡식 21,000가마를 들여 황금 채
색을 다시 했다. 한편 양지에 대한 기록에서는 소상을 처음 만들 때
이만큼 들었다고도 했는데, 두 주장을 모두 싣는다.

4-9. 사불산 굴불산 만불산

죽령竹嶺 동쪽으로 40km 정도 가면 문경에 우뚝한 산이 솟아
있다. 587년 진평왕 때 갑자기 네 면이 사람 키 높이인 바위가 나타
났다. 네 면에 각각 해당 방향을 상징하는 부처님이 새겨져 있었고,
붉은 비단으로 감싸여 하늘에서 산꼭대기로 떨어진 것이다. 경덕왕
이 듣고는 행차하여 대승사大乘寺라는 절을 지었다. 승려 망명亡名을
청해 『법화경』을 암송하게 하고, 절을 잘 관리하여 향불이 끊기지
않게 했다. 산 이름은 역덕산亦德山 혹은 사불산四佛山이다. 『법화경』
은 『묘법연화경妙法蓮華經』의 줄임말인데, 이 승려가 죽자 무덤에 『묘
법연화경』의 '연'에 해당하는 연꽃이 피었다.

그리고 경덕왕이 백률사柏栗寺에 들렀을 때, 산 아래 땅속에 염
불 소리가 들려 파보게 했더니 큰 바위가 나왔다. 역시 사면에 사방
불이 새겨져 있으므로 굴불사掘佛寺를 지었는데, 지금은 굴석사掘石

寺라고 와전되었다.

해설

이렇게 땅에서 돌로 된 뭐가 자꾸 나온다는 점은, 샤머니즘 거석 신앙이 불교에 수용된 결과로 이해할 수도 있을 것이다. 많은 불교 유적이 모여있는 경주남산도 바위에 얽힌 전설과 다양한 모습의 돌로 된 사방불四方佛을 갖추고 있다.

또 경덕왕은 당나라 대종代宗 임금이 불교를 좋아한다고 듣고, 기술자에게 오색 보자기를 만들게 했다. 그리고는 인도산 향나무로 사람 키 높이의 산 모형을 만들어, 아름답게 빛나는 구슬과 옥으로 장식하여 그 위에 놓았다. 산에는 가파르고 신기한 봉우리며 바위, 개울과 동굴도 굽이굽이 있었다. 굽이마다 춤추고 노래하는 장면이며 온 나라 산천 형세가 있어, 산들바람이 불면 벌 나비가 훨훨, 제비 참새도 춤추듯 날아드니 얼핏 보면 진짜 같고 모형인 줄 모를 지경이었다. 그 안에 크기 2, 3cm 정도의 만불상萬佛像을 여럿 모셨는데, 비록 작더라도 부처의 신체적 특징을 모두 갖추었다. 그래서 만불산이라 이름 지었는데, 그 작동 방식은 너무 복잡하고도 다양해서 얼추 비슷하게 일부를 설명할 수는 있어도, 정확히 다 묘사할 수는 없었다.

금과 옥으로 일산과 열대과일, 꽃 등을 만들어 덧붙였더니, 만불상을 모신 건물들은 오밀조밀했지만 살아 움직일 기세였다. 앞에는 승려 1,000명이 둘러싸고, 아래는 구리종 종각 3채가 있었다. 종소리가 멀리 퍼지도록 고래 모양 방망이와 함께, 고래를 무서워하는 포뢰蒲牢라는 용 조각을 매단 끈도 마련해 두었다. 바람 불어 종이 울리면 승려의 조각들은 머리를 땅에 조아리고 은은한 소리가 났는데, 그 장치의 중심축은 종에 있었다. 만불산이라 했으되, 그 작동 방식은 이루 다 적을 수 없을 정도로 다양했다.

완성하고 사신을 통해 보냈더니, 대종은 감탄하며 말했다.

"신라의 기술은 하늘이 내렸구려! 사람 솜씨가 아니외다."

색동 부채를 산봉우리에 끼우고는 부처님 빛깔 불광산佛光山이라 했다. 4월 8일 승록사 양쪽 거리 승려들에게 궁궐 안에서 만불산에 예배드리게 하였다. 이때 삼장법사 불공不空이 밀교 주문 1,000번을 외워 기념하고, 보는 사람마다 그 기술에 감탄했다. 기리어 말한다.

하늘이 부처님을 사방불로 단장하니
땅에 부처님 눈빛 밤새 솟구치네.
신묘한 솜씨로 만불상 만든 수고
하늘, 땅, 사람이 다 진리를 퍼뜨렸네.

4-10 생의사 돌미륵

선덕여왕 때 생의生義라는 승려가 도중사道中寺에 머물렀다. 꿈에 어떤 승려가 남산으로 데리고 가더니, 풀을 묶어 표시하라 하고는 남쪽 마을에서 말했다.

"내 여기 묻혔으니, 스님께서 꺼내 언덕 위에 데려다주시오."

깨어나 친구와 표시했던 곳을 파자, 돌미륵이 나오길래 삼화령三花嶺 꼭대기에 모셨다. 643년 무렵 나중에 생의사生義寺, 혹은 성의사性義寺로 불리게 되는 절을 짓고 살았다. 〈찬기파랑가〉, 〈안민가〉 등의 향가를 지은 충담사가 매년 3월 3일과 9월 9일 차 공양을 했던 불상이 이것이다.

4-11. 흥륜사 보현보살 벽화

54대 경명왕 때, 정화靖和와 홍계弘繼 두 승려가 모금하여 흥륜사 남문 좌우 회랑의 불탄 잔해를 수리하려 했다. 921년 5월 15일 상제가 절 왼쪽 누각에 내려와 열흘을 머무르자, 절간과 탑, 풀, 나무, 돌 흙 등이 다 신기한 향기를 풍겼다. 그리고 오색구름이 절을 덮더니, 남쪽 연못에서 어룡이 뛰어오르며 기뻐했다. 지켜본 사람들은 전에 없던 일이라 놀라며, 비단과 곡식을 시주하여 언덕만큼 쌓였다. 기술자들도 스스로 와서 며칠 만에 다 수리했다.

공사가 끝나 상제가 돌아가려 할새, 두 승려가 아뢴다.

"상제께서 떠나신다면, 얼굴을 그려 지성으로 공양하고 싶습니다. 은혜를 갚고 후세에 기릴 테니, 길이 우리를 살펴주소서."

"내 너희에게 베푼 권능보다 보현보살普賢菩薩의 가르침이 더 낫다. 그러니 보현보살을 그려서 쉴 새 없이 공양하거라."

두 승려가 그 말대로 삼가 보현보살을 벽 사이에 그려, 고려 후기까지도 남아 있었다.

4-12. 세 번 감응한 중생사 관음보살

신라에 이런 옛 기록이 있다.

중국 임금에게 매우 아리땁고 총애하는 귀인이 있었다. 예부터 전해진 그림에도 이런 미녀는 없으리라 생각하여, 화가에게 전신을 그리게 했다. 이 화가의 이름은 남지 않았지만, 남북조 시대 양나라 시절 살았던 장강 이남 출신 장승요張僧繇라고도 한다. 당나라 시절이라는 설도 있는데 그건 우리나라 사람들이 중국이면 다 당나라라 부른 탓이다. 양나라와 당나라 중 어느 왕조 임금인지 알 수 없지만, 모두 싣는다.

화가는 명에 따라 그림을 그리다가, 실수로 붓을 떨궈 그림의 배꼽 아래 붉은 점이 찍혔다. 지우려 해도 지워지지 않아, 필경 원래부터 있었던 것이겠거니 하고 다 그려 바쳤다. 임금이 지목해서 말했다.

"실제처럼 잘 그렸지만, 은밀한 배꼽 아래 점을 어찌 알고 그렸을까?"

화를 내며 옥에 가두고 벌을 내리려 하는데, 승상이 아뢰었다.

"저 사람 정직하다고들 하니까, 용서해 주시길 부탁드립니다."

"정직하다면 내 어젯밤 꿈에 본 것을 그려보라 해라. 그대로 그리면 용서하겠다."

그리하여 얼굴이 11개인 관음보살을 그려 바쳤더니, 꿈과 같았으므로 사면했다.

화가는 풀려나자 분절芬節 박사에게 이런 제안을 했다.

"신라는 불교를 경건히 믿는다는데, 당신과 제가 가서 함께 일하면 보탬이 되겠지요?"

드디어 신라에 와 중생사 관음보살상을 완성했고, 신라 사람들의 우러러 기도하는 모습은 이루 말할 수 없었다.

신라 말기 920년대 후반 최은함崔殷誠이라는 지방관에게 아들이 없었다. 중생사 관음보살에게 기도하자 아들이 생겼지만, 후백제 견훤이 서라벌을 침략하여 혼란스러웠다. 최은함은 아들을 안고 와 빌었다.

"침략을 당해 급박한데, 아이 때문에 모두 죽을 수는 없지요. 정말 보살님께서 점지하셨다면, 그 자비심으로 아이를 길러주소서. 우리 부자 다시 만날 수 있기를 비나이다."

여러 번 울며불며 빌더니, 아들을 강보에 싸서 관음보살 자리 아래 숨기고 뒤돌아보며 떠났다.

보름 뒤 돌아와 찾았다. 피부는 새로 목욕한 듯 좋은 모습에, 입에서는 젖내가 났다. 집에 돌아와 똑똑하고 착하게 자랐는데, 이 아이가 고려의 명신 최승로崔丞魯였다. 아들, 손자 대대로 자손이 끊이지 않았으니, 최은함은 경순왕을 따라 고려에 귀순하여 문벌 귀족이 되었다.

992년 3월 중생사 주지 성태性泰가 관음보살에게 기도했다.

"제가 이 절에 오래 머무르며 밤낮으로 불공을 드렸건만, 밭에 나는 게 없어 더는 버틸 수 없으니 다른 곳에 가겠습니다. 안녕히 계십시오."

그러고는 얼핏 잠들었는데, 꿈에 관음보살이 나타났다.

"떠나지 말고 머물러 보게. 불공드리게 시주를 모아다가 줄 테니."

성태는 기뻐서 떠나지 않았다. 13일 후 말과 소에 짐을 실은 두 사람이 어디선가 나타났다. 성태는 문간에 가 물어보았다.

"어디서 오는 길이시오?"

"우리는 김해 사람들이오. 서라벌 중생사에 오래 계셨다던 어떤 스님께서 시주를 모으러 오셔서는, 음식, 의복, 침구, 탕약이 다 없어 곤란하시다지 뭐요. 그래 이웃 마을까지 해서 쌀 1t과 소금 600kg을 모아 왔다오."

"저희 절에는 시주 모으러 나간 분이 없소. 잘못 오셨나 보오."

"스님께서 이끄신 대로 따라온 거요. 여기 신현정神見井 우물가에서, 우리 절이 멀지 않으니 먼저 가 기다리신다고 했소이다. 그래서 그대로 따라왔다니까 그러오."

성태가 법당 안으로 그들을 데려오자, 관음보살상을 보고 놀라며 서로 말했다.

"시주 모으러 오셨던 스님이신데!"

이로부터 해마다 쌀과 소금 공양이 끊이지 않게 되었다. 어느 저녁 절 문간에서 불이 났을 때, 마을 사람들이 내달려 법당에서 관음보살상부터 찾았으나 흔적도 없었다. 살펴보니 마당에 이미 자리잡고 있었으므로, 누가 그랬는지 알아보았지만 다 모른다고들 했다. 관음보살의 권능을 알 만하다.

1173년의 중생사에는 점숭占崇이라는 승려가 살았다. 글자는 몰라도 마음이 순수하여 열심히 불공드렸다. 다른 승려가 점숭을 내쫓고 중생사를 빼앗으려고 관리에게 일렀다.

"중생사처럼 나라의 지원을 받는 절은, 글을 읽을 줄 아는 사람이 맡아야 마땅하지요."

관리도 그렇게 생각해서, 거꾸로 적힌 불경을 주어 점숭을 시험했다. 받자마자 물 흐르듯 잘 읽어댔고, 관리도 감복했다. 그러나 시험을 마치고 물러나 방 안에서 다시 읽게 하자, 입 다물고 한 마디 못하는 점숭의 모습에 관리가 말했다.

"정말 관음보살께서 스님을 지켜주시는군요."

결국 점숭에게 중생사를 빼앗지 않았다. 당시 점숭과 함께 살던 김인부金仁夫 처사가 마을 노인들에게 전해준 기록을 옮겼다.

4-13. 백률사와 만만파파식적

서라벌 북쪽에 금강령이라는 성산聖山이 있고, 그 남쪽 자락에 백률사栢栗寺가 있다. 언제 만들었는지 모를 관음보살상 하나가 영험하다고 하는데, 앞에 나온 중생사 불상을 만들 때 중국의 훌륭한 기술자가 만들었다고도 한다. 이 관음보살이 하늘에 올랐다가 돌아와 법당에 들 때 남긴 발자국이 지금도 멀쩡히 남았다는 이야기도 있다. 혹은 부례랑夫禮郎을 구출하여 돌아올 때 흔적이라고도 한다.

692년 9월 7일, 효소왕은 대현大玄 사찬의 아들 부례랑을 화랑의 우두머리 국선國仙으로 삼았다. 그 따르는 무리 1천 명 가운데 안상安常과 가장 친했다. 693년 이들과 강원 통천에서 함경남도 원산까지 갔다가 말갈에 잡혀갔다. 다들 쩔쩔매다 돌아왔지만 안상 혼자서 쫓아갔다. 대왕이 듣고 놀라 외쳤다.

"선왕께서 신비한 피리 만파식적을 얻어 물러주셨기에, 거문고랑 천존고에 잘 모셔두었지. 그런데 어째서 국선이 도적의 포로가 됐나? 어떡하면 좋지?"

거문고와 이 피리에 대해서는 따로 실었다.

마침 신비한 구름이 천존고를 덮어 효소왕이 더 놀라서 알아보게 했더니, 거문고와 만파식적도 없어졌다.

"이렇게 재수 없다니! 국선도 잃고 보물도 잃다니!"

천존고 담당 관리 김정고金貞高 등 5명을 가두고, 693년 4월 거문고와 피리를 되찾아오면 1년간 조세를 감면해준다는 현상금을 걸었다.

부례랑의 양친이 백률사 관음보살상 앞에서 저녁 기도를 계속 드렸는데, 5월 15일 향 피우는 탁자 위에 두 보물이 놓여있고 부례랑과 안상 2인도 관음보살상 뒤에 나타났다. 양친은 쓰러질 만큼 기뻐하며 그 곡절을 물었고, 부례랑이 답했다.

"붙들려 가서 그 나라 귀족 집 머슴이 되어 큰 벌판에서 목동 노릇을 했지요. 그런데 거문고와 피리를 지닌 어떤 단정한 스님(=관음보살)이 '집 생각나냐?'고 묻던데요. 저도 모르게 무릎을 꿇고 '임금님 부모님 생각을 어찌 말로 다 합니까?' 했더니 '그럼 따라오라.' 하셨어요. 따라가다가 바닷가에서 안상도 만났지요. 피리를 둘로 쪼개 주시길래 안상과 제가 하나씩 타고, 스님은 거문고를 타고 둥실둥실 잠깐만에 예까지 왔네요."

이 일을 급히 알리니 효소왕은 놀라며 부례랑 일행과 거문고, 만파식적을 맞이하고 들었다. 백률사에는 금은보화 50냥과 비단 승복 5벌, 비단 3,000필과 오천만 평쯤 밭을 내려 관음보살에 보답하였다. 죄인들을 사면하며 벼슬아치들은 3급씩 승진시켜 3년간 세금을 면제하고, 백률사 주지를 봉성사奉聖寺로 옮기게 했다. 부례랑을 재상 벼슬인 대각간으로, 그 아버지 대현 아찬은 태대각간, 어머니 용보부인龍寶夫人은 사량부 경정궁주鏡井宮主, 안상 법사를 승직 2위인 대통으로 삼았다. 천존고 담당 5인을 다 풀어주고 5급씩 승진도 시켜주었다.

혜성이 6월 12일엔 동쪽 하늘에, 17일엔 서쪽에 나타났다. 일관이 아뢴다.

"거문고와 만파식적에게는 벼슬을 주지 않아서 이렇습니다."

신비한 피리에게 '만만파파식적'이라는 이름을 내렸더니 혜성이 사라졌다. 이후로도 기적을 많이 일으켰지만, 글이 장황해지니 더 싣지 않겠다. 안상이 신사 4대 선인 중 한 사람인 영랑永郎의 낭도였다는 설이 있는데, 고증하기 어렵다. 영랑의 낭도로 진재眞才, 변완繁完 등이 더 있었다는데, 역시 따져보기 어려운 분들이지만 그나마 다른 기록에 약간 나온다.

4-14. 민장사

우금리禺金里의 가난한 여인 보개寶開에게 장춘長春이란 아들이 있었다. 장춘은 바다 건너 장사하러 떠났다가 오랫동안 소식이 없었다. 그런데 민장敏藏 각간이 집을 내놓아 지은 민장사의 관음보살 앞에서 보개가 7일 치성을 드렸더니 장춘이 돌아왔다. 그 곡절을 물었더니 알려주었다.

"바다 한가운데 회오리에 배가 부서지고 다들 죽었어요. 저만 널빤지를 타고 오吳나라까지 흘러갔는데, 오나라 사람들이 거두어 농사를 짓게 했지요. 어느 날 신라에서 오신 것 같은 특이한 스님이 저를 불쌍하게 보시고 동행했는데, 깊은 도랑이 나타나자 저를 안고 뛰쳐 올랐어요. 정신이 없다가 신라 말소리 곡소리 들려 살펴보니 여기네요. 오나라에서 여기까지 네 시간밖에 안 걸렸어요."

745년 4월 8일의 일이다. 경덕왕이 이 소문을 듣고 민장사에 재물을 많이 내렸다.

4-15. 신라와 고려가 간직했던 사리

『삼국사기』에 이런 기록이 있다.

549년 진흥왕 때 양나라 사신 심호沈湖가 사리 몇 알을 보내왔다. 그리고 643년 선덕여왕 때 자장 법사가 부처님 두개골과 어금니, 사리 100알과 부처님 입던 가사 한 벌도 갖고 왔다. 사리 100알은 셋으로 나누어 각각 황룡사 9층 목탑과 태화사 탑, 그리고 남은 한 묶음은 가사와 함께 통도사 계단戒壇에 두었다. 이외의 것들은 소재를 알기 어렵게 되었다.

통도사 계단은 2층이다. 위층에는 솥을 엎은 모양의 돌 뚜껑을 두었다. 고려의 지방관 2명이 계단에 불공드리고 뚜껑을 열었다가, 앞사람은 큰 구렁이, 뒷사람은 큰 두꺼비를 보고 다시는 감히 열지 못했다고 한다. 강화도로 천도한 지 4년째인 1235년, 김이생金利生 상장군과 유석庾碩 시랑이 고려 고종의 명으로 낙동강 동쪽을 지키게 되자, 통도사에 와 불공드리고 돌 뚜껑을 열려고 했다. 통도사 승려들은 옛일 탓에 난처했지만, 두 사람이 병졸들에게 들게 했다. 그 안에는 돌로 된 작은 함이 있었고, 함 안에 유리통, 유리통 안에 사리 4알이 있었으므로 돌아보며 공경했다. 유리통에는 상한 흔적이 있어서, 마침 유석 시랑이 갖고 있던 수정함을 시주하여 간직하게 하고 기록으로 남겼다.

옛 기록에 사리 100개를 세 곳에 나누었다지만, 지금은 저 4개만 남았다. 사람에 따라 나타났다 사라졌다 하거늘, 수가 많고 적은 건 이상할 일도 아니다. 935년 황룡사 9층 목탑에 불이 났을 때, 여기 돌 뚜껑 동쪽 면에 얼룩이 생겨 지금껏 남아 있다고 한다. 무의자 혜심慧諶(1178~1234)의 시에, "황룡사 탑에 불이 났을 때, 연달아 한쪽 면이 곧바로 불탔다네."라 했던 게 이것이다.

1264년 이래로 원나라와 본국 사신들로부터 사방의 떠돌이 승려들까지, 앞다투어 몰려와 불공드렸다. 이 뚜껑을 들어 올리기도 하고 그러지 않기도 했는데, 사리 4개 말고 다른 사리들이 모래처럼 부서진 상태로 함 밖에 나타나 며칠 내내 기이한 향기를 풍겼다. 말세라서 이런 곳에 생겨난 기이한 일이다.

851년 원홍元弘이 당나라 사신을 다녀오며 부처님의 어금니를 가져왔는데, 지금은 잃어버렸다. 고려 건국 6년 만인 923년, 윤질尹質이 중국 사신으로 가 가져온 500나한상은 황해도 북숭산北崇山 신광사神光寺에 있다. 1119년 정극영鄭克永, 이지미李之美 등이 송나라에 조공을 바치고 가져온 부처님 어금니는 고려의 내전에 모셔두고 있다.

어금니에 관해 이런 이야기가 있다. 옛날 의상義湘이 당나라에 와서는, 종남산終南山 지상사至相寺 지엄智儼을 스승 삼고자 했다. 이웃의 선율宣律이라는 승려가 불공을 드릴 때마다 하늘의 주방에서 음식을 공양받았다. 어느 날 도선이 의상을 초대하여 함께 불공드리려고 했다. 의상이 이미 와 앉아있었지만, 하늘에서 공양이 오지 않아 굶고 돌아갔다. 나중에 온 사자에게 도선이 따졌다.

"오늘 왜 늦었소?"

"온 동네를 신들의 군대가 지키고 있었소. 그래서 못 들어왔소."

그래서 신들이 의상을 지켜준다는 걸 알게 되었다. 도선은 의상이 자신보다 위라는 점에 감복하고, 하늘의 음식을 남겨 두었다가 다음날 지엄과 의상을 함께 초대하여 이런 곡절을 알려주었다.

의상이 선율에게 넌지시 말했다.

"스님은 상제의 존경을 받고 계시죠. 하늘 궁전에 부처님 이빨 40개가 있다던데, 우리를 위해서 어금니 하나 인간 세상에 내려주시면 얼마나 복될까요?"

도선이 사자와 함께 상제에게 부탁했고, 7일 기한으로 받아 정성껏 당나라 대궐 안에 모셨다.

훗날 송나라 휘종徽宗 때 도교가 성행하여, 금빛 인간이 나라를 망친다는 예언이 있었다. 도교 신도들이 일관을 꼬드겨 말하게 했다.

"금빛 인간이란 불교를 말합니다. 불교는 나라에 이로울 게 없습니다."

그리하여 불교를 없애고 승려를 다 묻어 죽이며, 경전도 불사르게 되었다. 그러나 따로 작은 배에 이 부처님 어금니를 싣고, 인연 따라 흘러가길 바라며 바다에 띄우게 되었다. 마침 고려 사신이 송나라에 갔다가, 이를 알게 되어 배를 맡은 관리에게 하얀 옷감 50벌과 모시 300필을 뇌물로 주어, 어금니를 빼돌리고 빈 배만 띄우게 했다. 사신들이 어금니를 가지고 오자, 고려 예종睿宗은 크게 기뻐하고 십원전 왼쪽 작은 전각에 모셨다. 전각의 문은 늘 자물쇠로 채웠고, 밖에는 향과 등불을 피워 예종이 직접 올 때만 열어두었다.

1232년 몽골의 침략 탓에 강화도로 천도했을 무렵, 내관들이 어금니를 깜빡 챙기지 못했다. 1236년 4월, 임금을 위한 사찰 신효사神孝寺 승려 온광蘊光이 어금니에 치성드리자고 했다. 임금이 듣고는 신하들에게 온 궁궐을 뒤져 찾게 했지만, 못 찾았다. 이때 최충崔沖이 설신薛伸에게 명하여 여러 관리들의 방까지 뒤졌지만, 종적을 알 수 없었다. 김승로金丞老가 강화도 천도 시절의 일지였던 『자문일기紫門日記』을 살피자고 하여, 그 말에 따랐다.

『자문일기』에는 이백전李白全이 어금니 함을 받았다고 되어 있었다. 이백전을 불러 물었더니, 집에 가 자신이 적은 기록을 살펴보겠다고 했다. 이백전이 찾아보니, 김서룡金瑞龍이 함을 받아간 기록이 있었다. 김서룡을 불러 묻자, 대답하지 않았다. 김승로가 다시 아뢰어, 5년간 불당과 전각에서 근무했던 이들을 심문했지만 해결되지 않았다. 3일 후 밤중에 김서룡의 집 담장 안으로 물건 던지는 소리가 났다. 불 켜고 살펴보니 어금니 함이었다. 함의 가장 안쪽

한 겹은 침향이고, 그 바깥은 차례로 순금, 백은, 유리, 나전 등으로 되어 있었다. 안팎이 딱 맞는 것들인데, 유리함만 있었다. 그래도 되찾은 게 다행이라, 대궐에 알렸다. 김서룡과 관련 근무자들을 다 처형하려고도 했지만, 최우의 관부에서 "불교의 일로 사람을 죽이는 게 적절하지 않다."고 하여 다 사면했다.

십원전十員殿 뜨락에 다시 어금니를 모실 불아전佛牙殿을 만들라 명하고, 봉안하여 장사에게 지키게 했다. 좋은 날짜를 택하여 신효사의 온광을 불러 승려 30명과 불공드리게 했다. 일직이던 최홍崔弘, 최공연崔公衍, 이영장李令長과, 내시며 다방茶房 등이 불아전 앞에 서서 차례대로 머리에 이고 정성 들였다. 어금니 함의 구멍 사이로 얼마나 되는지 모를 사리가 보였고, 이번에는 최우의 관부에서 백은으로 된 함에 담아 모셨다. 이때 임금은 신하들에게 일렀다.

"짐이 부처님의 어금니를 잃고, 네 가지로 걱정을 했소. 첫째, 7일 기한이 되어 하늘 궁전에서 돌려받아 하늘로 떠났을까? 둘째, 어금니는 신비한 물건이라 우리나라가 어려워지자 인연 있고 무사한 땅으로 옮겨갔을까? 셋째, 탐욕스러운 못난 놈이 함만 훔치고 어금니는 구덩이에 버렸을까? 넷째, 도둑이 보물을 훔쳤다가 자백도 못하고 집에 감추어두었을까? 이제 보니까 네 번째 생각이 맞았소."

그러고는 큰 소리로 우니, 모두 따라 울다가 위로했다. 촛불로 이마와 팔을 불태우며 기도하는 이들도 많았다. 이것은 당시 대궐 안에서 불공 드리던 기림사祇林寺의 각유覺猷 대선사가 직접 겪은 일을 내게 기록하게 한 것이다.

1270년 강화도에서 개경으로 환도할 때는 이보다 더 긴박했다. 십원전을 책임졌던 심감心鑑 선사가, 목숨을 걸고 난리를 피해 어금니 함을 대궐로 옮겼다. 각유에 따르면 그래서 큰 상을 받고, 빙산사氷山寺라는 큰 절로 옮겨갔다.

565년 신라 진흥왕 때, 진陳나라 사신 유사劉思와 명관明觀이라는 승려가 불경과 주석서 1,700여 권을 바쳤다. 643년 자장도 불경 400상자를 당나라에서 가져와 통도사에 소장하게 했다. 827년 흥덕왕 때, 당나라에 유학 갔던 고려 승려 구덕丘德이 불경 몇 상자를 지니고 왔다. 흥덕왕은 여러 절 승려들과 흥륜사 앞까지 마중을 갔다. 851년 당나라에 갔던 원홍도 불경 몇 질을 가져왔다. 신라 말 보요普耀도 재차 중국 남부에 가서 대장경을 싣고 와, 경기도 포천 해룡왕사海龍王寺의 시조가 되었다.

1094년, 어떤 사람이 보요의 진영을 이렇게 예찬했다.

대단하다, 시조 스님!
우뚝하다, 이 진영이여!
남중국을 두 번 가서
대장경을 가져오셨네.
보요란 이름과
조서도 네 번 임금께 받으셨으니,

그 덕을 누가 물으랴?

밝은 달 맑은 바람 같아.

12세기 후반 팽조적도 이런 시를 남겼다.

물결과 구름 사이 암자, 부처님 머무시니

신룡도 한 자락 지키고 있으리라.

그 누가 이 암자의 보요 스님께 비길 수 있으랴?

남방의 불교를 처음 전해주셨다네.

이 시에 대한 발문도 이렇게 남아 있다.

옛날 보요 선사가 비로소 중국 남부에서 대장경을 구해 올 때, 갑자기 바닷바람이 일었다. 타고 있던 작은 배가 물결 따라 오르락 내리락하자, 보요는 말했다.

"신룡이 『대장경』을 여기 두려는 게 아닐까 싶구나."

주문을 정성껏 외워 용과 함께 가려고 하자, 바람과 물결이 잦아들어 귀국할 수 있었다. 두루 산천을 돌며 『대장경』 둘 곳을 찾다가, 이 산 위로 신비한 구름이 피어오르는 광경을 보았다. 보요는 수제자 홍경弘慶과 함께 절을 지었다. 실로 이로부터 남방 불교가 우리나라에 전해졌다. 이상은 한남관기漢南管記 팽조적彭祖逖이 남긴 기록이다.

절에는 용왕당彭祖逖이 있어 신기한 일도 많았다. 그때 불경을 따라왔던 용이 머물던 곳으로, 고려 후기까지도 있었다.

928년에는 묵화상默和尙도 당나라에서 대장경을 가져왔다. 고려 예종 때 혜조慧照 국사가 왕명으로 중국에 가, 요遼나라의 대장경 3부를 지니고 와 정혜사定惠寺, 해인사海印寺, 허참정許參政의 집에 한 부씩 보관했다. 1086년 고려 선종宣宗 때 의천義天이 송나라에 가 천태종 경전을 여럿 가지고 왔다. 이 밖에도 고승과 거사들이 불경을 갖고 와서 일일이 기록으로 남기지 못할 정도이니, 불교가 이 땅에 넘실넘실 들어와 경사스럽다! 기리어 말한다.

중화와 동방은 연기로 막혔고
부처님 설법과 열반도 2,000년이 흘렀지만
여기까지 불교가 전해져 얼마나 다행인가?
우리나라에서 인도까지 하나의 세상 되었다네.

「의상전義湘傳」에서는 이와 관련하여 의상이 650년 당나라에 가 지엄을 만났다고 했다. 그러나 부석사浮石寺의 의상 비문에 따르면 이렇다. 의상은 625년 어려서 출가하여, 650년 원효와 당나라에 가려고 고구려까지 갔다가 난감해서 돌아왔다. 661년 다시 당나라에 가 지엄에게 배우다가, 668년 지엄이 세상을 뜨자 671년 신라로 돌아와 702년 78세로 입적했다. 그렇다면 의상이 지엄과 함께 도선의 거처에서 불공드리고, 하늘 궁전에서 부처님 어금니를 얻었던 일은 661~668년 사이에 있었을 것이다.

고려 고종이 강화도에 들어간 1232년에, 혹시 하늘 궁전의 기한 7일이 다 찬 건 아닐까 추측했던 것은 오류이다. 하늘의 1일은 인간 세상의 100년인데, 의상이 당나라에 간 661년에서 고려 고종 시절 1232년까지 693년째이고, 1249년이 되면 700년, 7일 기한을 채운다. 강화도에서 다시 개경으로 천도한 1270년이면 730년째이다. 혹시 상제의 말처럼 7일 후에 돌려받았다면, 심감이 바친 어금니는 진짜가 아닐 것이다. 그래서 봄에 강화도를 나오기 전, 왕이 궁궐에서 모든 종단의 고승을 모아 어금니와 사리를 되찾고자 빌었지만, 하나도 얻지 못했다. 7일 기한이 되어 하늘로 되돌아갔다는 게 말이 된다.

1284년 개풍의 국청사國淸寺 황금 탑을 보수하고, 고려 충렬왕忠烈王은 장목왕후莊穆王后와 개경의 묘각사妙覺寺에 행차했다. 사람들이 모여 칭송하고는, 어금니와 낙산洛山 수정 염주, 여의주 등을 임금과 신하, 온 백성이 머리에 이고 떠받들어 탑 안에 모셨다. 나도 여기 참여하여 어금니를 보았는데, 10cm 좀 안 되는 크기였고 사리는 없었다. 이상은 일연의 제자 무극無極이 썼다.

4-16. 미륵선화 미시랑을 모셔온 진자

24대 진흥왕의 성은 김, 이름은 삼맥종彡麥宗 혹은 심맥종深麥宗으로, 540년에 즉위하였다. 큰아버지 법흥왕의 뜻에 따라 불교를 받들어, 절을 짓고 승려들을 늘렸다. 본디 전통 신앙이었던 풍월도風月道를 좋아해서, 아름다운 여성을 뽑아 '원화原花'로 삼았다. 원화를 통해 사람들을 모아 인재를 뽑고, 유학의 효도와 충성심을 가르쳐 나라의 큰 기틀을 삼고자 했다.

원화로는 남모南毛와 교정姣貞 두 사람이 뽑혀, 모두 3~400명을 거느리게 되었다. 그런데 교정이 남모를 시기하여, 술을 잔뜩 먹여 취하게 하고 북쪽 개울로 끌고 가, 돌로 살해하고 암매장했다. 남모를 따르던 이들은 그 종적을 몰라 슬피 울다가 흩어졌다. 그러나 교정의 죄를 알던 어떤 사람이, 동네 아이들에게 이 내용을 노래로 부르게 꼬드겼다. 이들이 듣고 북쪽 개울에서 남모의 시신을 찾고, 교정을 죽였다. 진흥왕은 듣고는 원화를 폐지했다.

몇 년이 지나서 진흥왕은 나라를 일으키려면 반드시 풍월도를 우선해야 하리라 생각하고는, 명문가의 덕행 있는 이들을 뽑아 '화랑花郎'으로 삼으라는 영을 다시 내렸다. 설원랑薛原郎을 첫 국선으로 삼으니, 이것이 화랑의 우두머리인 국선의 시초였다. 강원도 강릉에 기념비를 세우고, 사람들이 악행을 그치고 선행하게 되었다. 윗사람은 공손하고 아랫사람은 유순하니, 유학을 비롯한 고대 중국의 사상을 이 무렵에 널리 실천하게 되었다. 『삼국사기』에는 576년 진지왕眞智王 때에 화랑이 처음 생겨났다고 하는데, 오류인 듯하다.

해설

여기까진 유학의 입장에서 중국식 충효 윤리가 화랑의 기반이었다고 설명한 것이며, 다음 부분에서는 화랑의 기원이 미륵신앙에 있었다는 불교의 입장을 내세운다.

진지왕 때 흥륜사興輪寺의 진자眞慈(일명 정자, 貞慈)라는 승려가 늘 미륵상 앞에서 이렇게 기도했다.

"미륵께서 화랑으로 이 세상에 나타나셔서, 우리가 가까이 뵙고 함께 하길 비나이다."

갈수록 더 간절하게 빌더니, 어느 밤 꿈에 한 승려가 일러준다.

"백제 땅 웅천熊川 수원사水源寺에 가면 미륵선화彌勒仙花, 그러니까 신선 화랑 같은 모습으로 나타나신 미륵을 뵐 수 있을 것이오."

잠에서 깨자 기뻐하고는, 걸음마다 절하며 열흘 만에 수원사에 다다랐다. 문밖에 복스럽기도 하도 가냘프기도 한 청년이 있었다. 아름다운 눈매와 미소로 진자에게 인사하고, 작은 문을 거쳐 사랑방으로 맞았다. 진자는 절하고 말했다.

"초면에도 이렇게 환대해 주시다니요?"

"저도 서라벌 사람입니다. 먼 데서 오시느라 수고 많으셨어요."

그러고서 청년은 나가 자취를 감추었다. 진자는 우연한 일이라 생각하고 마음에 담아두지 않았다. 수원사 승려들에게 자신이 왜 왔는지, 꿈 이야기를 해 주고 부탁했다.

"잠시 여기 머물며 미륵선화를 기다리게 해 주실 수 있으시오?"

승려들은 허튼소리라 생각했지만, 그 정성을 보아 말해 주었다.

"남쪽에 가면 천산千山이라고 있소. 예로부터 거룩한 분들이 사셔서, 신기한 일이 많았다고 하오. 거기 계시는 게 더 낫지 않겠소?"

진자가 그 말대로 산 아래까지 갔더니, 산신령이 노인으로 변하여 맞아주었다.

"어디 가오?"

"미륵선화를 뵈려고요."

"수원사 문밖에서 이미 뵈었잖소? 또 어디서 만나시겠다고?"

진자는 듣고 깜짝 놀랐고, 곧장 흥륜사로 돌아왔다. 한 달이 지나 진지왕이 알고, 진자를 불러 그 사연을 듣고는 알려주었다.

"청년이 자신은 서라벌 사람이라고 했소. 성인이 거짓말하지 않았을 텐데, 서라벌 안에서 찾아보셨소?"

진자는 진지왕의 말대로 사람들을 모아 온 서라벌 안을 찾았다. 화장을 곱게 한 아름다운 청년이 영묘사 동북쪽 길가 나무 밑을 이리저리 오가며 거닐고 있었다. 진자는 보자마자 놀랐다.

"미륵선화시오!"

다가가 물었다.

"댁은 어디시고, 성은 무어라 하시나요?"

"제 이름은 미시未尸라 하고, 어릴 때 부모님을 여의어 성은 모르네요."

미시랑을 가마에 태우고 입궐하여 진지왕을 만났더니, 반가워하며 화랑의 우두머리 국선으로 삼았다. 미시랑은 화랑들을 화목하게 대하고, 예의를 갖추도록 풍월도를 남달리 잘 이끌었다. 그러나 국선이 된 지 7년 만에 종적을 감추었다. 진자는 너무나 슬펐다, 그래도 미시랑의 자비심과 교화를 떠올리고는, 마음을 고쳐먹고 열심히 수행하더니 역시 종적을 감추었다.

보충 설명을 해 보자. 미시랑의 이름에서 미는 '미륵'할 때 미와 음이 같고, '시尸'는 '력ㄌ'과 모양이 비슷하다. 이렇게 미륵과 비슷해서 사람들을 이끌 수 있었다. 미륵이 진자의 정성에 감동하여 나타났을 뿐 아니라, 신라와 인연이 있어 종종 나타난 게 아닐까 한다. 지금도 우리나라 사람들이 신선을 미륵선화라 부르고, 사람과 사람을 만나게 해 주는 이를 미시라고 부르는 게 다 그런 흔적이다. 미시랑 옆에 섰던 나무를 견랑수見郎樹, 임 뵙던 나무라 부르며, 사여수似如樹 혹은 인여수印如樹라고도 부른다. 이런 식의 작명은 불교의 상징인 '사라수娑羅樹'와 비슷한 음으로 붙인 것이다.

4-17. 백월산의 두 성자, 노힐부득과 달달박박

「백월산 두 성자의 깨달음 이야기」는 이렇다.
백월산白月山은 신라 땅 경남 창원에 있다. 우뚝하고 빼어난 봉우리, 수백 리 뻗은 산줄기가 지역을 대표할 만했다. 토박이 노인들은 말했다.

"옛날 당나라 임금이 연못을 팠다오. 매달 보름 전에 달빛이 비치면 산이 하나 나타나서는, 꽃 틈으로 사자 모양 바위 그림자가 연못에 들었다오. 당나라 임금은 화가에게 그 풍경 그대로 그리게 해서, 온 세상을 떠돌며 찾게 했지요. 우리나라에 와서야 백월산 사자바위를 보았지요. 백월산 서남쪽으로 2천 걸음을 가면, 산봉우리가 세 개라서 삼산三山이라고도 불리는 꽃산이 있는데, 이것도 그림과 비슷하죠. 그래도 진짜 여길까 싶어 신발 한 짝을 사자바위 위에 놔두고 돌아가 임금께 아뢨다오. 신발짝 그림자까지 연못에 비추니까, 임금이 신기하다고 '백월산白月山'이란 이름을 내리셨소. 보름되기 전 달그림자는 흰색이니까요. 그런데 그러고 나선 다시는 산에 그림자가 들지 않아요."

백월산 동남쪽 3천 걸음쯤, 선천촌仙川村에 두 사람이 살았다. 노힐부득努肹夫得이란 사람은 월장月藏과 미승味勝 부부의 아들이고, 달달박박怛怛朴朴은 수범修梵과 범마梵摩 부부의 아들이다. 선천촌을 치산촌雉山村이라 부르면 잘못이며, 두 사람의 이름은 고유어이다. 두 집안에서 두 사람의 수행 자세가 우뚝하다, 지조 있다는 두 뜻을 각각 담았다.

두 사람은 풍채가 비범하고 세속을 벗어날 뜻을 함께 품어, 좋은 친구가 되었다. 20살이 되자 마을 동북쪽 고개 너머 법적방法積房에서 출가했다. 얼마 후 서남쪽 치산촌 법종곡法宗谷 승도촌僧道

村의 옛 절이 수행할 만하다기에, 함께 가서 대불전大佛田과 소불
전小佛田에 각자 자리 잡았다.

부득은 회진동 옛 절터로 추정되는 회진암懷眞庵 혹은 양사壤
寺란 곳에 살았고, 박박은 이산梨山 위 절터인 유리광사瑠璃光寺에 살
았다. 모두 처자식까지 데리고 와 먹고살았지만, 서로 왕래하고 마
음 다스려 속세를 버릴 뜻을 잠시도 버리지 않았다. 속세의 허망함
을 공부하며 서로 말했다.

"농사지어 풍년 맞는 게 좋더라도 마음 따라 입고 먹는 게 더
낫고, 아내와 가정이 좋다지만 정토에서 부처님, 앵무새며 공작과
노니는 게 더 낫겠다. 불교를 공부하면 성불해야 하고, 도 닦으면
도를 깨우쳐야 하지 않냐? 우리 머리 깎고 중 되었으면, 속세의 얽
힌 인연 떨치고 위 없는 도를 깨우쳐야지. 왜 속세에 찌들어 속인들
처럼 살아야 하나?"

그리하여 인간 세상을 버리고, 깊은 골에 숨게 되었다. 어느 밤
부처님 이마 사이에서 난 듯한 빛이 서쪽에서 비치고, 빛 속에서 금
빛 팔뚝이 내려와 두 사람의 이마를 쓰다듬었다. 둘이 깨어나서, 같
은 꿈을 꾼 줄 알게 되었다. 오래도록 감탄하다가 백월산 무등곡無
等谷, 훗날 남수동南藪洞에 들었다.

박박은 북쪽 언덕 사자바위에 자리 잡고 2m 정도 되는 판잣집
에 살아, 거처에 '판방板房'이라는 이름을 붙였다. 부득은 동쪽 언덕
바윗돌 아래 물 있는 자리에 집을 짓고 '돌방磊房'이란 이름을 붙였
다. 그런데 전해지는 이야기로 부득은 산 북쪽 유리동瑠璃洞 판방에,

박박은 산 남쪽 법정동法精洞 돌방에 살았다고 해서 좀 다르다. 먼저 기록이 맞고, 전해지는 이야기는 잘못 되었다. 각자 암자에 머물며, 부득은 미래를 맡은 미륵을, 박박은 저승을 맡은 미타를 섬겼다.

3년이 채 못 되어, 709년 신라 성덕왕 8년이 되었다. 저녁 무렵 묘령의 아름다운 여인이 향기를 풍기며, 북쪽에 있던 박박의 거처에 왔다. 하룻밤 묵어가자며 노래 부른다.

가다가 첩첩산중 해 저물고,

마을도 인가도 멀리 길 막혔어요.

오늘 이 암자에 묵어가려니,

자비로운 스님께선 꾸중 마시길.

박박은 말했다.

"절간은 깨끗해야 하니, 당신 같은 여인이 머물면 안 되오. 썩 물러가시오."

문 닫고 들어갔다. 전해지는 이야기에서는 "불타는 욕망도 난 다 꺼뜨렸으니, 여색으로 시험하지 말라."고 했다고 한다.

여인이 이번엔 남쪽 부득의 거처에 가서 똑같이 했다. 부득은 말했다.

"이 밤에 어딜 다니시오?"

"우주의 첫 모습처럼 조용히 다니거늘, 오가는 데가 따로 있겠나요? 스님의 마음이 깊고도 굳건하셔서, 그저 성불에 도움을 좀 드리려고요."

그리고 불교시의 한 형식인 게송을 지어주었다.

첩첩산중 해 저물어

가도 가도 인적 없고,

소나무 대나무 그윽한 그늘

계곡 물소리 더욱 새롭구나.

길 잃어 묵으려는 게 아니라,

스님을 이끌어드리려는 것.

제 부탁 듣기만 하시고

누군지 묻지는 마셔요.

부득이 듣고 놀라 말했다.

"이곳을 여인이 더럽혀서는 안 되지만, 중생의 부탁을 들어주는 것도 보살이 해야 할 실천이라오. 산길이 막히고 야심한데, 어떻게 내쫓겠소?"

예의를 갖춰 방으로 맞아들였다.

밤이 되자 부득은 마음을 가다듬고, 희미한 등불을 마주하며 염불을 외웠다. 밤이 깊었는데, 여인이 부득을 부른다.

"큰일 났어요. 제가 산기가 있어요. 스님께서 짚으로 자리 좀 만들어 주세요."

부득은 어쩔 수 없이 그렇게 해 주고 촛불도 은은하게 밝혀 주었다. 여인은 해산하고 몸도 씻겨 달란다. 부득은 부끄럽고도 두려웠지만, 불쌍하다는 감정이 더 컸다. 그래서 통을 준비해 여인을 앉히고는, 물을 끓여 씻겨 주었다. 잠시 후 통 속의 물에서 강한 향기가 나며, 물빛이 금색으로 변했다. 노힐부득이 놀라자, 여인이 말했다.

"우리 스님도 이 물(=새 생명)로 씻으세요."

부득이 마지못해 씻었더니, 정신이 맑아지며 살갗이 부처님처럼 금색으로 변했다. 옆을 보자 연꽃 모양 자리가 생겨났고, 여인은 앉으라고 권했다.

"나는 관음보살이오. 대사께서 큰 깨달음을 얻도록 도와드렸소."

말을 마치고 사라졌다.

박박은 부득이 이 밤에 필시 죄를 지었으리라 생각하고는, 비웃어주려고 갔다. 그런데 부득이 연꽃 모양 자리에 앉아, 미륵불이 된 것이었다. 금빛 몸에서 빛이 나는 부처님 모습을 보고는, 자기도 모르게 머리를 조아려 예의를 차렸다.

"어떻게…?"

부득이 그 곡절을 알려주자, 박박은 탄식했다.

"내 죄가 크다. 관음보살을 뵙고도 뵙지 못한 셈이구먼. 큰스님은 나보다 현명해서 선편을 잡았으니, 예전의 약속을 잊지 말고 함께 좀 갑시다."

부득이 말했다.

"저기 통에 물 좀 남았으니까, 일단 씻어 보게."

박박도 씻었더니, 부득이 그러했듯 아미타불이 되었다. 두 부처님이 마주 보게 되었다는 소식을 마을 사람들이 듣고는, 우러러 드물고도 드문 일이라며 감탄했다. 두 부처님은 설법해 주고는 구름 타고 떠났다.

755년 신라 경덕왕이 즉위해서 이 전설을 알게 되고, 757년 사자를 시켜 '백월산 남사南寺'라는 큰 절을 짓게 했다. 옛 기록에는 6세기 임금인 법흥왕이 즉위했을 때라는데, 그렇다면 앞뒤가 너무 안 맞는다. 이 절은 764년 완공되어, 미륵불의 상을 금당에 모시고 '살아서 성불한 미륵의 전당'이라 하였다. 아미타불의 상도 만들어 강당에 모셨는데, 남은 물이 모자라 다 못 씻은 탓에 얼룩이 남았다. 역시 '살아서 성불한 아미타불의 전당'이라 했다.

논의해 보자. 그 여인은 관음보살이 여인의 모습으로 나타난 것이었다. 『화엄경』에도 석가모니 부처님의 어머니 마야부인摩耶夫人이 먼저 깨달은 분으로서, 보살이 되어 부처님을 낳은 게 해탈과도 마찬가지라 하였다. 이 여인이 아이를 낳은 것도 이처럼 오묘한 뜻이 있다. 그 지은 노랫말도 애처로운 듯 하늘나라 신선 같은 분위기가 있다.

아! 이 여인에게 평범한 사람들처럼 말하고 글 지을 능력이 없었다면 이럴 수 있었을까? 그 마지막 구절만은 "맑은 바람 머문다고 짜증 내지 마세요."가 되었으면 더 좋았겠지만, 너무 속된 느낌을 주지 않으려고 그랬을 것이다. 기리어 말한다.

먼저 북쪽 암자의 달달박박이다.

푸른 물방울 바위에 떨어지자 문 두드리는 소리,

해 저물고 구름 낀 문을 누가 두드리나?

남쪽 암자 더 가까우니 그리 가야지.

내 집 푸른 이끼는 밟지 마시오.

다음으로 남쪽 암자의 노힐부득이다.

어둡고 아득한 길 어찌 가라고?

남쪽 방 대나무 자리 깐 데 묵어가시오.

깊은 밤 108염주 굴리노라면

손님 밤잠 깨울까 근심하였소.

끝으로 관음보살이던 여인을 기린다.

솔 그늘 십리 길 헤메이다가,

밤길 찾아 스님들 시험하였네.

세 번 목욕하니 날은 새고,

두 아이 낳아 서방 정토로 떠났네.

4-18. 분황사 관음보살이 어린이의 눈을 띄우다

8세기 경덕왕 때, 한기리漢岐里의 여인 희명希明의 5살 난 아이가 눈이 멀었다. 어느 날 희명이 그 아이를 안고, 분황사 왼쪽 전당 북쪽 벽 천 개의 손과 눈을 지닌 천수관음보살 그림 앞에 가, 아이에게 향가를 부르게 하였더니, 눈이 나았다.

무릎을 꿇고
두 손바닥 모아
천수관음 보살님께
기도드려요.
천 개의 손마다 천 개의 눈
제게 하나만 놓고 하나만 덜어주신다면….
두 눈 다 감은 제게
남들 몰래 하나만 살짝 주세요.
아아, 저 좀 알아봐 주세요.
자비심 크다시면서, 어디에 쓰려고 하세요?

기리어 말한다.

죽마 타고 풀피리 불며 언덕에서 놀다가
하루아침 두 눈에 빛을 잃더니,

관음보살께서 눈길을 돌리지 않으셨다면,

버들꽃 날리는 봄날 다시는 보지 못했으리라.

4-19. 낙산의 관음, 정취 두 보살과 조신

옛날 의상이 당나라에서 귀국했을 때, 관음보살의 화신이 동해안 굴에 머문다고 들었으므로 '낙산'이라는 이름을 붙였다. 낙산이란 관음이 머문다는 인도 남해안의 '보타락가산_{普陀洛伽山}'의 준말인데, 흰옷을 입은 관음의 화신이 머물기에 작은 백화산이라고도 부른다.

의상은 7일간 목욕재계하고 앉았던 자리를 물에 띄웠다. 그러자 여덟 수호신이 나타나 굴 안으로 이끌었다. 하늘에 불공을 드렸더니, 수정 염주 한 꾸러미가 내려왔다. 의상이 받고 물러나니, 동해의 용도 나타나 여의주 한 알을 주었다.

의상은 다시 7일 재계하고, 관음의 본 모습을 만나 이런 말을 들었다.

"내가 앉았던 자리 위 산꼭대기에 대나무 한 쌍이 솟아나면, 그 자리에 절을 지으시오."

의상이 듣고 굴 밖으로 나왔더니, 과연 대나무가 솟아났으므로 절을 지어 관음을 모셨다. 원만하고 아름답기가 꼭 하늘나라 솜씨 같았다. 대나무가 없어지자, 이곳이 관음의 화신이 머무는 곳인 줄 알게 되었다. 그러므로 절 이름도 낙산사洛山寺라 짓고, 관음과 동해 용에게 받았던 구슬을 함께 모셔두고 의상은 떠났다.

그 후 원효도 의상처럼 관음보살을 만나러 왔다. 원효가 낙산 남쪽 자락에 이르자, 흰옷 입은 여인이 논에서 벼를 베고 있었다. 벼를 달라며 수작을 걸자, 여인도 벼가 좋지 않다고 장난스럽게 대답했다. 또 다리 아래 이르러, 어떤 여인이 달거리에 썼던 헝겊을 빨래하고 있었다. 원효가 물을 달라는데, 빨래했던 더러운 물을 떠 주었다. 원효는 그 물을 버리고 냇물을 떠 마셨다. 그때 들판의 소 나무에서 파랑새가 나타나 소리쳤다.

"잘난 척 그만하시지!"

그러더니 사라졌고, 소나무 아래 신발 한 짝만 있었다. 원효는 낙산사에 도착하여, 관음보살상 아래에서 나머지 신발 한 짝을 찾 아냈다. 그제서야 예전에 만났던 여인들이 성녀, 관음의 화신인 것 을 깨달았다. 그래서 사람들이 그 소나무를 관음송이라 부른다. 원 효는 의상처럼 관음굴에 들어가 관음의 참모습을 보고 싶었지만, 풍랑이 크게 일어 부득이 떠났다.

해설

해골 물을 마시고 깨달음을 얻었다던 원효가 초심을 잃고 더 러움과 깨끗함을 구별한다는 내용이 흥미롭다. 비슷한 이야 기가 자장, 경흥 등 다른 승려들에게도 있는 것으로 미루어 보아, 초심을 잃은 원효만을 공격한다기보다 신라 불교의 타락상을 비판하는 취지가 더 큰 것 같다.

훗날 굴산조사崛山祖師 범일梵日이 830년대에 당나라의 절강성 개국사開國寺에 갔다. 왼쪽 귀가 없는 동자승이 끝자리에 앉아있다가 말을 걸었다.

"저도 신라 사람으로 강릉 근처 양양에 살아요. 스님께서 귀국하시거든, 제게 집 하나 지어주세요."

범일은 여러 절간을 다니다가 염관鹽官이란 승려에게 배우고, 847년 귀국하여 굴산사崛山寺를 짓고 포교했다.

858년 2월 15일, 전에 보았던 동자승이 범일의 꿈에 나타나 말했다.

"전에 개국사에서 약속하셨잖아요. 승낙하시고는 왜 이리 늦으세요?"

범일은 놀라며 깨어나, 수십 명을 데리고 익령翼嶺 고개에 가 그 거처를 수소문했다. 낙산 아래 어떤 여인에게 여기가 어디냐고 물었더니, 덕기德耆라고 한다. 그 여인에게는 8살짜리 아들이 있었는데, 늘 남쪽 돌다리 근처에서 놀았다. 그 아이는 어머니에게 이렇게 말했다.

"같이 노는 애들 중에 황금빛이 나는 애가 있어요."

어머니가 범일에게 알려주고, 범일은 놀라서 여인의 아들과 함께 다리 아래로 찾아갔다. 물속에 돌부처가 있기에 꺼냈더니, 왼쪽 귀가 떨어진 게 예전에 본 동자승과 똑같았다. 바로 한 길로 집중하는 지혜를 상징하는 정취보살상正趣菩薩像이었다.

절 지을 곳을 점쳤더니, 낙산 위쪽이 좋다고 나와서 세 칸 절을 짓고 정취보살상을 모셨다. 옛날 책에는 범일의 행적이 앞에, 의상과 원효 이야기가 나중에 나온다. 그러나 의상과 원효는 7세기 중반, 범일은 9세기 초반이라 170년이나 차이가 난다. 그래서 순서를 바꾸어 편집했다. 어떤 사람을 범일이 의상의 제자라고도 하는데, 그럴 리 없다.

100년이 지나 들불이 낙산을 덮쳤는데, 관음과 성취를 모신 곳만 무사하고 다 타버렸다. 몽골의 침략 이후에 1253~1254년에 걸쳐 두 보살상과 의상이 모신 구슬들을 양양성 안으로 옮겼다.

몽골군이 사납게 쳐들어와 성이 함락되려고 할 때였다. 주지였던 아행阿行 선사는 은 상자에 두 구슬을 빼돌려 달아나려고 했다. 그러나 절의 노비 걸승乞升이 빼앗아 땅에 묻고 맹세했다.

"이 난리 통에 내가 죽으면 이 보물들은 아무도 모르게 없어지겠지만, 혹시 살아남는다면 마땅히 챙겨 나라에 바치겠소."

1254년 10월 22일, 성이 함락되어 아행은 죽었지만 걸승은 살아남았다. 몽골군이 물러가자 구슬을 땅에서 파 강릉 관찰사에게 바쳤다. 관찰사 이녹수李祿綏가 창고에 두고, 후임자들이 맡아 관리하게 했다. 1258년 기림사 주지 각유覺猷 대선사가 아뢰었다.

"낙산사의 두 구슬은 국보인데, 양양성이 함락될 때 절 노비 걸승이 땅에 묻어 보호했나이다. 몽골군이 물러가고 관찰사가 강릉 창고에 보관해 왔지만, 이제 강릉성도 버티기 어려워졌으니 대궐로 옮겨 주소서.”

임금님이 허락하셔서 야별초夜別抄 10인이 걸승을 데리고 강릉성에 갔다. 강릉성에서 대궐로 모시고는, 10인에게 각각 은 600g과 쌀 700kg을 하사했다.

서라벌이 서울이던 신라 때 일이다. 세달사世達寺의 농장이 영월(혹은 경북 영주)에 있었는데, 승려 조신調信이 파견되어 관리했다. 조신은 태수 김흔공金昕公의 딸을 짝사랑해서, 낙산사 관음보살 앞에서 몰래 그 사랑이 이루어지길 빌었다. 몇 년이 지나 태수의 딸은 시집을 갔고, 조신은 보살상 앞에서 저녁까지 관음을 원망하고 울다가 그리움에 지쳐 잠들었다.

꿈에 김흔공의 딸이 싱글벙글 들어와 활짝 웃으며 말했다.

“전에 뵙고 한눈에 반해서 스님을 잊지 못했어요. 그런데 억지로 다른 남자에게 시집가라는 부모님 분부가 있었지만, 스님과 부부가 되려고 이렇게 왔지요.”

조신은 기뻐서 그녀와 함께 귀향했다. 40년을 함께 살며 다섯 아이를 낳았지만, 집이라야 벽만 넷 있고 콩 한 쪽 못 먹고 살았다. 아이들을 이끌고 사방으로 입에 풀칠하려 헤매기를 10년, 옷은 누더기가 되어 몸도 못 가릴 지경이었다. 강릉 해현蟹縣 고개를 지날 때, 15살 큰아이가 굶어 죽어 길바닥에 장사지내며 통곡했다. 남은 네 아이와 우곡현羽曲縣에 움막 짓고 살았는데, 부부가 다 늙고 병들고 굶주려 못 일어났다. 10살 딸이 구걸 다니다가 개에 물려 아프다고 울부짖으니, 부모도 목메어 울었다.

아내가 눈물을 닦고 문득 말했다.

"내가 당신 처음 만났을 때, 젊고 예쁘고 옷도 잘 입었죠. 맛난 음식 적어도 나누어 먹고, 따뜻한 옷감 약간도 나눠 입으며, 50년 함께 지내 얽힌 정이 참 두터운 인연이었지요. 하지만 해가 갈수록 늙고 병들어 굶주림과 추위를 더 심하게 느끼지만, 더부살이 음식 구걸도 남들 신세 지기 어려워져요. 집집마다 구걸하기 산더미처럼 부끄럽고, 춥고 배고프다는 아이들도 보살피지 못하네요. 그러니 부부의 정이 있을 여유가 어디 있겠어요? 청춘의 얼굴은 풀섶에 이슬처럼 허무하고, 부부로 살잔 약속도 바람 앞에 버들처럼 연약하군요.

당신은 제 탓에 되는 일이 없고, 저는 당신 탓에 걱정만 늡니다. 생각해 보면 옛날 기뻤던 일들이 재앙의 시작이었어요. 당신과 내가 왜 이렇게 되었을까? 다 모여 굶주리며 살기보다는, 차라리 짝을 잃고 그리워하는 게 낫겠지요? 달면 삼키고 쓰면 뱉는 게 인정에는 못 할 일이지요. 그러나 가고 멈추는 게 사람 마음대로 안 되고, 만남과 이별도 팔자대로니까요. 이제 헤어집시다."

조신은 이 말에 크게 기뻤다. 아이를 둘씩 나누어 떠날 때, 아내가 말했다.

"나는 친정으로 갈 테니, 당신은 남쪽으로 가오."

작별하고 떠나다가 꿈에서 깼다. 등불이 가물거리고 밤이 새려 했다. 아침에 보니 머리털과 수염이 다 백발이 되었다. 맥이 풀려 인간 세상에 뜻이 사라지고, 번거로운 인생에 싫증도 났다. 평생 고생을 다 겪은 듯, 욕망도 얼음 녹듯 다 없어졌다. 관음보살상 바라보기도 부끄러워, 가없는 참회의 마음이 들었다. 큰아이를 묻었던 해현 고개에 가 땅을 팠더니, 돌미륵이 나왔기에 깨끗이 씻어 이웃 절간에 모셨다. 서라벌로 돌아가 사직하고는, 사재를 기울여 정토사淨土寺를 짓고는 선행을 베풀다가 자취를 감추었다.

이 이야기를 읽었다면, 책을 덮고 돌이켜 보시라. 조신의 꿈만 그럴까? 사람들이 세상의 즐거움을 알아보겠다고 기뻐했다가 낑낑댔다가 하지만, 다 한낱 꿈인 줄 깨닫지 못해 그런 것이다. 그래서 훈계하는 시를 짓는다.

잠깐 즐거워 한가롭다가

어느덧 근심 속에 늙었어.

좁쌀밥 익기도 전에

번거로운 일생 한 가닥 꿈인 줄 깨닫고,

수행을 잘하려면 성심껏 해야 할 텐데

홀아비가 미인을, 도적이 창고를 꿈꾸듯.

어쩌면 가을밤 맑은 꿈으로

때때로 눈 감아 보살들 세상(청량산)에 이를까?

4-20. 만어산 부처님 그림자

이런 옛 기록이 있다.

만어산萬魚山의 옛 이름은 자성산慈成山 혹은 물고기라는 뜻의 마야사산摩耶斯山이었다. 이웃에 금관가야가 있는데, 옛날 하늘에서 바닷가로 내려온 알에서 수로왕이라는 사람이 태어나 나라를 다스렸다고 한다.

이 무렵 이 근처에 옥지玉池라는 연못에 해로운 용이 살고 있었다. 만어산의 다섯 마녀가 이 용과 왕래하면서 번개와 비를 뿌려, 4년 동안 흉년이 들었다. 임금이 주술로는 막을 수 없어, 부처님께 설법을 부탁드렸다. 마녀들은 불교의 다섯 계율을 지키기로 하여 피해가 사라졌고, 동해의 물고기와 용들도 다 돌이 되어 골짜기 가득 악기 소리가 났다.

해설

물고기 상징은 우선 수로왕과 아내인 허황옥의 상징물이 쌍어, 물고기 두 마리였다. 이는 메소포타미아에 기원을 두고, 불교의 상징으로서 물고기처럼 눈을 깜빡이지 않고 열심히 수행하는 이미지를 얻기도 했다. 한편 로마 시대 예수 그리스도의 상징도 물고기(하느님의 아들 구원자 예수 그리스도의 그리스어 머리글자를 조합하면 익투스ΧΘΥΣ, 곧 물고기가 됨)로, 예수의 시대를 황도 12궁 물고기의 시대라 부르기도 했다. 물고기는 이렇듯

신과 생명의 기원에 관한 종교 신앙을 상징하는 보편적인 소재였으므로, 만어산과 같은 물고기 산의 이미지가 가능한 것이다.

1180년 고려 명종明宗 시절에 만어사를 창건했다는 기록도 있다. 보림寶林이 만어산의 신비에 대하여 임금께 아뢰었다.

"고대 북인도 가야국의 부처님 그림자 이야기와 똑같은 게 셋이나 됩니다. 첫째로 산 근처에 옥지가 있고, 둘째로 강가에 구름이 피어 산꼭대기에 이르면 악기 소리가 난다는 것, 셋째로 부처 바위의 그림자 서북쪽 반석에 마르지 않는 물이 고여 있어 부처님께서 겉옷을 빠셨다는 겁니다."

지금 가서 불공을 드려보면, 두 가지는 뚜렷해서 믿을 만하다. 우선 골짜기 바위의 2/3 지점에서 쇳소리 옥소리가 난다. 다음으로 바위의 부처님은 가까이서는 안 보이고, 멀리서는 보인다. 북인도 가야국 이야기는 다음과 같다.

대장경의 『관불삼매경觀佛三昧經』 7권에는 이렇다.

부처님께서 가야국 고선산古仙山에 가셨다. 해로운 용이 사는 담복꽃 숲 옆으로, 푸른 연꽃 핀 샘 북쪽과 마녀들의 소굴 사이 아나사[물고기] 산 남쪽이었다. 굴속 다섯 마녀는 암컷용이 되어 해로운 용들과 어울렸다. 용들은 우박을 내리고 마녀들은 난동을 부려, 가뭄과 전염병이 4년 동안 이어졌다. 임금이 두려워 온갖 신들에게 제사를 지내도 소용없었다. 현명한 성직자가 임금께 아뢰었다.

"석가족 정반왕淨飯王의 아들이 깨달음을 얻어 석가모니 부처님의 이름을 얻었다고 합니다."

임금이 듣고 기뻐하며 부처님 계신 곳을 향해 예의를 차렸다.

"부처님께서 세상에 나타나시고는, 어째 우리나라엔 안 오십니까?"

석가모니는 가야 임금 불파부제弗婆浮提의 부탁을 들어주기로 하고, 제자들 가운데 지혜로운 이들에게 뒤따르라 하였다. 그 이마에서 빛을 내니, 1만 명의 신들과 불교의 화신들도 나타나 가야에 함께 갔다. 용왕과 마녀들은 온몸을 던져 불교에 귀의하고, 부처님께 설법을 들었다. 용왕 일행은 다 듣자, 무릎 꿇고 손 모아 부처님께 부탁했다.

"우리 곁에 영원히 머물러 주소서. 부처님께서 떠나신다면, 우리 악한 마음 탓에 도저히 깨달을 수 없나이다."

부처님을 모시던 범천梵天이 예의를 갖추어 다시 부탁했다.

"부처님께서는 미래의 여러 중생도 보살피셔야 하는데, 여기서 한낱 용 한 마리만을 위해 머물 수는 없습니다."

다른 많은 범천도 마찬가지로 간청했다. 용왕은 온갖 보석으로 치장한 자리를 부처님께 마련해 드렸지만, 이렇게 말씀하셨다.

"이런 것은 필요 없고, 마녀들이 지내던 석굴이나 다오."

아주 기뻐하는 용왕에게 부처님께서 좋게 이르셨다.

"네 부탁도 있고 하니, 이 굴에서 1,500년을 지내겠다."

몸을 솟구쳐 바위에 들어가셨다. 바위는 거울처럼 밝아, 부처님 모습과 함께 용과 마녀들도 보였다. 바위 안의 모습이 밖에도 비치니, 용과 마녀들도 손 모아 기뻐하며 다시는 바위 속을 떠나지 않고 부처님을 뵈었다.

부처님께서는 바위 안에 곧게 앉으셨는데, 멀리서는 뵐 수 있었지만 가까이 가면 뵐 수 없었다. 여러 범천이 공양하면 설법도 하셨다. 부처님께서 바위를 밟으시면 쇳소리 옥소리가 났다고도 한다.

양나라의『고승전』에 이런 기록이 있다.

혜원惠遠이란 승려가 인도에 부처님 그림자가 있다고 들었다. 옛날에 용을 위해 남긴 것으로 아프가니스탄 남쪽 신비한 석실에 있다고 한다.

법현法現의 여행기『서역전西域傳』에는 이렇게 적혀 있다.

파키스탄 국경 남쪽으로 반나절 가면 나오는 산 서남쪽으로 석실이 있다. 석실 안에 그림자(영상?)가 남았는데, 열 걸음 떨어져 보면 참모습처럼 빛나지만 가까이 갈수록 희미해진다. 여러 나라 임금들이 사람을 시켜 그림으로 남기고 싶었지만, 비슷하게라도 그릴 수 없었다. 사람들 말로는 과거와 현재, 미래의 1천 명 부처님들이 모두 여기 그림자를 남기셨다고 한다. 그림자 서쪽으로 백 걸음쯤 가면, 부처님 생시에 머리 깎고 손톱 자르시던 자리가 있다고도 한다.

대장경의『서역기西域記』2권에도 이에 대한 내용이 실려 있다.

석가모니 부처님 생전에 만나셨던 이 용은 전생에 소 치는 목동이었다. 임금에게 우유를 바칠 때 실수하고는, 혼쭐이 나서 원한을 품었다. 꽃을 사서 탑에 바치며, 용이 되어 나라를 망치고 왕을 해치리라는 소원을 적었다. 그리고는 돌로 된 벽에 몸을 던져 죽었다. 이 석굴에서 용왕이 되어 나쁜 마음을 품었지만, 부처님께서 살피사 신통력으로 여기 오셨다. 용은 부처님을 뵙자 마음을 고쳐먹고 살생하지 않기로 맹세했다. 그리고는 부탁했다.

"부처님께서 여기 늘 머무시며, 제 공양을 받아주시길 바랍니다."

"나는 열반에 들 것이나, 너를 위해 그림자를 남기겠다. 독하고 분한 마음이 들거든, 내 그림자를 보며 절제해라."

부처님께서 정신 집중하여 석실에 드시니, 멀리서는 보이고 가까이서는 보이지 않았다. 돌 위의 발자국을 온갖 보석처럼 떠받든다고 한다.

불경에서 찾은 기록은 대략 위와 같다. 다시 말하지만, 우리나라 사람들은 이 산을 '아나사'라 부르는데, '마나사'라고 해야 한다. 마나사라고 불러야 물고기라는 뜻이 되어, 북인도 지역의 저 이야기를 따르게 된다.

4-21. 오대산 오만 문수보살의 화신

강릉과 평창 사이에 있는, 오대산에 전해지는 옛 기록이다.

오대산에 문수보살의 화신이 머문다는 말은 자장 법사에게서 나왔다. 자장이 중국 오대산에서 문수보살을 만나려고, 636년 선덕여왕 때 당나라에 갔다. 당나라 고승전에는 638년에 갔다고 하지만, 여기서는 『삼국사기』의 기록을 따랐다. 태화지 연못가 문수보살 석상 앞에서 7일간 기도하다가, 꿈에서 4행으로 된 게송을 받았다. 깨어나 기억해 보았지만, 다 인도 말이라 이해할 수 없었다.

다음날 어떤 승려가 나타났다. 붉은 비단에 황금빛 점이 있는 겉옷 입고, 부처님 밥그릇과 그 머리뼈를 들고 곁에 와 묻는다.

"무슨 걱정거리라도 있소?"

"꿈에 게송 넉 줄을 받았는데, 인도 말이라 뜻을 모르겠습니다."

승려가 번역해 주었다.

"모든 현상을 알아보니

고정된 본성을 지닌 건 없었네.

현상과 본성을 알게 되니

설법하시는 부처님 만날 수 있겠네."

그리고는 지니고 왔던 겉옷 등을 내어주며 이른다.

"이거 우리 스승님 석가모니 부처님께서 쓰시던 것들이라. 당신이 잘 간직하소. 그리고 당신 나라 신라 강원도 오대산에 문수보살 1만 명이 늘 머무신다오. 가서 뵈시구려."

말을 마치자 사라졌다. 자장은 성지를 두루 돌아보고 귀국하려고 하는데, 태화지의 용이 나타나 제사 지내길 부탁했다. 7일간 공양 끝에, 용도 알려주었다.

"지난번 게송을 번역해 주었던 승려가 바로 문수보살 그분입니다."

그리고는 절 짓고 탑 세우라 부탁한 일에 대해서는 따로 기록이 있다.

643년에 자장은 강원도 오대산에 3일을 머물렀지만, 어두워서 문수보살의 화신을 만날 수 없었다. 다시 원녕사元寧寺에 머물며 뵈었다고는 하는데, 칡넝쿨이 얽히듯 오만한 마음 때문에 알아보지 못했다. 지금의 정암사淨嵓寺가 그곳으로, 역시 다른 기록으로 남아 있다.

훗날 범일의 제자 신의信義가, 자장이 만년을 보냈던 곳에 암자를 짓고 머물렀다. 신의도 세상을 떠난 다음, 암자도 폐사가 되었지만 수다사水多寺 유연有緣 장로가 재건하고 머물렀다. 지금의 월정사月精寺가 그곳이다.

자장이 신라에 돌아왔을 때 일이다. 정신대왕淨神大王의 아들 보천寶川과 효명孝明 형제가 강릉 일대에 와서, 세헌世獻 각간의 집에 묵었다가 다음 날 큰 고개를 넘었다. 각각 1,000명씩 거느리고 월정사 근처에 며칠을 머물렀다.

여기서 정신대왕과 보천, 효명 부자는 『삼국사기』에 안 나오지만, 이 기록 다음에 705년에 터를 닦아 절 세웠다고 한다. 이 무렵 임금은 신문왕의 둘째 아들 성덕왕으로, 이름은 흥광興光 또는 융기隆基였다. 성덕왕의 형 효소왕도 신문왕의 아들로, 이름은 이공理恭 또는 이홍理洪이다. 신문왕의 이름은 정명政明, 자는 일조日照인데, 위에서 정신대왕의 '정신'이란 정명과 신문을 잘못 뒤섞은 이름인 것 같다. 효명도 그 큰아들 효소왕을 잘못 적은 것이며, 효명이 즉위하여 절을 지었다는 것도 오류이다. 절은 지은 분은 둘째 아들이었던 성덕왕이기 때문이다.

두 형제는 어느 저녁 문득, 속세를 떠나리라 남몰래 맹세하고 오대산에 숨었다. 모시던 이들은 왕자들이 간 곳을 몰라 서라벌로 돌아올 수밖에 없었다.

이들의 가출이 옛 기록에는 648년의 일이라지만, 아주 크게 잘못되었다. 효소왕은 692년에 16살로 즉위하여 702년 26살로 죽었고, 성덕왕이 뒤이어 22살로 즉위했다. 이 사건이 648년에 일어났다면, 효소왕의 즉위보다 45년이나 앞선 태종 무열왕 때 일이다. 이렇게 잘못되었다는 걸 알기에, 이 기록의 연대를 인정하지 않아 왔다.

해설

그러나 자장의 생몰연대(590~658)와 기록 첫머리에 '자장이 신라에 들어왔을 때'를 고려한다면 시기상 이 무렵이 맞다. 오대산 문수 신앙의 정착 과정이 이 설화의 주제라면, 자장 이후 50년의 공백기를 설정하기보다 두 태자의 활동이 자장과 인접한 시기에 이루어지는 편이 서사적으로는 더 적절하기 때문이다. 후대 사람들의 행적이 훨씬 앞 시대의 오대산 문수신앙 정착과 연결되어 설화가 된 것이었다.

자장은 중국 오대산에서 신라 오대산으로 문수보살 신앙을 전파했다. 문수 신앙을 중흥한 정신대왕의 아들 보천, 효명 형제를 삼국유사에서는 7세기 말엽의 신문왕, 효소왕, 성덕왕 3부자로 비정하였지만, 자장의 생몰연대(590~658)와 50년 정도 시차가 생긴다.

두 태자는 산속에 가서, 형 보천이 푸른 연꽃 피어난 곳에 '보천암寶川庵'을 짓고 살았다. 동생 효명도 동북쪽으로 600걸음을 더 가서, 상왕봉 남쪽 푸른 연꽃 핀 언덕에 머물며 각자 도 닦았다.

어느 날 형제는 사방에서 중앙까지 다섯 봉우리에 올라 빌었다. 이때 동쪽 만월봉에 관음보살의 화신 1만 명, 남쪽 기린봉에 여덟 큰 보살(관음, 미륵, 보현, 문수, 지장, 허공장 虛空藏, 금강수 金剛壽, 제개장 際蓋障 = 8대 금강, 8대 명왕)을 비롯한 지장보살의 화신 1만 명, 서쪽 장령봉에는 아미타불과 함께 대세지보살 1만 명, 북쪽 상왕봉에는 석가모니 부처님과 깨달은 제자인 나한 500명, 중앙의 풍로봉風盧峰, 지로봉 地盧峰에 비로자나불毗盧遮那佛과 더불어 문수보살의 화신 1만 명이 있었다. 이들 5만 화신에게 빠짐없이 불공드렸더니, 매일 새벽마다 문수보살이 진여원眞如院(고려 후기의 상원, 上院)에 36가지 모습으로 변화하며 나타났다. (뒤의 35가지 모습에 원래 모습 하나를 더하면 36가지가 될 것이다.)

때로는 ①부처님 얼굴처럼, 때로는 ②여의주처럼, ③부처님

눈인 듯, ④그 손인 듯, ⑤탑인가, ⑥부처님 머리인가, ⑦무수히 많은 등처럼, ⑧황금으로 만든 다리처럼, ⑨황금 북 모양, ⑩황금종 모양, ⑪신통력인 듯, ⑫황금빛 누각인 듯, ⑬황금 수레바퀴일까, ⑭다이아몬드 창일까, ⑮금 항아리인지, ⑯금비녀인지, ⑰오색 밝은 빛깔로, ⑱오색으로 둥글게, ⑲길상초처럼, ⑳푸른 연꽃처럼, ㉑큰 절인가, ㉒작은 암자인가, ㉓부처님 발 모양도 했다가, ㉔번개 모양도 했다가, ㉕부처님께서 나타나시듯, ㉖땅의 신령이 솟아나듯, ㉗금색 봉황이랄까, ㉘금색 까마귀랄까, ㉙말이 사자를 낳았던가, ㉚닭이 봉황을 낳았던가, ㉛흰 코끼리 모습, ㉜까치 모습, ㉝소가 사자를 낳았던가, ㉞노는 멧돼지와도 같이, ㉟푸른 도마뱀과도 같이 그렇게 나타났다.

형제는 늘 물 길어 와 차를 끓이며 공양했고, 밤이면 각자의 암자에서 도 닦았다. 정신왕의 아우가 정변을 일으켰지만, 사람들이 쫓아내고 4명의 장군을 산에 보내 왕자들을 모셔오게 했다. 먼저 효명의 암자 앞에서 만세를 부르자, 7일 동안 오색구름이 뒤덮었다. 다른 사람들도 구름을 따라와 자리 잡고 줄 맞춰 왕자들을 모셔 가려고 했다. 보천은 울며 사양하므로, 효명을 즉위시켰다. 신문왕 형제의 정변은 『삼국사기』에는 나오지 않아 알 수 없다. 옛 기록에 효명이 20년 동안 왕 노릇 했다고도 한다. 그렇지만 성덕왕은 10년 간 왕위에 있었으므로, 아마 죽을 때 나이 26살을 잘못 썼던 것 같다.

즉위한 지 몇 년 지나, 그러니까 성덕왕 4년인 705년에 문수보살의 36가지 모습을 보았던 진여원을 비로소 고쳐 지었다. 임금은 직접 신하들을 데리고 오대산에 가 전당을 세우고, 문수보살상을 그 안에 모셨다. 지식과 영변 등 5명이 『화엄경』을 계속 번갈아 읽도록 모임을 조직하게 했다. 이렇게 길이 공양할 수 있도록 매년 봄, 가을에 오대산 근처 마을에서 곡식 100석과 기름 1석을 공급하게 규칙으로 정했다. 그리고 진여원 서쪽으로 6천 걸음을 가서, 두 언덕 바깥에 땔나무와 제사 비용을 마련할 장원을 설치했다.

보천은 늘 골짜기의 신비한 물을 마신 덕분에, 만년에는 공중을 날아 유사강 너머 울산 성류굴에서 밤낮으로 불경의 주문을 외웠다. 어느 저녁 성류굴의 신이 나타나 말했다.

"굴의 신이 된 지 2,000년 만에, 오늘 처음 진리의 말씀을 들었군요. 보살의 계율을 제게 내려 주십시오."

계율을 내려주자, 다음날 동굴은 형체도 없이 사라졌다. 신기하다고 생각한 보천은, 20일을 더 머물다가 오대산의 신성한 굴로 돌아가서 다시 50년 도를 닦았다. 그러자 하느님이 하루 3번 설법을 듣고, 하늘 사람들도 차 대접했다. 40명의 성인이 3m 높이에서 호위하는가 하면, 지니던 지팡이도 하루 3차례 방을 3바퀴 돌며 소리 내서 시간 맞춰 수행하도록 도왔다.

때때로 문수보살이 보천의 이마에 물을 부으며, 나중에 성불하리라고 격려했다. 보천이 죽던 날, 나라에 도움이 되도록 오대산에서 할 수 있는 일들을 다음과 같이 기록으로 남겼다.

"오대산은 백두대간에 속하여, 봉우리마다 온갖 화신들이 머무른다.

청색 방향인 동쪽의 만월봉 북쪽 끝과 북쪽의 상왕봉 남쪽으로 당연히 '원통사圓通社'란 이름으로 관음보살을 모시고, 온전한 관음보살 조각상과 함께 푸른 바탕에 1만 명의 관음을 그려 모셔야 한다. 모시는 승려 5명이 낮에는 나라를 위해 불경과 관음보살의 주문을 외우고, 밤에는 관음께 불공 드리고 참회하게 하라.

적색 방향인 남쪽의 기린봉 남쪽 지역에 '금강사金剛社'란 이름으로 지장보살을 모시고, 온전한 지장보살 조각상과 함께 붉은 바탕에 여덟 큰 보살상과 1만 명의 지장보살을 그려 모셔야 한다. 역시 승려 5명이 낮에는 지장보살에 관한 불경을 읽고, 밤에는 점을 치며 불공 드리고 참회하게 하라.

흰색 방향인 서쪽 방령봉의 남쪽 지역에 '수정사水精社'란 이름으로 아미타불을 모시고, 온전한 아미타불 조각상과 함께 흰 바탕에 아미타불과 1만 명의 대세지보살大勢至菩薩을 그려 모셔야 한다. 또한 5명의 승려가 낮에는 천태종의 근본인『법화경』을 읽고, 밤에는 아미타불에게 불공 드리며 참회하게 하라.

흑색 방향인 북쪽의 상왕봉 남쪽 지역에 '백련사白蓮社'란 이름의 나한당羅漢堂을 두고, 온전한 석가모니 부처님의 조각상과 함께 검은 바탕에 500나한을 그려 모셔야 한다. 마찬가지로 승려 5명이 낮에는 부모님의 은혜와 부처님의 열반을 기리고, 밤에는 열반을 주제로 불공 드리며 참회하게 하라.

황색 방향인 가운데 진여원 중앙에는 '화엄사華嚴社'란 이름으로, 수행자를 돕는 부동명왕으로서 문수보살의 진흙 조각상과 함께 노란 바탕에 비로자나불과 함께 문수보살의 36가지 변화상을 그려 모셔야 한다. 승려 5명은 낮에는 『화엄경』과 지혜에 관한 불경을 읽고, 밤에는 문수보살에게 불공 드리며 참회하게 하라. 보천암은 '화장사華藏寺'로 고쳐 지어서, 온전한 비로자나불과 좌우의 보살상과 함께 『대장경』을 모셔야 한다. 그리고 승려 5명이 그 『대장경』을 항상 읽고, 밤에는 『화엄경』의 성자들을 되새긴다. 매년 '법륜사法輪社'란 이름으로 100일간 화엄 대회를 열라.

이 화장사를 오대산 모임의 본찰로 삼아 견고하게 지키며, 단정한 승려들에게 길이 불공드리게 하라. 그렇게 한다면, 임금과 백성이 다 안정되고 문무가 화평하며 풍년이 오리라. 그리고 오대산 문수갑사文殊岬寺를 오대산 모임의 장소로 삼아, 승려 7명이 밤낮으로 『화엄경』의 성자들에게 불공드리며 참회하게 하라. 여기까지 총 37명의 승려와 다른 일들에 필요한 비용은 강릉 8개 지역 세금으로 충당하게 하라. 대대로 임금님들께서 잊지 말고 지키시면 다행이리라."

4-22. 오대산 보질도 태자

신라 정신왕의 태자 보질도寶叱徒는, 아우 효명태자와 함께 강릉 세헌 각간의 집에서 하룻밤 묵었다. 다음날 각각 1천 명씩 거느리고 큰 언덕을 넘어, 월정사 근처에서 노닐다가 647년 8월 5일 형제가 함께 오대산에 숨었다. 모시던 이들이 이리저리 찾다가 서라벌로 돌아왔다. 형 보질도는 오대산 한가운데 진여원 터 아래 푸른 연꽃 핀 곳에 초막 짓고 살았다. 그리고 돌생 효명도 북쪽 상왕봉 남쪽 끝에 푸른 연꽃 핀 곳에 초막을 지었다. 형제는 불공을 드리며 염불을 외우고, 오대산에 가서 절하였다.

청색 방향인 동쪽 만월봉滿月峰에 관음보살의 화신 1만 명, 적색 방향인 남쪽 기린봉麒麟峰에 여덟 큰 보살과 지장보살의 화신 1만 명, 백색 방향인 서쪽 장령봉長嶺峰에는 아미타불과 함께 대세지보살 1만 명, 흑색 방향인 북쪽 상왕봉相王峰에는 석가모니 부처님과 500나한, 중앙의 풍로봉[지로봉]에 비로자나불과 더불어 문수보살의 화신 1만 명이 항상 있었다. 중앙의 진여원에는 문수보살이 날마다 36가지 모습으로 변화하며 나타났다. 36가지 모습에 대해서는 바로 앞에 나왔다.

형제는 매일 아침마다 나란히 절하고, 물 길어 와 차를 끓여 1만 명의 문수보살을 공양했다. 이때 정신왕의 아우가 정변을 일으켰다가 처형되었다. 사람들이 4명의 장군을 오대산에 보내 효명태자 앞에서 만세를 부르게 하자, 7일 밤낮을 오색구름이 일어 서라벌부터 빛을 비췄다. 다른 사람들도 빛을 따라 오대산에 와 두 태자를 모셔가려고 했다. 보질도는 울며 거절하므로, 효명만 데려가 즉위하게 했다. 효명은 왕이 된 지 20년 만인 705년에 비로소 진여원을 세웠다.

보천태자 보질도는 늘 골짜기의 신비한 물을 마신 덕분에, 몸소 하늘을 날아 울산 성류굴에서 도 닦을 수 있었다. 돌아와 오대산의 신성한 굴에서 50년간 수행했는데, 오대산은 백두대간의 한 줄기로 봉우리마다 부처님과 보살들의 화신이 늘 머물렀다.

4-23. 오대산 월정사의 다섯 보살

월정사에 이런 옛 기록이 남아있다.

자장이 오대산에 막 와서, 문수보살의 참모습을 만나려고 산기슭에 초막을 짓고 머물렀다. 그렇지만 7일이 지나도 나타나지 않아서, 묘범봉妙梵峰에 정암사淨岩寺를 세웠다.

훗날 문수보살의 화신이라고도 하는 신효信孝라는 거사가 있었다. 신효는 집이 충남 공주였는데, 그저 효심으로 어머니를 모셨다. 고기반찬이 없으면 어머니가 식사하지 않았으므로, 산이며 들로 고기를 구해 다녔다. 길에서 학 다섯 마리를 보고 쏘았는데, 한 마리가 깃털을 떨어뜨렸다. 그래서 깃털을 집어 눈에 대고 사람들을 보았더니, 다 짐승으로 보였다. 신효는 사람이나 짐승이나 똑같은 한 생명이란 사실을 절감하여, 더 살생을 저지르지 못하고 자신의 넓적다리 살을 베어 어머니께 바쳤다. 그리고 출가하여 자기 집을 '효가원孝家院'이라 하는 절로 만들었다.

신효가 경주에 갔다가 평창까지 가 다시 깃털을 눈에 대고 사람을 보았더니, 사람 모습으로 다 보였다. 그래서 정착할 뜻으로 지나가던 할머니에게 살 만한 곳을 알아보았다.

"서쪽 언덕을 넘으면, 북쪽으로 골짜기가 나오는데 지낼 만할 거요."

말을 마치자 사라지니, 관음보살이 나타나서 알려주었다는 것을 알아챘다. 그리하여 월정사 터가 될, 자장이 처음 초막을 지었던 곳에 살게 되었다. 얼마 후 다섯 승려가 문득 나타나 말했다.

"당신 갖고 왔던 승복 조각 하나는 어디 두었소?"

신효가 영문을 몰라 하자, 승려가 알려주었다.

"당신이 집어 눈에 대고 사람들을 보았던 그 깃털 말이오."

신효가 돌려주자, 한 승려가 승복 빈틈에 넣었더니 꼭 맞았다. 깃털이 아니고 옷감이었다. 이들과 헤어지고서, 신효는 비로소 다섯 승려가 다섯 보살의 화신임을 깨달았다.

월정사는 자장이 처음 초막을 짓고, 신효가 다음으로 와 살았다. 범일의 제자 신의도 암자를 짓고 머물렀으며, 수다사의 장로 유연 시절 차츰 큰 절이 되었다. 절의 다섯 보살상과 9층 석탑이 다 성지의 유적이다. 땅 보러 다니는 이들도, 이곳이 명당자리라 불교가 길이 흥하리라고들 한다.

4-24. 남월산 감산사

감산사甘山寺는 서라벌 동남쪽으로 8km쯤에 있다. 본당에 모신 미륵불상의 후광 조각 뒷면에 이런 기록이 있다.

"719년 2월 15일 김지성全忘誠 중아찬은 돌아가신 부모님 김인장金仁章과 관초리부인觀肖里夫人을 위해 감산사와 돌 미륵상 하나를 정성껏 만들었습니다. 아울러 고인이 된 김개원金愷元 이찬과 아우 양성良誠, 승려 현도玄度, 누이 고파리古巴里, 전처 고로리古老里, 후처 아호리阿好里와 형 급한及漢, 일당一幢, 총민聰敏, 누이 수힐매首肹買 등도 함께 모시겠습니다. 어머니께서 돌아가셨을 때, 화장하여 영일만 앞바다에 유골을 뿌렸습니다."

위 단락 마지막 문장의 맥락을 알 수 없는데, 다음 후광 조각 뒷면의 해당 부분도 마찬가지였다.

"김지전 중아찬[위와 같은 인물]은 임금을 모시다가 67세에 퇴직하였습니다. 임금님과 김개원 이찬, 돌아가신 아버지 김인장과 돌아가신 어머니, 고인이 된 아우 양성, 승려 현도, 아내 고로리, 누이 고파리, 후처 아호리 등을 위해 월산의 장원을 바쳐 절을 세웠습니다. 그리고 돌 미타상 하나를 만들어 아버님을 섬깁니다. 고인이 되셨을 때, 영일만 앞바다에 유골을 뿌렸습니다."

4-25. 경주 남산 천룡사

서라벌 남산 남쪽 자락 정상을 고위봉高位峰이라 부른다. 고위봉 남쪽에 고사高寺 혹은 천룡사天龍寺라 하는 절이 있다. 『토론삼한집討論三韓集』에 이런 기록이 있다.

"서라벌에는 흘러들어온 물 두 줄기와 거슬러 흐르는 물 한 줄기가 있다. 세 줄기의 두 근원이 재앙을 다스리지 못한다면, 천룡사는 뒤엎어지리라."

세상 사람들은 서라벌 남쪽 갈곡의 냇물이 여기서 말한 거슬러 흐르는 물줄기라고 하며, 그 물줄기의 근원이 천룡사에 있다고들 한다. 앞서 기이편 문무왕 기록에서 사천왕사가 당나라에 해로운 절인지 확인하러 왔던 사신 악붕귀도, 이 절이 무너지면 머지않아 나라가 망하리라 하였다.

또한 이런 이야기도 전한다.

옛날 어떤 불교 신도에게 천녀天女와 용녀龍女라는 두 딸이 있었다. 부모가 두 딸을 위해 절을 짓고, 딸의 이름을 붙여 절 이름으로 삼았다는 것이다. 도 닦기 좋은 신비한 경관을 지닌 곳이었지만, 신라 말엽 폐사가 되었다. 중생사 관음보살이 보살폈던 최은함의 아들 최승로의 손자 최제안崔齊顏 시중이 천룡사를 재건하고, 부처님을 길이 모실 도량을 설치하였다. 그리고 조정의 뜻을 받들어 기록과 발원문을 썼다. 최제안은 절에 머물다가 죽어 천룡사의 수호신이 되었고, 영험한 일도 많았다.

최제안이 남긴 기록은 대략 이렇다.

"시중 최제안은 씁니다. 경주 남산 고위봉 천룡사가 사라진 지도 오래입니다. 저는 임금님께서 장수하시고 나라와 백성이 편안해지길 빌며, 본당을 비롯한 건물과 주방, 창고 등의 시설, 그리고 돌과 진흙 불상 여럿을 만들어 부처님을 길이 모실 도량을 열었습니다. 다 나라를 위한 일이었으므로 관청에서 주지를 임명해도 좋겠지만, 바뀔 때마다 스님들이 불안해할지도 모릅니다.

시주받은 논밭으로 절을 운영했던 사례들을 곁에서 보면, 대구 팔공산 지장사地藏寺는 200결, 비슬산 도선사道仙寺나 평양의 여러 절은 20결씩으로 제각각입니다. 그러나 승직이 있건 없건, 계율을 갖추고 재주 있는 이를 여러 사람의 뜻대로 뽑아 차례대로 주지를 맡기는 것이 상례였답니다. 제가 이 풍습을 기쁘게 듣고, 우리도 천룡사 스님 중에 능력과 덕망 있는 큰스님을 대들보 삼아 주지로 뽑아 소임을 맡기려고 합니다. 기록으로 남겨 책임 있는 스님께 맡기니, 이번부터 시행하여 조정의 공문도 받아, 도량을 찾는 이들에게 보여 모두가 알도록 하십시오. - 1040년 6월."

그리고 앞처럼 관직명과 함께 서명하였고, 거란의 연호를 썼다.

4-26. 무장사의 아미타불 모신 곳

서라벌 동북쪽으로 8km 거리 암곡촌暗谷村의 북쪽에 무장사鍪藏寺가 있다. 신라 38대 원성왕의 선친 효양 대아간[명덕대왕明德大王으로 추봉]이 파진찬 벼슬했던 숙부를 추모하여 지었다. 무장사는 깎아세운 듯 험난하고 어두운 골짜기 깊숙이 자리 잡아, 저절로 마음이 비워질 만큼 신비한 곳이었다.

무장사 위쪽으로 아미타불을 모신 오래된 전당이 있다. 8세기 말엽 소성왕昭成王의 비 계화왕후桂花王后는 남편과 사별한 후 우울한 마음이 가득하여 슬피 울다가, 남몰래 좋은 일로 죽음 뒤의 일을 준비해야겠다는 생각이 들었다.

"들어보니 저승 방향인 서쪽에는 아미타불이 계시다는데, 정성 껏 믿으면 좋게 맞아주신다고 하더이다. 이런 건 참말이겠지, 어찌 우릴 속이겠소?"

그래서 화려한 왕후의 옷 여섯 벌을 바치고, 모았던 재물을 다 들여 훌륭한 장인들에게 무장사에 모실 아미타불상과 여러 보살상을 만들게 하였다.

예전에 어떤 노승이 문득, 무장사 석탑 동남쪽 언덕 위에서 부처님이 서쪽의 대중을 바라보며 설법하는 꿈을 꾸었다. 그리하여 이곳이 불교의 성지가 되리라 생각했지만, 비밀로 품어두고 남들에게 말하지 않았다. 높다란 바위에 계곡 물살도 험해서, 장인들은 거들떠보지도 않고 다 부적절하다고 했다. 그러나 일단 땅을 다듬고 보니, 무척 신비롭기도 하고 전당을 충분히 세울 만했다. 보는 사람마다 놀라고 칭찬하지 않는 이가 없을 정도였다. 이렇게 아미타불 모셨던 곳은 얼마 전에 허물어졌지만, 무장사 절간은 여전하다.

혹은 태종 무열왕이 삼국을 통일하고 무기를 감춘 골짜기라서 무장사라고 부른다는 말도 세상에는 전한다.

4-27. 경남 합천 백엄사 석탑 사리

946년 10월 29일 기록된 경남 진주 지역의 『임도대감任道大監』이라는 문서에, 백엄사伯嚴寺는 합천에 있으며, 언제 지었는지 알 수 없고 상좌는 간유侃遊라는 39세 인물이라 했다. 다만 옛 기록에 따르면, 옛날 신라 시대에 북택청北宅廳 터를 기증받아 이 절을 세웠으나 오랫동안 폐사 상태였다고 한다.

1026년 사목곡沙木谷의 양부陽孚 화상이 백엄사를 다시 짓고, 주지가 되었다가 1037년 세상을 떴다. 1045년 경북 문경 희양산의 긍양兢讓 화상이 10년을 머물다가 1055년에 희양사로 돌아가고, 전북 남원 백암사에서 신탁神卓 화상이 와 절차에 따라 주지가 되었다. 1065년 11월, 주지 수립秀立이 늘 지켜야 할 10개의 규칙을 정하였고, 부처님의 사리 42개를 모신 5층 석탑도 세웠다. 그 첫 규칙은 사재로 기금을 만들어, 백흔伯欣, 엄흔嚴欣 두 존경 받는 승려와 근악近岳 등 세 분께 공양하는 것이었다. 백흔과 엄흔 두 분이 집을 기증한 덕분에 절을 지을 수 있었으므로, 이 절 이름이 백엄사가 되어 수호신으로 모시게 되었다는 이야기도 있다. 또한 본당의 약사여래 부처님 앞 공양 그릇에 매달 1일마다 쌀을 바꾸어 놓는다는 등의 규칙도 있으며, 나머지 규칙은 적지 않는다.

4-28. 울산 영취사

영취사靈鷲寺에 이런 옛 기록이 남아있다.

진골이었던 신라 31대 신문왕 무렵인 683년, 김충원金忠元이라는 재상이 부산[장산국, 萇山國] 온천에서 목욕하고 돌아오다가 울산 벌판에서 쉬고 있었다. 문득 누가 매를 놓아 꿩사냥을 했는데, 꿩이 금악 고개 넘어 사라졌다. 충원이 매에 달린 방울 소리를 따라 울산 관청 북쪽 우물가에 갔더니, 매는 나무 위에, 꿩은 우물 속에 있었다. 우물물은 핏빛으로 물들었고, 꿩은 양쪽 날개에 새끼 둘을 안았다. 매도 불쌍하게 생각해서 더는 잡지 않았다. 충원이 보고 감동하여 이 땅을 두고 점쳤더니, 절을 세울 만한 곳이었다. 그래서 서라벌로 돌아와서 임금께 아뢰고는, 관청을 다른 곳으로 옮기고 영취사靈鷲寺라는 이름의 절을 그 땅에 세웠다.

4-29. 황해도 수안 유덕사

신라의 최유덕崔有德 태대각간이 자기 집을 기증하여 절을 지었으므로, 그 이름을 따서 유덕사가 되었다. 먼 후손인 삼한의 공신 최언위崔彥撝가 그 초상화를 걸고 비석도 세웠다.

4-30. 오대산 문수사 석탑의 기록

문수사 마당 한구석의 석탑은 아마 신라 사람들이 세운 것 같다. 소박하고 기교 없는 솜씨지만, 영험한 일이 아주 많았다. 그중에 하나, 어떤 노인에게 들은 이야기이다.

"옛날 어떤 강릉 사람들이 바닷길 따라 배를 타고 고기잡이하는데, 갑자기 탑이 하나 나타나 배를 따라오는 것이었소. 이건 탑 그림자였는데, 그걸 본 물고기들이 사방으로 흩어져 달아났다오. 한 마리도 못 잡은 어부는 분통이 터져, 대관절 어느 탑 그림자인지 찾았다오. 그러다가 이 탑이구나 싶어서 도끼로 두들기다가 갔지요. 지금 탑의 네 귀퉁이가 다 쪼개진 건 그래서라오."

나는 놀라서 감탄했다. 그런데 왜 이 탑은 마당 한가운데 있지 않고 동쪽으로 치우쳐 있을까? 그에 관한 내용을 현판에서 볼 수 있었다.

승려 처현處玄이 이 절에 머물던 시절, 마당 가운데로 탑을 옮겼더니 20년 동안 영험한 일이 없었다. 땅보러 다니는 이가 와서 보고는 안타까워했다.

"마당 한가운데는 탑이 원래 있을 곳이 아니오. 동쪽으로 옮겨두면 좀 어떻겠소?"

승려들이 깨닫고 원래 있던 곳으로 옮긴 게 지금 자리이다. 나는 괴이한 일을 좋아하진 않는다. 그렇지만 부처님의 위엄이 이토록 빨리 나타나 만물을 이롭게 한다니, 불교도로서 잠자코 있을 수만은 없다.

—1156년 11월 백운白雲은 쓰다.

5편
의해, 불교의 뜻

5-1. 원광이 중국으로 유학 가다

당나라 『속고승전』 13권의 기록이다.

신라 황룡사 원광圓光의 성은 박씨로, 마한, 변한, 진한의 삼한 가운데 진한 사람이었다. 조상 대대로 해동의 풍속을 이어왔고, 원광은 도량이 큰 데다가 글 읽기도 좋아했다. 노장철학과 유학 등 제자백가와 역사책까지 두루 읽어, 문장으로 삼한에 명성을 떨쳤다. 그러나 중국에서만큼 중국문화를 깊게 널리 알 수는 없었으므로, 가족과 이별하여 바다를 건너기로 했다.

25살에 남경 가는 배를 타고 문화의 나라라는 남조 진陳나라에 갔다. 그리하여 미심쩍었던 일은 묻고 따져 참뜻을 알게 되었다. 처음에는 장엄사 승민僧旻의 제자에게 배웠다. 원광은 속세의 책도 많이 읽으며 신비한 일들을 깊이 파고들어 왔지만, 불교를 접하자 그런 것들이 썩은 풀처럼 하찮게 보였다. 명예를 헛되이 찾은들 평생 두려울 일이라 판단하고, 진나라 임금께 출가하겠다고 부탁하여 허락을 얻었다.

원광은 승려가 되어 계율을 지키게 되자, 배울 곳을 찾아다니며 말씀 읽기에 정성을 다하여 게으르지 않았다. 인연과 열반에 관한 경전을 마음 깊이 새겨두고, 모든 불경과 주석을 다 찾아보았다. 나중에 옛 오나라 땅 호구산虎丘山에 들어가 수행하되, 큰 깨달음과 섬세한 관찰 그 어느 것도 빠뜨리지 않았다. 그러자 승려들이 원광의 거처에 구름처럼 모여들었다. 개인의 수행과 깨달음에 관한 경전도 두루 섭렵하고 마음과 생각에도 힘썼다. 선한 일을 밝혀 쉽게 헤아릴 수 있었고, 소박하고도 강직하여 흐트러지는 일이 드물었다. 이런 생활이 원광의 본심과도 잘 맞아서, 여기서 평생 살기로 결심했다. 그래서 즉시 인간 세상과의 인연을 끊고 성자들의 자취를 찾아, 하늘 너머 세상을 꿈꾸며 끝내 속세를 버리기로 했다.

이때 호구산 아래 어떤 신도가 설법을 청했는데, 한사코 사양해도 간곡히 청하므로 부탁을 들어 주었다. 처음에는 인연, 나중에는 지혜에 관한 경전을 가르쳐주었더니, 생각과 풀이가 워낙 훌륭하여 좋은 질문이 많이 나왔다. 이어서 아름다운 대답으로 말과 뜻이 엮어지니, 듣는 이들이 다 기뻐하며 마음에 꼭 들어 했다.

해설

이렇게 속인과 대화했던 체험이, 훗날 원광에게 세속오계를
통한 소통과 실천으로 이어지지 않았을까 한다.

이날의 경험으로, 원광은 중생에게 옛 말씀 가르치는 일을 사
명으로 삼았다. 가르침을 한번 베풀 때면 강호의 관심이 다 쏠렸다.
그러니 지역이 다르더라도 두루 통했으며, 보기 싫은 듯도 불교의
도리로 다 씻을 수 있었다. 그 명성은 남조 전체를 가로지르니, 짐
지고 가시덤불 헤치며 오는 이들이 물고기 비늘만큼 많았다.

이때 수隋나라가 천하를 통일하여 남조도 복속하게 되었다. 진
나라가 멸망하여 수나라 병사들이 들이닥치니, 원광도 잡혀 죽게
되었다. 어떤 장군이 절 탑이 불타는 걸 보고 불 끄러 왔는데, 불난
흔적은 없이 원광이 탑 앞에 붙들려 죽을 상황이었다. 장군은 신기
하게 생각해서 원광을 풀어주었다. 위기가 닥쳐도 이런 영험한 일
이 있었다.

원광은 남조의 문화를 다 배웠으니, 북쪽의 옛 주나라, 진시황
의 진秦나라 문화도 보고 싶었다. 그러므로 589년 수나라 수도에
갔더니, 보살의 첫 법회가 열리듯 대승불교를 앞세운 섭론종攝論
宗이 일어났다. 원광도 경전의 말씀이 지닌 미묘한 단서를 지혜롭
게 풀이하여, 수나라 수도에서도 명예를 떨쳤다. 이렇게 업적을 이
루자, 원광은 고국에 돌아가서 승려로서 사명을 잇고 싶었다.

멀리 신라에서 이 소식을 듣고 수나라 임금께 여러 번 부탁해

서, 원광은 두터운 정이 담긴 칙서와 함께 귀국하게 되었다. 오랜만에 돌아온 원광을 노인부터 어린이까지 모두 반갑게 맞아주었다. 신라 진평왕도 원광을 만나보고 경건한 마음이 들어, 성인처럼 떠받들었다. 원광의 성품은 여유롭고 다정하여 모두에게 잘해주었고, 늘 화내지 않고 웃는 표정으로 말했다.

외교와 상소문 등 오가는 국서가 다 원광의 마음에서 나왔으니, 온 나라가 존중하여 나라 다스릴 방책을 맡기고 백성 가르칠 방법을 의논했다. 실제로 벼슬하지 않았지만, 나라를 다 살피는 셈이었다. 원광이 때맞춰 훈수 두었던 것들은 왕조가 바뀌어도 여전히 유지되고 있다.

원광이 늙어 수레를 타고 대궐에 들었다. 입을 옷, 먹을 약을 진평왕이 손수 마련하고, 남들은 돕지 못하게 하여 혼자 축복받으려 하였다. 진평왕은 이렇게 원광을 정성껏 공경했다. 임종할 때 진평왕이 직접 손을 잡고 가르침을 남겨 백성 구해주길 부탁하자, 원광이 온 나라 구석까지 두루 끼칠 좋은 징조를 말해 주었다.

640년, 원광은 느낀 바 있어 7일 만에 계율을 남기고, 머물던 황룡사에서 단정히 앉아 죽었다. 이때 나이 99세로, 630년의 일이라는 기록도 있지만 640년이 맞다. 이때 황룡사 동북쪽 허공 가득히 음악이 울리고, 신비한 향기가 절을 채웠다. 승려와 신도들 모두 슬퍼하면서도, 그 영험을 깨달아 거룩하다고 생각했다. 마침내 교외에 장사지낼 때, 나라에서도 수의와 장례 도구를 내려 임금과 동격으로 모시게 했다.

복 있는 이의 묘에 태아를 매장하면 대가 끊기지 않는다는 속설이 있었다. 그래서 어떤 신도의 태아가 뱃속에서 사산되자 몰래 원광의 무덤 옆에 묻었지만, 그날로 태아의 시체에 벼락이 쳐서 무덤 밖으로 던져졌다. 이 때문에 원광을 존경하지 않던 이들도 다 숭배하게 되었다.

원광의 제자 원안圓安은 지혜롭고 재치 있었다. 여행하며 깨달음 얻기를 바랐는데, 북으로는 고구려의 옛 수도 국내성, 동쪽으로는 함경남도 안변, 서쪽으로 옛 연나라, 옛 위나라 땅을 거쳐 중국 임금이 있는 수도로 갔다. 여러 곳 풍속과 불경 그리고 그 주석까지 찾아서 전체적인 주제와 세세한 내용까지 통달하였다. 나이 먹고 불교에 귀의했지만, 속세 신도들보다 수준이 높았다. 애초에 수도의 절에 머물며 소박하게 지냈지만, 명성이 높아져서 당나라의 공신 소우蕭瑀가, 자신이 세운 협서성 남전산의 진량사津梁寺에 머물게 하였다. 소우는 원안에게 의복, 음식, 탕약과 이부자리 등을 때맞춰 끊이지 않게 공급했다.

원안은 그 스승 원광에 대하여 이렇게 말한 적이 있다.

"우리나라 임금님께서 병들어 의원이 치료할 수 없었을 때, 원광 스님께 입궁해 달라 청했죠. 임금님은 스님을 따로 모셔서, 2시간씩 설법을 듣고 계율을 받아 참회하며 크게 믿었소. 그러던 어느 날 임금님과 왕후, 궁녀들이 다 함께, 원광 스님의 머리에서 황금빛 태양 같은 빛줄기가 온몸을 비춘 것을 보게 되었지요. 그 덕분에 믿음이 더 강해져 임금님 병실에 계속 머물게 했더니, 얼마 안 되어

차도가 있었소. 원광 스님은 한반도 남부에서 두루 포교하고, 매년 2번씩 강연을 열어 후학을 키웠다오. 받은 재물은 다 절 짓는 일에 쓰고, 옷과 공양 그릇만 남기셨소."

여기까지가 당나라 『속고승전』의 내용이다.

해설

이 부분은 신주편의 밀본 법사 이야기와 거의 똑같다.

그리고 여기서부터는 경주의 노인 정효貞孝의 집에 있는 옛 책 『수이전殊異傳』에 실린 「원광법사전」에 나오는 내용이다.

원광은 설씨薛氏로, 서라벌 사람이다. 불교의 가르침을 배우고자 출가하여, 나이 30에 삼기산三岐山에 홀로 조용히 도 닦으며 머물게 되었다. 4년 뒤 어떤 중이 와서 머지않은 데 암자를 짓고, 2년을 머물렀는데 성격이 드세고 주술을 잘했다. 원광이 밤에 혼자 불경을 읽을 때, 문득 신비한 목소리가 원광의 이름을 부르며 말했다.

"잘한다, 잘해요. 당신 수행 잘하네. 수행한다는 인간들 많지만, 규칙을 다 지키는 자 드물더라. 특히 이웃집 그 중은 얻는 것도 없을 주술에만 의존하고, 시끄러운 소리로 내 화를 돋우며 내 다니는 길에 늘상 얼쩡거린다오. 너무 미운 마음이 드니, 저를 봐서 다른 곳으로 가라고 좀 일러주시구려. 저 사람이 여기 오래 살면, 내가 그만 죄를 지을 것 같소."

다음 날 원광이 그 중에게 알려주었다.

"어젯밤 신령님 말씀을 들었는데, 거처를 옮기시지요? 안 그러면 재앙이 닥치겠소."

"열심히 수행한다더니, 마귀에게 홀렸구먼. 여우 귀신의 말 따위 왜 걱정해요?"

그날 밤 신이 다시 찾아와 말했다.

"내 말에 그 중이 뭐라 답했소?"

원광은 신이 노여워할까 봐 둘러댔다.

"아직 얘기를 못 했지만요. 잘 얘기하면 알아듣지 않겠습니까?"

"이미 다 들었소. 왜 말을 보태시나? 내가 어떻게 하는지 잠자코 지켜보시오."

작별하고 떠나자, 한밤중에 우레가 진동했다. 다음날 보니, 중이 살던 암자가 산사태에 묻혔다.

신이 다시 와서 말했다.

"어떻게 보셨소?"

"놀랍고도 무섭습니다."

"내가 삼천 년을 살아 신통력은 자신 있지만, 이따위 하찮은 일로 놀랄 게 못 되오. 미래의 일, 온 세상의 일, 내 모르는 게 없이 다 안다오. 당신이 지금 여기 안주하면 자신의 수행에는 이롭지만, 남들 돕는 실천이랄 게 없게 되오. 지금 이타적인 실천으로 이름을 떨치지 못한다면, 다시 태어난들 성불할 수 있으랴! 중국에 가서 대승불교를 배워 오면, 이 땅의 어리석은 중생을 보살필 수 있지 않겠소?"

"중국에 가서 배우고야 싶지요. 그런데 바다로나 육로로나 가는 길이 험해, 제 능력으론 못 갑니다."

그러자 신이 방법을 마련해 주어, 원광이 그에 따라 중국에 가서 11년을 머물렀다. 그동안 불교는 물론 유학의 글쓰기까지 배웠다.

해설

산신령이었던 여우 신은 토속 신앙의 존재지만, 주술적 신통력보다 이타적, 실천적 대승불교가 이 땅의 미래에 더 필요하다는 식견을 갖추었다. 여우 신의 이런 자세는 불교가 무속을 포용한 것만이 아니라, 고유신앙 쪽에서 대승불교에 대한 열망을 지닌 이들이 있었다는 사실을 암시하고 있다.

600년 혹은 601년, 원광은 짐을 꾸려 신라 진평왕의 사신과 함께 귀국했다. 전에 머물던 삼기산에 가서 신께 감사드리려 할 때, 밤중에 신이 예전처럼 이름을 부르며 나타났다.

"바다와 육로를 다 거쳐 잘 돌아오셨소?"

"신령님 덕분에 편안히 다녀왔지요."

"나도 당신 덕분에 불교에 귀의하고 싶구려."

그리하여 거듭 다시 태어나더라도 서로 돕고 지내리라 약속했다. 원광은 다시 부탁했다.

"신령님의 진짜 모습을 뵐 수 있을까요?"

"그게 보고 싶다면, 내일 아침 동쪽 하늘 끝자락을 보시오."

원광이 다음 날 아침 바라보니, 큰 팔뚝이 구름을 뚫고 하늘 끝까지 닿아 있었다. 그날 밤 다시 신이 찾아왔다.

"내 팔뚝 보셨소?"

"참 대단해 보이더군요."

그래서 팔뚝이 길다는 뜻의 '비장산臂長山'이란 이름도 생겼다. 신이 또 말했다.

"나같은 신의 몸으로도 죽음을 피할 수는 없다오. 머지않아 이 고개에 내 시신이 나타난다면, 원광 스님께서 먼 길 떠나는 이내 혼일랑 배웅해 주세요."

기약했던 날 가서 보니, 칠흑처럼 새까만 늙은 여우 한 마리가 헐떡거리다가 숨이 멎어 죽었다.

해설

원광과 여우 신의 우정에도 불구하고, 참모습은 죽음을 앞둔 순간에만 보여주고, 큰 팔뚝이라는 거짓 모습만 먼저 보여준다. 이것은 당시 불교가 고유신앙에 속한 존재들을 어떻게 대우했는지를 암시한다. 여기서의 여우 신은 고유신앙에 속하면서도 대승불교의 필요성을 자각한 식견을 갖추었지만, 그에 대한 존중은 개인적 차원에 머물고 비극적 죽음을 맞이했다.

원광은 중국에서 돌아와 늘 대승불교 경전을 강연했고, 신라의 임금과 신하들이 다 스승 삼아 존중했다. 이 무렵 고구려와 백제가 국경을 침범해 와 임금이 걱정하다가, 수나라에 파병을 요청하는 글을 원광에 부탁했다. 수나라 임금이 보고, 직접 30만 대군을 거느리고 고구려에 원정 갔다. 그리하여 원광이 유학의 글쓰기에도 능숙하다는 사실이 알려졌다. 84세에 세상을 떠나서, 경주 명활성明活城 서쪽에 장사지냈다.

　　한편 『삼국사기』 열전에는 이런 기록도 남아있다.

　　사량부의 현명한 사람 귀산貴山은 같은 동네 추항箒項과 친구였는데, 서로 이런 대화를 나누었다.

　　"우리가 벼슬하는 분들과 어울리려면, 마음과 몸가짐을 똑바로 해야 망신을 안 당하겠지. 현명한 분께 방법을 여쭈어볼까?"

　　두 사람은 원광이 수나라에서 돌아와 경북 청도 운문사雲門寺 부근에 머물고 있다고 듣고는, 그 문 앞에 가 부탁했다.

　　"저희는 속세에 살다 보니 아는 게 없습니다. 한 말씀 일깨워주시면, 평생 지킬 계율로 삼겠습니다."

　　원광이 말했다.

　　"불교에는 10가지 보살의 계율이 있지만, 임금님과 부모님을 모시는 자네들에게는 맞지 않네. 세속에서 지킬 다섯 계율을 이제 알려주겠네. 첫째, 충성으로 임금님 섬기고, 둘째, 효심으로 부모님 모시며, 셋째, 믿음으로 벗을 사귀게나. 넷째, 싸움터에서 물러서지 말 것이며, 다섯째, 가려가며 살생하게. 소홀함이 없이 실천하게."

"다른 계율이야 그대로 따르면 되는데, 가려가며 살생하라는 말씀은 잘 모르겠네요."

"불교에서 정한 매달 8, 14, 15, 23, 28, 30일 등 여섯 날짜, 그리고 어린 생명이 다 자라지 않은 봄과 여름에 살생하지 않는다면, 때를 가리는 것이네. 소, 말, 닭, 개 같은 자신이 키운 가축을 죽이지 않고, 잡아봐야 고기가 한 점도 안 나올 어린 것들을 죽이지 않는다면 생물을 가리는 것일 테지. 필요한 만큼만 죽이고 많이 죽이지 않는 게, 속세에서도 잘 지켜야 할 계율이라네."

"이제부터 삼가 잘 지키고, 어기지 않겠습니다."

두 사람은 훗날 종군하여, 모두 특별한 공을 세웠다.

613년 가을 수나라 사신 왕세의王世儀가 왔을 때, 황룡사에서 여러 고승을 모시고 나라를 위한 법회를 열며 원광을 맨 윗자리에 앉게 했다.

논의를 더 하겠다. 이차돈이 순교하여 불교의 토대를 닦았지만, 아직은 깊이가 부족했다. 우매한 중생들이 깨닫도록, 계율을 지키고 참회하게 해야 마땅했다. 그러므로 원광은 지내던 청도 부근에다가, 놀이의 방식으로 포교하는 점찰법회占察法會를 열기 위한 재단을 마련했다. 이때 시주받던 어떤 여승이 이 재단에 바친 밭이 지금 동평군東平郡의 밭 100결로, 고려 후기에도 여전히 문서가 남아 있었다.

원광은 여유로운 성품에, 늘 미소를 띠며 성내는 표정은 짓지 않았다. 나이 들어 수레를 타고 입궁하면, 덕망과 위엄 있는 이들도 함부로 대하지 못했다. 온 나라가 들썩일 만한 명문장을 짓다가, 나이 80이 되어 세상을 떴다. 그의 부도는 명활산 서쪽, 여우 신과 만났던 삼기산 금곡사金谷寺에 있다. 당나라 『속고승전』에서는 황룡사皇隆寺에서 세상을 떴다고 했지만, 그런 곳은 없고 황룡사를 잘못 쓴 것이리라. 분황사를 왕분사王芬寺라고도 하는 것과 마찬가지다.

위의 『속고승전』과 『신라수이전』 두 기록에 따르면 성씨가 박씨와 설씨, 출가한 곳도 신라와 중국으로 달라서, 별개의 사람인 듯 확실하지 않다. 그래서 둘 다 실었다. 그러나 어느 전기에도 다음 이야기에서 보양의 행적이었던, 용왕의 아들로서 운문사를 재건했다는 등의 이야기는 나오지 않았다. 그런데도 신라 사람 김척명金陟明은 떠도는 말을 잘못 듣고, 「원광법사전」을 윤문하면서 운문사의 시조 보양의 행적과 하나로 합쳐버렸다. 훗날 『해동고승전』을 편찬할 때도 이 오류가 이어져 많이들 헷갈렸다. 그러므로 여기서 한 글자도 더하거나 덜하지 않고 두 기록을 자세히 실어 논증하였다.

남조 진나라와 북조 수나라에 해동 사람이 건너가 배운 자 드물었다. 설령 있더라도 크게 되진 못했었지만, 원광 이후로 중국으로 유학 가는 이들이 끊임없이 나왔다. 원광이 길을 연 것이었다. 기리어 말한다.

바다 건너 중국의 구름 처음 뚫리고
얼마나 많은 이들이 불교를 배우러 오갔던가?

옛 자취 청산에 남았다면

청도 금곡사의 일 들을 수 있으려나.

5-2. 보양과 용왕의 아들 이무기

승려 보양寶壤의 고향이나 혈연에 대해서는 전해지지 않는다. 경북 청도군의 공문에 따르면 다음과 같다. 943년 1월, 청도의 벼슬아치 순영順英과 수문水文 등은 땅문서를 남겼다. 운문사는 남쪽으로 아니점, 동쪽은 가서현을 경계로 삼아 장승을 세워 두었다. 승려들은 보양이 총괄하며 주지는 현회玄會로, 실무는 현양玄兩, 신원信元 등이 맡았다. 그리고 946년의 운문사 장승에 대한 공문에는 아니점, 가서현, 묘현, 서북쪽의 매현[면지촌], 북쪽 저족문 등의 11개 장승이 나와 있었다고 한다. 1230년 최씨 무신정권의 관부에서는, 5도의 관찰사에게 도마다 절의 내력과 지리를 살펴 문서를 만들게 했다. 이때 이선李僐이라는 사람이 운문사에 대하여 위와 같이 기록했다.

1161년 9월의 청도군에 전하는 「고적비보기古籍裨補記」에는, 청도의 호장 이칙정李則楨의 집에 이두로 전했던 옛 기록이 실려 있었다. 그 내용은 김양신金亮辛, 민육旻育 등 은퇴한 호장과, 윤응전尹應前, 용성用成 등의 호장과 지방 향리의 자제 진기珍奇 등의 말이었고, 이사로李思老 태수와 김양신金亮辛은 89세, 나머지는 70세 이상으로 용성用成만 60세가 넘었다. 이하 생략한다.

신라 이후로 운문사(당시 이름은 작갑사, 鵲岬寺)에 속했던 다섯 갑사, 대작갑, 소작갑, 소보갑, 천문갑, 가서갑 등은 모두 폐사되어, 기둥만 모아 운문사에 보관했다.

운문사의 시조 보양은 중국에서 불교를 배우고 돌아오던 길이었다. 서해 바다 용궁에 들어가 불경을 외워 주고는, 황금빛 비단 승복 한 벌을 받았다. 그리고 용왕은 아들 이무기에게 보양을 모시게 하며 말했다.

"옛 삼국 땅이 다 혼란스러운데 아직도 불교를 제대로 믿는 임금이 없소이다. 내 아들과 작갑산에 가서 절을 짓고 머무시오. 그러면 도적도 피할 수 있고, 몇 년 안에 불교의 가르침을 잘 지키는 현명한 임금이 나타나 삼국을 다시 통일하리다."

대화를 마치고 귀국하여 이 고을에 다다르니, 문득 자신을 원광이라고 하는 노승이 나타나 도장이 들어있는 상자를 주고 사라졌다. 앞에 나왔듯이, 원광은 남조 진陳나라 말기에 중국에 갔다가 581~600년 사이에 귀국하여, 가서갑에 머물다 황룡사에서 세상을 떴다고 한다. 여기서 원광이 나타난 시점은 934~935년이므로 300년 만의 일이다. 원래 있던 다섯 갑사 절간이 다 사라져 안타까워하다가, 보양이 와서 다시 절을 짓는다고 하니 기뻐하며 만난 것이었다.

그리하여 보양이 폐사를 다시 세우려고 북쪽 고개에 올라 경치를 보았다. 누런 5층 탑이 있는 뜨락이 보이길래 내려와 찾았지만, 흔적도 없었다. 다시 올라가 보니 까치 떼가 땅을 쪼는 광경이 보였다. 용왕이 말해 주었던 '작갑'이란 산 이름의 '까지[鵲]'를 떠올랐다. 그곳을 파자 벽돌이 무수히 나왔으므로, 쌓아서 탑을 만들었다, 단 하나의 벽돌도 남김없이 꼭 들어맞았다. 그래서 예전의 절터였음을 깨달아, 절을 짓고 머물며 작갑사란 이름을 붙였다.

　　얼마 후 고려 태조가 삼국을 다시 통일하였다. 보양이 절을 짓고 머문다는 소식을 듣고는, 다섯 갑사의 몫으로 밭 500결을 내렸다. 937년 '운문사'라는 현판을 내리고, 용궁에서 가져온 승복의 영험을 받들게 했다.

　　이무기는 절 옆 작은 연못에서 늘 지내며, 남몰래 사람들을 도왔다. 가뭄이 들어 밭의 곡식도 타들어 가던 어느 해, 보양의 부탁에 따라 이무기는 비를 내려 한 지역을 만족하게 했다. 그러자 자기 소임도 아닌 일을 함부로 했다고, 상제가 이무기를 죽이려고 했다. 이무기가 보양에게 살려달라고 하자, 책상 아래 숨겨주었다. 잠시 후 천사들이 마당에 나타나 이무기를 내놓으라고 하자, 보양은 마당의 배나무가 한자로 '이목梨木'이니 바로 이무기라고 했다. 그래서 배나무에 벼락을 치고 하늘로 돌아갔다. 부러진 배나무는 이무기가 어루만져 되살려주었는데, 혹은 보양이 주문으로 살려냈다고도 한다. 얼마 전 그 나무가 땅에 쓰러졌는데, 누군가 빗장과 몽치로 만들어 법당과 식당에 두었다. 몽치 자루에는 글귀가 있다.

　　앞서 보양이 당나라 다녀오는 길에, 경남 밀양 봉성사에 머물던 적이 있었다고 한다. 고려 태조가 동쪽을 정벌하려고 청도 근처, 견성犬城이라는 험지에서 산적과 대치 중이었다. 태조가 산 아래에서, 잘난 척하고 항복하지 않는 산적을 꺾을 방법을 보양에게 물어보았다.

"견성이란 이름에 나오는 개[犬]란, 밤에는 지키고 낮에는 지키지 않는 데다가, 앞은 지켜도 뒤는 모르는 본성이 있지요. 그러니 낮에 뒤쪽으로 쳐들어가세요."

태조가 그 말을 따른 덕분에 항복을 받아냈다. 그 지략을 대단하게 생각해서, 매년 이웃 고을의 곡식 50석을 시주하게 했다. 그래서 보양과 태조 두 성인의 그림을 모시고, 봉성사란 이름을 붙였다. 보양은 훗날 작갑사로 옮겨 절을 부흥시키고 죽었다.

보양의 행장으로 기록에 남은 것은 없고, 떠도는 이야기가 있다. 석굴암 승려 비허備虛와 형제로, 봉성사, 석굴암, 운문사 세 절이 있는 산의 봉우리를 이어 붙여 서로 오갔다는 것이다.

후세의 사람이 『신라수이전』을 개편하면서, 까치들의 알려준 탑과 이무기의 사건을 원광의 전기에 갖다 붙였고, 견성에서 있었던 고려 태조와의 이야기는 석굴암 승려 비허에게 이어 붙였다. 다 오류이다. 그런데 『해동고승전』을 엮은이도 그대로 따랐다. 그리하여 보양은 전기도 없고, 후손들이 잘못 알게 했으니 너무 심하다.

5-3. 지팡이를 부리는 양지

승려 양지良志의 혈통과 고향은 알 수 없다. 선덕여왕 때(632~

647년) 행적이 나타날 뿐이었다. 지팡이 끝에 포대를 걸어놓으면, 저절로 날아 신도들의 집에 이르러 소리를 냈다. 그러면 알아차린 집에서 시주받아 돌아왔다. 그래서 양지가 머물던 절은, 지팡이라는 뜻의 석장사錫杖寺였다.

이렇게 헤아리지 못할 정도로 신비로운 사람이었는데, 다양한 재능도 갖추어 역시 비할 데 없었다. 영묘사의 장육존상과 천왕상, 벽돌탑의 기와, 사천왕사 탑 토대의 8부 신장, 법림사의 주불 삼존상과 금강신상 들을 다 그가 만들었다. 서예도 역시 잘해서, 영묘사, 법림사 두 절의 현판도 썼다. 또한 벽돌로 작은 탑을 만들어, 그 안에 3,000개의 불상을 모시고는 절 안에 모시고 공경했다.

마음을 가다듬어 무념무상의 상태로 마주한 모습을 바탕으로 영묘사의 장육존상을 만들었다. 그때 많은 남녀가 재료가 될 진흙을 앞다투어 날라주며 불렀던 〈풍요〉가 남아있다.

오다. 오다. 오다.
오다. 서럽더라.
서러운 우리네,
공덕 닦으러 오다.

여기서 유래하여, 사람들은 지금도 방아를 찧는 등 노동할 때 이 노래를 부르게 되었다. 이 장육상을 만들 때, 곡식 23,700섬이 들어갔다고 한다. 양지는 덕을 온전히 갖춘 대가였지만, 사람들은 그 기술의 끝자락만 겨우 기억한다고 평할 만하다. 기리어 말한다.

> 제사를 마친 법당에 한가로운 지팡이
> 고요히 혼자 향불 피우는 오리 모양 향로
> 불경 마저 다 읽고 할 일도 없으면
> 빚으셨던 부처님 모습 합장하며 보리라.

5-4. 인도로 떠난 승려들

『대당서역구법고승전大唐西域求法高僧傳』은 인도에 다녀온 중국 승려들의 일대기인데, 이런 기록이 있다.

아리나발마阿離那跋摩라는 신라 승려가 불교를 배우러 중국에 처음 왔다가, 부처님 자취를 살피고는 더욱 용기를 내어 627~649년 사이에 장안을 떠나 인도로 갔다. 인도 불교의 중심지 나란타사那爛陀寺에 머물며, 불경을 많이 읽고 그 내용을 적었다. 발마는 신라에 꼭 돌아가고 싶었지만, 그러지 못하고 70세에 나란타사에서 죽었다.

발마 이후로도 신라의 혜업惠業, 현태玄泰, 구본求本, 현각玄恪, 혜륜惠輪, 고구려의 현유玄遊 그리고 이름 모를 스님 두 분까지, 모두 위험을 마다하지 않으며 불교를 배우고 부처님의 자취를 살피고 싶었다. 도중에 죽기도, 살아서 나란타사에 머물기도 했지만, 신라로 돌아온 이는 끝내 없었다. 현태라는 사람만 겨우 당나라까지는 돌아왔지만, 결국 귀국할 수 없었는지 그 종적을 알 수 없다.

　인도에서는 신라를 '구구타예설라矩矩吒醫說羅'라고 부른다. '구구타'는 닭, '예설라'는 귀하다는 뜻이다. 인도에 전해지기로는, 신라가 닭의 신을 공경하므로 닭의 깃을 머리에 꽂아 장식했다고 한다. 기리어 말한다.

　　산 너머 또 산, 인도에 가겠다고
　　고생하며 올라가는 스님들이 가련해라.
　　저 달도 몇 번이나 홀로 가는 배 배웅했건만,
　　구름 따라 돌아온 배, 단 한 척도 없었다네.

5-5. 속세에 머물던 혜숙과 혜공

　승려 혜숙惠宿은 화랑 호세랑好世郎의 낭도였다가, 명단에서 이름을 지우고 안강현 적선촌赤善村에 은둔했다. 그리고 20년이 흘렀다. 구참瞿旵은 화랑의 우두머리인 국선이었는데, 늘 그 근처에서 사냥하곤 했다. 어느 날 혜숙이 길가에서 구참이 탄 말의 고삐를 잡고 부탁했다.

　"제가 따라가도 되겠습니까?"

　구참이 승낙하자, 혜숙은 옷을 벗고 이리저리 뛰며 앞다투어 사냥감을 잘 몰아다 주었다. 구참은 즐거웠고, 앉아서 쉴 때 고기를 여러 번 구워 혜숙과 함께 먹었다. 혜숙은 싫은 기색 없이 먹다가, 구참에게 말을 걸었다.

"마침 맛난 고기가 있는데, 드셔 보시렵니까?"

"좋지요."

혜숙은 사람들을 막더니, 자기 허벅지 살을 잘라 쟁반에 올렸다. 옷에 피가 흐르는 모습에 구참은 놀랐다.

"왜 이러시오?"

"처음엔 당신이 인자한 사람인 줄 알았습니다. 자신에게 관대하듯, 다른 생물과도 그렇게 소통할 줄 알았죠. 그래서 따라다니며 보았더니, 좋아하는 게 살육하고 해쳐서 자신을 살찌우는 것뿐이더군요. 이러니 인자한 지도자라 할 수 있겠소? 나는 당신과 못 사귀겠소."

혜숙이 옷을 떨치고 가 버리니, 구참은 부끄러웠다. 혜숙이 먹었던 자리에 고기도 없어지지 않았다.

구참은 신기하다고 생각해서 조정에 알렸다. 진평왕이 듣고는, 사자를 보내 혜숙을 초청하였다. 그런데 혜숙은 어떤 여인의 침실에서 자고 있었다. 이 모습을 본 사자가 혜숙은 음란한 사람이라 판단하고 돌아가는 길에, 7, 8리쯤 거리에서 다시 혜숙과 마주쳤다. 반대편 방향에서 보았던 혜숙과 다시 마주치자 어리둥절한 사자는 혜숙에게 어디 있다가 오는 길인지 물었다.

"서라벌의 신도 집에서 7일 동안 불공 드리다가, 마치고 오는 길이라오."

사자가 진평왕에게 전하여, 사람을 그 신도 집에 보내 알아보았더니 사실이었다.

얼마 후 혜숙이 갑자기 죽었다. 마을 사람들이 이현耳峴 고개 동쪽에 장사지냈다. 그런데 고개 서쪽에서 오던 마을 사람이 혜숙을 만나, 어디 가냐고 물었다.

"여기 오래 있었더니, 다른 나라에도 가서 노닐고 싶어졌네."

혜숙은 작별하고 몇 발짝 가다가, 구름을 타고 날아갔다. 동쪽에서 아직 장사 지내는 사람들에게 곡절을 알려주고, 무덤을 파헤쳐보니 짚신 한 짝만 남아있었다. 지금 안강현 북쪽 혜숙사 자리가 그 머물던 집으로, 사리 탑도 있다.

승려 혜공惠空은 귀족 천진天眞의 집에 더부살이하던 할멈의 아들로, 어릴 때 우리말 이름은 '우조憂助'였다. 우조가 7살 때, 천진이 종기 탓에 죽을 지경이 되어 문병 손님이 거리를 메웠다. 우조는 그 어머니에게 물었다.

"왜 집에 손님이 이렇게 많아요?"

"주인마님께서 몹쓸 병으로 사경을 헤매신단다. 넌 몰랐니?"

"우조가 도와드릴 수 있어요."

할멈은 이상하게 생각했지만, 천진에게 알려주었다. 천진이 불러서 침상 옆으로 데려왔더니, 한마디 말도 없이 잠깐 있다가 종기가 터졌다. 천진은 우연이라 생각하고 그러려니 했다.

우조는 자라서 매 기르기를 맡았는데, 천진의 마음에 들게 잘

했다. 천진의 동생이 지방관이 되어 외직을 맡자, 매 한 마리를 골라 달라 해서 자신의 부임지로 데려갔다. 어느 날 천진이 그 매 생각이 나서, 다음날 밝으면 우조를 시켜 찾아오게 하려고 했다. 그런데 우조가 먼저 알고는, 다음날 밝기도 전에 매를 대령했다. 천진은 깜짝 놀라, 예전에 종기를 고쳤던 일까지도 다 기적이었다고 깨달았다. 그래서 우조에게 말했다.

"성인께서 이 집에 오신 줄도 모르고, 그동안 무례한 말과 행동으로 욕보였습니다. 어찌하면 이 죄를 씻을까요? 이제부터 저희 스승이 되셔서 이끌어 주십시오."

말을 마치더니, 절했다.

이렇듯 신비한 일이 나타났고, 출가하여 '혜공'으로 이름을 바꾸었다. 작은 절에 머물며 술에 취해 미친 듯이, 삼태기를 짊어지고 거리를 떠돌며 노래하고 춤추었다. 삼태기[賈]를 짊어졌으므로[負], '부궤화상'이라 불렸다. 살던 절도 삼태기의 우리말에 해당하는 '부개사'라는 이름이 되었다. 그리고 절간 우물에 몇 달씩 들어가 나오지 않기도 해서, 우물에 혜공의 이름이 붙었다. 우물에서 나올 때면 푸른 옷을 입은 동자가 먼저 나타났으므로, 부개사 승려들은 동자를 보면 혜공이 나오길 기다렸다. 혜공이 우물에서 나오면, 옷은 하나도 젖지 않은 상태였다.

늙어서 포항의 항사사恒沙寺, 지금의 오어사吾魚寺에 머물렀다. 항사사란 이름은 항하사, 곧 갠지스 강의 모래처럼 많은 이들이 출가했다는 뜻이다. 이때 원효가 여러 불경에 주석을 달다가, 혜공을 찾아와 문답을 나누기도 했고 장난도 쳤다.

어느 날 혜공과 원효가 개울 따라 물고기와 새우를 잡아먹고 바위 위에 용변을 보았다. 혜공이 보고는 장난으로 말했다.

"너는 똥을 쌌고, 나는 물고기를 쌌다."(혹은 "네 똥은 내가 먹은 물고 기다.")

그래서 나는 물고기, 오어사란 이름이 생겼다. 어떤 이는 원효 의 말이라지만, 그렇지 않다. 어떤 이들은 이 개울을 모의천芼矣川이 라 잘못 부르기도 한다.

앞서 나왔던 국선 구참이 산에 갔다가, 산길에서 혜공의 시신을 발견하고는, 구더기투성이가 된 모습에 오래도록 안타까워했다. 그 러다가 성에 돌아갔더니, 혜공이 거리에서 술에 취해 노래하며 춤 추는 것이었다. 언젠가는 혜공이 풀로 새끼를 꼬아 영묘사에 들어 가, 본당과 여러 건물에 금줄을 둘렀다. 관리하는 승려에게 3일 뒤 에 풀라고 하여, 이상했지만 그 말을 따랐다. 3일 후 선덕여왕이 영 묘사에 들렀을 때, 불귀신이 된 지귀志鬼의 가슴에서 불이 나 탑까 지 다 탔지만, 금줄을 두른 곳만 무사했다.

또한 신인종神印宗의 시조 명랑明朗이 금강사金剛寺를 새로 짓고, 법회를 열어 고승들이 다 모였지만 혜공이 오지 않았다. 명랑이 향 을 태워 빌자, 얼마 후 혜공이 왔는데 큰비에도 옷과 신발에 물과 흙 자국이 없었다. 혜공은 명랑의 정성이 지극하여 왔다고 했다. 신 비한 일이 이렇게나 많았는데, 마지막엔 허공에서 세상을 떴고 사 리도 많이 나왔다. 『조론肇論』이란 책을 보더니 자신이 전생에서 지은 것이라고 했다니까, 전생에 동아시아 초기 불교 저술가였던,『조론』의 저자 승조僧肇였을 것이다. 기리어 말한다.

> 초원에서 사냥하고 침상에 눕던 날이나
> 술집에서 노래하고 우물에 자던 날이나
> (다 뒤로 하고) 짚신 한 짝 남기고 허공으로 떠나다니
> (혜숙과 혜공은) 세속의 불꽃 속 연꽃 같은 한 쌍이라네.

5-6. 계율을 확립한 자장

자장 큰스님은 본래 진골이던 김무림金虎林 소판의 아들이다. 김무림은 고위 관료였지만, 아들이 없어 불교를 믿고 관음보살에게 이렇게 빌었다.

"아들을 낳으면 출가시켜 뛰어난 승려가 되게 하겠습니다."

어머니가 문득 품 안에 별이 쏟아지는 태몽을 꾸고는 임신했다. 석가모니와 같은 날짜에 태어나서, 선종이라 이름 지었다. 선종은 마음이 맑고 문장력도 좋아졌지만, 세속에는 뜻이 없었다. 양친을 여의자 더욱 세속이 싫어져서, 처자식을 버리고 재산을 바쳐 원령사라는 절을 세웠다. 혼자 깊고 험한 곳에 머물며, 맹수도 피하지 않고 철저히 고행했다. 작은 방을 만들어 가시덤불로 에워싸고, 알몸으로 안에 앉아 움직이면 찔리게 했다. 졸지 않게 머리도 들보에

묶었다.

이 무렵 재상 자리가 비었는데, 진골 신분이던 자장이 적임자라 판단하여 여러 번 불렀지만 듣지 않았다. 듣지 않으면 처형한다는 명이 내려왔지만, 자장은 말했다.

"계율을 깨고 백년을 사느니, 계율을 지키며 하루를 살다 죽겠습니다."

이렇게 알려져 임금도 출가한 상태로 있으라 허락했다. 바위산 깊숙이 머물며 음식도 챙겨 먹지 않았지만, 신비한 새가 과일을 물어다 주기에 손 내밀어 먹고 지냈다. 그러다가 천사가 다섯 계율을 내려주는 꿈을 꾸고, 하산하여 앞다투어 오는 마을 사람들을 입교시켰다.

자장은 변두리에서 태어났다고 한탄하고, 중국 불교를 배우고 싶어 했다. 636년 제자인 승려 실實 등 10명과 함께 왕명으로 당나라에 가서 청량산을 찾았다. 산에는 하느님이 장인들을 거느리고 만들었다고 전하는 문수보살의 조각이 있었다. 자장은 그 앞에서 기도했고, 문수보살상이 이마를 만지고 인도어로 된 게송을 내려주는 꿈을 꾸었다. 깨어나도 외국어로 된 게송을 이해할 수 없었는데, 아침에 기이한 승려가 나타나 번역해 주었다. 여기까지는 탑상편 「황룡사 9층탑」에 나왔던 내용이다.

그리고 그 승려는 자장에게, "그 어떤 가르침도 이보다 나은 게 없다." 하고는 석가모니의 승복과 사리를 주고 사라졌다. 당나라 『속고승전』에 이런 내용이 없는 이유는, 자장이 숨겼기 때문이었다. 자장은 문수보살의 은총이 자신에게 내렸다고 깨닫고는, 북쪽 오대산에 내려와 태화지를 거쳐 장안으로 갔다. 당 태종은 사자를 보내 위문하고, 별당에 편히 지내도록 했다. 그러나 자장은 후한 대접도 거추장스러워하며, 작별의 서신을 올리고 종남산 운제사 동쪽 벼랑으로 떠나 바위 사이에 집 짓고 3년을 지냈다. 지역민과 토착신들이 입교하여 영험을 보인 일이 너무나 많아 다 실을 수 없을 정도였다. 그러다가 다시 장안으로 돌아가, 다시 임금의 위문과 함께 비단 200필을 받아 의복과 살림에 썼다.

643년 신라의 선덕여왕이 자장의 귀국을 허락해 달라고 간청하였다. 당나라 임금은 수락하고 자장을 궁궐로 불러들여 비단 승복 1벌과 채색 비단 500단을 하사하고, 태자도 비단 200단과 예물을 많이 주었다. 자장은 신라에 경전과 불상이 부족하다고 생각해서, 대장경 1질과 깃발, 일산의 뚜껑 등 복을 빌 수 있는 불교 용품을 다 챙겼다. 자장의 귀국은 온 신라가 다 환영했으며, 분황사[왕분사]에 모시고 극진히 대접했다. 어느 여름날 궁중에서 대승불교에 대해, 황룡사에서 7일 밤낮 동안 불교의 계율에 관하여 자장이 강의했다. 그때 하늘에서 반가운 비가 내리고, 구름과 안개가 강당을 뒤덮어서 모두 감복했다.

다음은 조정에서 의논하여 선덕여왕에게 올린 내용이다.

"불교가 우리나라에 전해진 지 오래건만, 지키고 받드는 규칙이 없습니다. 통제하지 않는다면 바로잡을 수도 없겠습니다."

이에 자장을 '대국통大國統'으로 삼아, 모든 승려를 다스릴 법규에 관한 권한을 맡겼다. 그런데 시대에 따라 승려를 관리하는 직책의 명칭과 임기, 그 인원 숫자는 제각각이었고, 늘 대국통 1인이 있었던 게 아니었다. 대각간, 태대각간이라는 명칭이 각각 일시적으로 부례랑과 김유신에게 붙었던 것과도 같다. 또한 자장이 당나라에 입국할 때 태종이 맞이하여 『화엄경』을 강의하자, 달콤한 이슬이 하늘에서 내려왔기에 나라의 스승으로 삼았다는 말도 떠돈다. 그런데 당나라나 신라 모두에 그런 기록은 없다.

자장은 이 기회에 자기 뜻을 불교계에 널리 퍼뜨리고자 했다. 모든 승려와 승려 될 준비하는 이들의 학습량을 늘리고, 보름마다 계율에 대한 설법을 듣게 했다. 그래서 겨울과 봄에는 계율을 지키고 어긴 것을 알게 시험을 치도록, 인원을 두어 관리했다. 서라벌 바깥의 절들 역시 승려들의 실수를 감시하여, 경전과 불상을 늘 규정대로 정비하게 했다. 이때 불교의 계율이 가장 잘 지켜져, 공자가 노나라의 궁중음악을 바로잡은 것과도 같았다.

이때 신라 사람들 열에 아홉은 불교에 입교했으며, 삭발하고 승려가 되려는 이들도 차츰 늘어갔다. 그러므로 경남 양산에 통도사를 지어, 탑상편 「전후소장사리」에도 나왔던 계단을 만들어, 사방에서 온 이들에게 계를 내려 출가시켰다. 고향의 집을 고쳐 원녕사元寧寺를 세웠던 날, 『화엄경』 전체를 강의하니 52종류의 중생을 각각 상징하는 52명의 여신이 나타나 들었다. 자장은 제자들에게 52그루의 나무를 징표 삼아 심게 하고, '지혜의 나무'라는 이름을 붙였다.

자장은 신라의 의복을 중국과 똑같이 하자고 조정에 아뢰어, 그러자는 허락을 받았다. 그리하여 649년 진덕여왕 3년에 비로소 중국식 의관을 입기 시작했으며(=신라 금관을 더 이상 쓰지 않게 되었다는 의미.), 이듬해 650년에는 중국의 달력과 연호를 채용했다. 이 덕분에 중국에 조공하는 사신을 보낼 때면, 좋은 자리에 앉게 되었다. 다 자장의 공로였다.

늘그막에 서라벌을 떠나 강릉에 수다사水多寺를 짓고 머물렀다. 게송을 번역해 주었던 그 기이한 승려가 또 꿈에 나왔다. 중국의 오대산 북쪽에서 보았던 그 모습으로 나타나서는 말했다.

"내일 대송정大松汀에서 만납시다."

놀라서 벌떡 일어나 일찌감치 대송정으로 갔다. 과연 문수보살이 나타났으므로, 자장은 가르침을 청했다.

"태백산 덩굴 두른 곳에서 다시 만납시다."

그러고는 사라져서 다시 나타나지 않았다. 대송정에는 가시나무나 새매가 지금도 나타나지 않는다.

자장이 태백산에 가서는, 나무 아래 큰 구렁이가 똬리 튼 곳을 찾아서 제자에게 말했다.

"여기가 덩굴 두른 곳이라네."

지금은 정암사가 된 석남원石南院을 짓고, 문수보살이 나타나길 기다렸다. 그렇지만 남루한 옷차림의 늙은 거사가 나타났는데, 죽은 강아지를 칡 삼태기에 짊어지고 자장의 제자에게 말을 건넸다.

"자장을 만나고 싶다네."

"내가 스승님을 모신 이래로 그 존함을 막 부르는 놈이 없었는데, 네가 누구라고 이런 미친 소리를 해?"

"알려주기만 해 다오."

시종이 들어가 아뢨지만, 자장은 무심코 내뱉었다.

"미친 사람인가?"

돌아온 제자에게 내쫓기며, 거사는 외쳤다.

"가겠네. 암, 떠나야지. 자만심으로 남을 무시하는 사람이 어찌 나를 알아보랴?"

거사는 삼태기를 기울여 개를 사자로 탈바꿈시키고는, 빛을 내뿜으며 타고 사라졌다. 자장이 이 말을 듣고 예의를 갖추어 남쪽 고개까지 쫓아갔다. 그러나 행방이 묘연해져 더 따르지 못하게 되자, 몸을 던져 죽었다. 자장의 유골을 거두어 동굴에 모셨다.

자장이 만든 절과 탑이 10여 곳인데, 하나하나 다 신비한 일이 있었다. 그래서 남성 신도들이 온 거리 가득 시주하여, 며칠이 채 못 되어 완성하곤 했다. 자장의 유품, 옷과 버선, 중국 태화지의 용이 바친 오리 모양 목침과 석가모니의 승복 등은 다 통도사에 있다. 이 오리 모양 목침의 오리가 울산에서 노닐던 신비한 일이 있었다. 그래서 그 자리에 오리가 논다는 뜻의 압유사鴨遊寺라는 절이 생겼다.

그리고 원승이라는 승려가 자장보다 먼저 중국 유학을 떠났다가, 함께 귀국하여 계율을 확립하는 일을 도왔다고도 한다. 기리어 말한다.

청량산 향했던 꿈 깨어 귀국하니,

온갖 계율 한꺼번에 지켜지네.

승려나 속인이나 입은 옷 다 참담해서

신라 의관을 다 중국처럼 바꿨다네.

5-7. 거리낌 없던 원효

성현 원효元曉는 설薛씨로, 적대공赤大公이라고도 부르는 잉피
공仍皮公의 손자였다. 지금 적대 연못 옆에 잉피공의 사당이 있으며,
원효의 아버지는 내말 벼슬을 지낸 담내談捺였다. 원효는 경북 경산
불지촌佛地村 북쪽 밤골의 사라수裟羅樹 나무 아래에서 태어났다. 석
가모니가 태어난 곳의 나무와 똑같은 이름을 지닌 이 사라수 나무에 대
해서 다음과 같은 이야기가 있다.

원효의 집은 밤골 서남쪽에 있었는데, 원효의 어머니가 만삭이
되어 이 밤나무 아래를 지나다가 집에 돌아갈 틈도 없이 갑작스레
해산했다. 일단 남편의 옷을 나무에 걸어 침소를 마련했으므로, 옷
을 건다는 뜻의 사라수라는 이름이 붙었다. 이 나무에서 열리는 밤
은 평범한 밤과는 달라서, 지금도 '사라밤'이라 부른다. 옛날 옛적,
이 근처 절의 주지가 종에게 끼니마다 밤 2개씩 주었다. 종은 끼니
가 적다고 소송을 걸었지만, 이상하게 생각한 원님이 살펴보니 밤
1개가 한 사발 가득 담겼다. 그래서 끼니마다 1개만 주라고 판결했

으므로, 밤골이란 이름이 붙은 것이다.

　원효는 출가할 때 자기 집을 바쳐 초개사를 짓고, 출생했던 밤나무 근처에 사라사라는 절도 지었다. 그 행장에 서라벌 사람이라 했던 것은 그 조상에 해당하는 것으로, 당나라『속고승전』에는 하상주 사람이라 했다. 665년 문무왕 시절 행정 구역 개편 기록을 참고하면, 여기서 '하상주'란 하주의 속현 압량군으로, 불지촌을 포함하고 있으며 경북 상주 근처이기도 하다. 원효의 어린 시절 이름은 '서당誓幢'으로, '새털'이라고도 부른다. 어머니가 별똥별이 품에 드는 꿈을 꾸고 태기가 있어, 해산할 때 오색구름이 뒤덮었다. 617년, 수나라 양제 때 일이었다.

　원효는 태어날 때부터 특별해서, 스승을 따라 배우지 않았다. 그가 수행했던 자취와 여러 업적은 당나라의『속고승전』과 행장에 다 실려 있으므로, 여기서 되풀이하지는 않겠다. 전해지는 특이한 일 한 두 가지만 살펴보자.

　원효가 어느 날 이상한 몸짓을 하며 거리에서 노래했다.

　"뉘라서 자루 빠진 도끼 좀 주려오? 하늘 받칠 기둥을 찍으려오."

　다들 몰랐지만, 태종 무열왕은 듣고 말했다.

　"스님께서 귀부인에게 현명한 아들을 보시려는구나. 현명한 사람이 나온다면, 나라에 그보다 더한 이득이 없으리라."

　이때 요석궁瑤石宮에 과부가 된 공주가 살았다. 원효를 맞이하려고 사자를 보내 찾아, 경주 남산 내려와 문천교에서 만나게 되었다. 원효는 일부러 물에 빠져 옷을 젖게 했다. 그러자 사자는 요석궁으로 원효를 모시고, 옷을 벗어 말리도록 했다. 이렇게 요석궁에 묵었고, 공주는 임신하여 설총을 낳았다. 설총도 태어날 때부터 총명해서, 유학의 경서와 역사에 통달하여 신라 10대 현자 중 1인이 되었다. 한국어 발음으로 중국과 신라의 풍속이며 사물의 이름을 다 나타낼 수 있었고, 유학의 경서에 다 주석을 달아 아직도 우리나라의 경서 주석에 끊임없는 영향을 끼치고 있다.

원효는 설총薛聰을 낳자, 속인의 옷으로 갈아입고 소성거사小姓居士를 자처했다. 언젠가 광대들의 춤 도구인 모양이 이상한 큰 박을 얻어서는, 그 박의 모양대로 도구를 만들어 '무애無㝵'라 이름짓고 〈무애가〉를 세상에 퍼뜨렸다. '무애'란 『화엄경』의 "아무런 걸림이 없는 무애의 사람은 하나의 길로 생사를 벗어난다."라는 내용에서 유래한 것이다. 늘 이것을 지니고 방방곡곡 다니면서 노래하고 춤추며 백성을 교화하다 돌아왔다. 가난하고 못 배운 이들도 다 부처님의 이름을 부르고, '나무아미타불'하며 염불할 줄 알게 될 정도로 원효의 교화는 대단했다. 그 태어난 곳을 부처님 나신 곳이라 불지라 일컫고, 절 이름을 처음 열렸다는 뜻의 초개初開라 지었으며, 자칭 원효, 곧 새벽이라 한 것도 부처님을 처음 빛나게 했다는 뜻이리라. 원효라는 이름도 당시 사람들은 모두 우리말로 새벽이라 불렀다.

분황사에서 지낼 때 『화엄경』의 주석을 달다가, 인간으로서 가장 높은 경지인 40번째 대목 「회향품廻向品」에서 중단했다. 그리고 예전에 소송에 걸렸을 때 몸을 100그루 소나무에 나누어 숨은 적이 있었으므로, 보살의 첫 경지인 41단계에 다다랐다고도 했다. 용왕의 권유와 임금의 부탁에 따라 『금강삼매경』 주석을 달 때, 붓과 벼루를 소의 두 뿔[角]에 얹어 자각自覺과 타각他覺을 상징하게 했다. 대안이라는 승려가 순서를 바로잡아준 덕분에, 원효와 대안은 서로의 마음을 알아 훌륭한 주석을 남길 수 있었다. 이 『금강삼매경론』 이야기는 『송고승전』·「원효전」의 전체 내용에 해당한다.

원효가 세상을 뜨자 설총이 유골로 원효상을 조각하여 분황사에 모셨고, 존경하고 추모하는 마음을 다했다. 그러자 설총이 불공드릴 때 원효의 상이 문득 돌아보더니, 고려 후기까지도 그 자세로 남아있었다. 원효가 살던 혈사 옆에 설총의 집터가 있었다고도 한다. 기리어 말한다.

자각과 타각으로 삼매경을 처음 열더니,

표주박 춤으로 온 세상 교화하더라.

달 밝은 요석궁의 봄날 꿈은 사라지고,

문 닫힌 분황사에서 덧없이 돌아보네.

5-8. 화엄사상을 전파한 의상

김한신金韓信을 아버지로 둔 의상義湘 법사는, 29세에 서라벌 황복사皇福寺에서 출가하여, 불교를 더욱 깊이 알기 위해 중국 유학을 떠나고 싶었다. 그리하여 원효와 함께 요동으로 갔다가, 고구려 경비병에게 첩자라는 오해를 사 수십일을 갇혔다가 겨우 풀려났다. 이 일은 최치원의 의상 전기와 원효의 행장 등에 실려 있다.

650년 당나라 사신의 배가 돌아갈 때, 얻어타고 중국으로 갔다. 처음에는 강소성 양주에서 유지인劉至仁이라는 장수의 호의로, 관청 안에서 잘 대접 받으며 지냈다. 그러다가 종남산 지상사로 가서, 중국 화엄종의 2대조인 지엄智儼을 만났다. 지엄은 간밤에 다음과 같은 꿈을 꾸었다. 신라에서 큰 나무가 자라 그 가지와 잎이 중국까지 덮었으며, 나무 위에 있는 봉황의 둥지 안에는 여의주가 멀리까지 빛을 비추던 내용이었다. 꿈을 깨고 놀라서 주위를 깨끗이 하고 기다리던 차에, 의상이 찾아왔다. 특별히 예의를 갖추고 맞아 일렀다.

"어젯밤 꿈은 자네가 올 조짐이었구먼."

제자로 맞아 『화엄경』의 이치를 샅샅이 알게 했다. 지엄이 단짝을 만난 듯 새로운 것을 일러주면 의상은 더 깊이 숨은 것까지 찾아내서, 누가 스승이고 누가 제자인지 구별할 수 없을 정도였다.

신라의 김흠순金欽純(일명 김인문) 정승과 양도良圖 등이 당나라에 인질로 잡혀 있을 때, 당 고종이 신라를 침략하려고 했다. 김흠순 등은 의상에게 몰래 알려주고, 당나라 군대보다 먼저 신라에 가게 했다. 이를 알게 된 신라 조정에서는, 신인종의 명랑 큰스님에게 밀교의 제단에서 주술로 물리치게 하여 전쟁을 피했다.

676년 의상은 귀국하여, 신라 조정의 뜻대로 경북 영주 태백산에 부석사浮石寺를 지었다. 대승불교를 곳곳에 펼치니 영험한 일이 많았다. 지엄의 제자로 의상의 후배였던 법장화상 현수賢首는 『화엄경탐현기花嚴經探玄記』를 집필하여 의상에게도 한 부 보내주며, 다음과 같은 정겨운 편지도 보냈다.

"서경 숭복사崇福寺의 법장法藏이 신라에 계신 화엄의 사자에게 말씀 전합니다. 작별하고 20년이나 흘렀네요. 그리운 마음 그친 적 없지만, 만 리 떨어진 길이 천 겹으로 막혀 더는 뵙지 못했군요. 그래도 말로다 못할 정을 품고 있답니다. 전생의 인연으로 함께 공부할 수 있었고, 덕분에 함께 대장경도 읽으며 지엄 스승님께 배울 수 있었지요. 사형께서 귀국하셔서, 『화엄경』에 나오는 끊임없는 인연의 그물을 널리 알리신다고 들었습니다. 부처님 나라를 나날이 새롭게 하며, 널리 중생을 이롭게 하니 너무나도 기쁜 일입니다. 그러니 석가모니 부처님 떠나신 후에, 불교를 밝히고 불법의 수레바퀴를 굴려 오래도록 버틸 분은 사형뿐입니다.

저는 나름대로 열심히 해도 이룬 게 없고, 변변치 못한 책을 써서 스승님께 부끄럽네요. 그래도 스승님과 사형께 받은 것을 버릴 수 없어, 드리는 책을 업으로 삼아 내세의 인연을 기약하고 싶습니다. 그리고 『대승기신론大乘起信論』이 뜻은 다채로워도 문장이 간략해서 후배들이 이해하기 어려울 듯하여, 그 미묘한 표현과 주제를 해설하는 『기신론의기起信論義記』도 애써 탈고하였습니다. 여기 와 계시던 신라의 승전 스님께서 필사하셔서 고향 땅에 전하신다고 하니, 사형께서도 한번 검토하셔서 가르침을 베풀어 주시면 좋겠네요. 다음 세상에서 이 몸을 버리고 새 몸을 받거든, 꼭 사형과 함께 부처님 앞에서 『화엄경』의 가르침을 실천하며 속세의 때를 단숨에 다 떨쳐 내고 싶습니다. 사형께서는 묵은 인연이라 버리지 마시고, 어디 계시더라도 저희를 바른 도리로 깨우쳐 주시고, 사람과 글이 오갈 때마다 소식 전해 주세요. 이만 줄입니다."

이 글은 지금은 없어진 『대문류』에 실려 있었다.

의상은 『화엄경』의 완전수 10에 따라 열 곳에 절을 짓고 화엄사상을 전파했다. 태백산 부석사, 강원도 원주 비마라사毗摩羅寺, 경남 가야산 해인사海印寺, 비슬산 옥천사玉泉寺, 부산 금정산 범어사梵魚寺, 지리산 화엄사華嚴寺 등을 포함한다. 의상은 〈화엄일승법계도華嚴一乘法界圖〉를 짓고 간략한 주석을 달아, 유일한 깨달음의 길로서 화엄사상의 핵심을 담아냈다. 이는 천년이 지나도 귀감이 되어, 다들 앞다투어 지니고 싶어 한다. 그밖에 더 지은 글은 없지만, 고기 한 점으로도 솥 안의 요리 맛은 다 알 수 있는 법이니 충분하다. 〈화엄일승법계도〉는 668년에 이루어졌는데, 지엄이 세상을 떠난 해였다. 일찍이 공자는 기린이 잡혔다는 구절로 『춘추』의 역사 서술을 마쳐, 기린이 잡혀 천도가 끝났으므로 온전한 역사도 끝났다는 점을 암시했다. 의상이 스승의 죽음을 기려서 〈화엄일승법계도〉를 남겼던 일도 이와 마찬가지 마음이었다.

세상에서는 의상을 부처님의 화신이라고도 한다. 그의 제자로 10명의 큰스님이 있었는데, 오진悟眞, 지통智通, 표훈表訓, 진정眞定,

진장眞藏, 도융道融, 양원良圓, 상원相源, 능인能仁, 의적義寂 등이다. 모두 의상에 버금가는 성자들이라 하며, 각각 전기도 남아있었다. 오진은 경북 안동 하가산 골암사에 머물며, 매일 밤 팔을 펼쳐 부석사의 등불을 켰다. 지통은 (현재 『화엄경문답華嚴經問答』이란 제목으로 그 이본이 남아있는) 「추동기錐洞記」를 지었는데, 의상의 오묘한 말과 가르침을 직접 듣고 전한 것이다. 표훈은 불국사에서 하늘과 땅을 오가며 지냈다.

의상이 서라벌 황복사에서 거주하던 시절, 이들과 탑돌이를 할 때면 계단을 딛지 않고 허공을 거닐었다. 제자들도 1m 좀 못 되게 허공을 떠돌았는데, 의상이 돌아보고 말했다.

"세상 사람들 놀라겠다. 남들에겐 가르치지 마라."

나머지는 최치원이 지은 의상의 전기를 참고하라. 기리어 말한다.

안개 낀 가시덤불 헤치고 바다 너머
지상사의 문 열리고 훌륭한 인재를 맞았네.
화엄의 꽃 캐서 고국에 심으니
종남산과 태백산에 똑같은 봄이 왔다네.

5-9. 말하지 않는 사복

서라벌 만선사萬善寺 북쪽 마을, 어떤 과부가 남편 없이 임신하고 아이를 낳았다. 이 아이는 12살이 되도록 말하지도, 자리에서 일어나지도 않았다. 그래서 뱀을 닮은 아이라 부르고 사동蛇童, 사복蛇卜, 사파蛇巴 등으로 그 이름을 적었다. 그러다가 그 어머니가 세상을 떴을 때, 사복은 원효를 찾아왔는데 그 무렵 원효는 서라벌 고선사高仙寺에 있었다. 원효는 예의를 차려 사복을 맞이했지만, 사복은 대꾸도 하지 않고 말했다.

"당신과 내가 전생에 불경을 싣고 다녔던 암소가 죽었다오. 함께 장례를 치릅시다."

"그러지요."

함께 사복의 집에 가, 원효가 어머니의 명복을 빌어주고는 노래를 지었다.

"태어나지 말지니, 죽기가 괴롭다오. 죽지 말지니, 다시 태어나기 괴롭구려."

"거, 말이 너무 기네."

사복의 핀잔에, 원효는 다시 고쳤다.

"생사가 다 괴롭구나."

두 사람은 어머니의 시신을 운구하여 활리산 동쪽 언덕으로 갔다. 원효는 말을 걸었다.

"지혜의 호랑이 같았던 어머님을 지혜의 숲속에 모셔드려야

하지 않겠소?”

그러자 사복은 앞서 원효의 말보다 훨씬 긴 게송을 지어 불렀다.

“옛날 석가모니 부처님께서

사라수 나무 사이에서 열반에 드셨듯,

이제 부처님 못지않은 우리 어머니께서

아름다운 『화엄경』 세상에 깃드시길 바라오.”

다 부르고 풀뿌리를 뽑았더니, 맑고 깨끗한 풍경에 온갖 보석으로 치장한 건물들이 늘어선, 인간 세상이 아닌 『화엄경』 세상이 바로 그 아래 열렸다. 사복이 어머니의 시신을 업고 들어가자 땅이 닫혔다. 원효는 이 광경을 보고 돌아왔다.

해설

사복은 말을 하지 않았고, 원효의 말이 번잡하다고도 했지만, 원효보다 더 긴 게송을 짓는다. 그리고 어머니를 전생의 암소라 불렀다가, 현생에는 지혜의 호랑이, 내세의 부처님 등으로 점차 높였다. 언어와 혈육에 대한 사복의 생각 전환은, 속세의 인연을 점차 존중해 가며 '화엄'의 진정한 뜻을 생각하게 한다.

훗날 사람들은 사복을 위해, 이차돈의 머리를 모셨던 서라벌 금강령 고개에 도량사道場寺라는 절을 지었다. 해마다 3월 14일에 원광이 창안한 점찰법회를 꼭 열었다. 사복이 세상에 모습을 드러낸 것은 이것뿐인데, 세상에선 황당한 이야기를 많이 덧붙이니 가소로운 일이다. 기리어 말한다.

> 깊이 잠든 용이라고 게으르지 않다오.
> 번잡스럽지 않게 한 말씀만 하고 떠났지요.
> 생사가 괴롭다지만 원래부터 괴로운 게 아니니,
> 『화엄경』 세상에 넉넉히 떠돌 수 있소.

5-10. 미륵의 뜻을 전해준 진표

진표眞表는 전북 전주 만경면萬頃縣 사람이다. 만경면의 옛 이름은 두내산현豆乃山縣으로, 찬녕의 『송고승전』에서 진표를 금산金山 사람이라 했던 것은 금산사라는 절 이름과 헷갈린 탓이었다. 아버지는 진내말眞乃末, 어머니는 정井씨 길보랑吉寶娘이었다.

진표의 나이 12살에 전주 금산사 순제順濟의 제자가 되어 출가하려 했다. 그러자 순제가 말했다.

"예전에 내가 당나라에 가서 삼장법사 선도善道 스님께 배우고 나서, 오대산에서 문수보살을 만나 다섯 계율을 받았지."

"얼마나 오랫동안 수행하면 그럴 수 있나요?"

"열심히 하면 1년이 채 안 걸린단다."

진표가 순제의 말을 듣고, 여러 명산을 다니다가 전북 부안군

선계산仙溪山 불사의암不思議庵에 정착했다. 그리고는 몸과 말과 뜻을 바로잡으며 고행했다.

첫 7일 동안 온몸을 돌로 쳐 무릎과 팔뚝을 다 부수고 피를 바위에 흩뿌렸다. 그러나 효험이 없자, 다시 7일 동안 몸을 버리기로 했다. 그렇게 14일이 지나자 지장보살(참회를 상징)을 만나 깨끗이 계율을 받았다. 진표의 나이 23세로, 8세기 전반기의 일이었다.

그러나 진표의 목표는 미륵보살 만나기였으므로, 그치지 않고 근처의 영산사로 옮겨 초심처럼 열심히 수행했다. 과연 미륵보살이 나타나 참회와 점치는 방법이 담긴 『점찰경』 2권과 점치는 패쪽 189개를 주었다. 이 『점찰경占察經』은 남조 진陳나라와 수나라의 통일기 사이에 이루어진 것으로, 여기서 처음 등장한 것은 아니었다. 미륵은 말했다.

"이 패쪽 중에 여덟 번째는 이번에 새로 내릴 계율을, 아홉 번째는 기존의 계율을 상징한다. 이 둘은 내 손가락뼈로, 나머지는 인도의 향나무로 만들었다. 이것들로 세상에 내 뜻을 전하고, 사람들 구하는 도구로 삼거라."

미륵을 만나 깨달음을 얻고 금산사로 돌아온 진표는, 매년 제단을 열고 설법했다. 말세에는 없을 단정한 자리를 열어, 여러 곳에 미륵신앙을 전하였다. 752년 2월 보름날, 강원 강릉에 이르렀을 때는 섬 사이 물고기와 자라들이 다리를 만들어 물속으로 맞이하니, 그들에게 설법하고 입교시켰다.

신라 경덕왕은 이 소식을 듣자, 진표를 궁궐로 불러 보살들의 계율을 배우고 벼 77,000석을 내렸다. 왕후와 외척들도 마찬가지로 배우고, 비단 500단과 황금 50냥을 바쳤다. 진표는 다 받아서 여러 사찰에 나눠주어 불교를 부흥하게 했다. 진표의 유골은 그가 물고기들을 입교시켰던 곳에 세운 강원도 고성군 금강산 발연사에 남았다.

진표의 수제자들은 영심永深, 보종寶宗, 신방信芳, 체진體珍, 진해珍海, 진선眞善, 석충釋忠 등으로 모두 종파의 시조 급이 되었다. 영심이 진표가 미륵에게 받은 패쪽을 물려받아 충북과 경북에 걸친 속리산에 머물며 법맥을 이었다. 제단을 『점찰경』에 나오는 그대로 쌓지는 않지만, 수행 방법은 전해지는 그대로였다.

다음은 당나라 『속고승전』의 내용을 인용한 것이다.

593년 중국 광동성 광주에 참회하는 방법을 알려주는 승려가 있었다. 가죽으로 두 폭의 종이를 만들어 각각 '선'과 '악'이라 적고는, 던져서 '선'이 나오면 좋은 조짐이라고 했다. 또한 '악'이 나올 경우엔 자기 몸을 혹사하여 참회하면 죄를 씻을 수 있다고도 했다. 사람들이 받아들여 몰래 행하니 산동성 청주까지 퍼졌다. 관리들이 살펴보고 요망한 일이라 했지만, 이 승려를 따르는 이들이 변명했다.

"선과 악 두 글자를 적어 던지는 방법은 『점찰경』에, 자신을 혹사한다는 말은 여러 불경에 나오는 것으로 태산이 무너지듯 온몸을 땅에 던지는 방식입니다."

위에 아뢰자, 이원찬李元撰이라는 관리가 대흥사의 큰스님들께 알아보았다. 그래서 법경, 언종 등 두 승려가 알려주었다.

"『점찰경』 2권은 수나라 때 보리등이 번역했다지만, 실은 요즘 나타난 책입니다. 여러 필사본과 기록을 살펴도, 책의 이름과 번역자, 나온 때와 장소를 교차 검증할 수 없었습니다. 글자를 적어 던진다거나 자신을 혹사한다는 방식도 다른 불경과는 달라요. 시행해선 안 됩니다."

그러므로 칙령으로 금지했다.

이제 검토해 보자. 위의 사건에 대한 정부의 대응은 선비가 유교 경전을 읽고도 무덤을 파헤치듯, 호랑이를 그리려다가 개를 그린 꼴이었다. 이 때문에 부처께서 대비해 두셨다. 『점찰경』의 출간 경위가 불분명하다고 버린다면, 이것도 삼을 얻겠다고 금을 버리는 일이다. 『점찰경』을 읽어보면 중생을 감화시키는 방법이 치밀하여, 죄를 씻고 게으른 이들을 깨우치기에 이만한 게 없다. 그러므로 대승의 참회 방법이라 부르고, 모든 감각과 의식을 모았다고 한다. 그리고 8세기 전, 후반기 두 차례에 걸쳐 여러 불경을 평가할 때 『점찰경』도 대장경에 편입된 적이 있었다. 일부 종파에서는 인정하지 않을지라도, 대승불교의 경전이 되기에는 충분하다. 저 두 가지 참회의 방법만으로 『점찰경』 전체의 가치를 평가할 수는 없겠다.

『사리불문경 舍利佛問經』에서 부처께서 부잣집 아들 반야다라邪若多羅에게 말씀하셨다.

"7일 밤낮으로 모든 죄를 깨끗이 참회하시오."

반야다라가 정성을 다해 참회하자, 5일째 저녁에 수건, 모자,

빗자루, 칼, 송곳, 도끼 등이 그 앞에 떨어졌다. 기뻐하며 부처께 여쭙자 알려주셨다.

"속세를 벗어난 모습이오. 쪼개고 털어내는 도구들이니까요."

이것이 『점찰경』에서 몸을 던져 참회를 구하는 모습과 무엇이 다르랴? 진표가 참회하는 마음으로 패쪽을 얻고, 가르침을 찾아 미륵불을 만난 일도 허황하지 않다. 『점찰경』이 거짓이라면, 미륵께서 어찌 진표 스님께 주셨을까? 『점찰경』을 금서로 정한다면, 『사리불문경』도 금서가 되어야 할까? 대흥사 중들이야말로 황금만 좇느라 사람을 놓친 셈이니, 독자들은 자세히 보아야 한다. 기리어 말한다.

말세에 나타나 게으른 이들 일깨우니
영험한 산과 계곡에 미륵이 감응하셨네.
중국에서 참회의 방법을 잘 전했다 하지 마시오.
동해에서 물고기와 자라도 다리를 만들고 감화되었다오.

진표의 생애	〈진표전〉(988)	〈전간〉(12세기)	〈비명〉(1197)
출생		완산주 만경현(718년).	전주 벽골군 도나산촌 대정리(734년).
출가 동기	사냥을 하다 개구리의 참혹한 모습 목격(개원 연간 : 713~741).	12세에 금산사에서 출가(729년).	12세에 금산사에서 출가(745년).
고행의 과정	몸을 들어 땅에 침. [五體投地]	온몸을 돌에 쳐 무릎과 팔이 모두 부서짐. [亡身懺法]	양식을 덜어 쥐를 기름, 돌로 오체를 두들겨 3일째에 손과 팔뚝이 부러져 떨어져 나감.
菩薩 親見	7일째 지장보살, 14일째 마귀, 21일째 미륵보살을 만남. 보살의 손가락뼈를 간자로 얻음.	23세(740년), 14일 만에 지장보살을 만나고 다시 수행하여 미륵보살 친견, 보살의 손가락뼈를 간자로 얻음.	27세(760년), 3년 7일째 지장보살, 21일째 지장과 미륵보살을 함께 만남, 보살의 손가락뼈를 간자로 얻음.
종교적 활동	점찰법 개최의 과정 서술.	금산사에서 해마다 강단을 개최하고 여러 곳을 두루 다님.	
신이한 모습 [感應]	감화된 동·식물과 남녀가 진표가 다니는 길을 깨끗이 함.	35세(752년), 아슬라주에서 물고기들이 다리를 만들어줌. ↓ 경덕왕에게 菩薩戒 授戒, 물고기에게 수계한 곳에 '발연사' 창건.	①용왕이 옥가사를 바치고 호위함. ②금산사 완성 후 미륵보살이 다시 나타남. ③속리산 가는 길에 소들이 감응함. ④명주 해변에서 물고기들이 다리를 만들어 줌. ⑤흉년에 기도하니 물고기들이 죽어 식량이 됨.
사승관계			간자를 후계자에게 주어 점찰법회를 개최하게 함.
死後의 異蹟			바위에 올라 죽고 뼈가 흩어짐, 무덤에 심은 두 그루 소나무에 기도하면 진표의 뼈가 나타남.
평가		점찰법회의 사회적 필요성 역설.	

5-11. 강원도 금강산 발연사 돌비석의 기록
– 1199년 주지 영잠이 짓다

진표는 전북 김제군 도나산촌 대정리 출신이었다. 12살에 아버지께 허락받아 출가할 뜻을 이루었다. 금산사 순제에게 가 승려가 되었고, 공양의 차례와 『점찰경』 2권 등을 받았다. 그러면서 순제는 말했다.

"계율을 잘 지키면서 미륵과 지장 두 보살께 간절히 참회해라. 그래서 가르침을 받거들랑, 세상에 널리 전하거라."

진표는 물러나 그 말을 좇아 27살이 되도록 여러 명산을 떠돌다가, 760년 쌀 360kg을 쪄서 전북 부안 불사의암에 들었다. 성인 여성이 한 끼 먹을 양을 하루에 걸쳐 먹었지만, 그나마 1/5을 덜어 쥐에게 공양했다.

진표는 3년 내내 미륵의 상 앞에서 간절히 빌었지만, 별다른 영험이 없었다. 비장한 마음으로 절벽 아래 뛰어드니, 파란 옷을 입은 동자가 팔로 안아 돌 위에 내려주었다. 진표는 다시 기운을 차려 21일을 기한 삼아 밤낮으로 수행하고 돌을 두들기며 참회했다. 돌 두드리기 3일 만에 팔목이 다 부러졌지만, 7일째 밤에 지장보살이 나타나 황금 지팡이를 흔들자 회복했다. 지장보살께 승복과 지팡이를 받은 진표는 감동하여 더욱 열심히 했다. 21일을 채운 진표는 천상계를 볼 눈이 열려, 저 미륵이 머무는 도솔천에서 신들이 오는 광경을 볼 수 있었다.

지장과 미륵보살이 함께 진표의 앞에 나타난 것이었다. 미륵은 진표의 머리를 쓰다듬으며 격려해 주었다.

"잘했다! 대장부로다. 가르침을 얻겠다고 제 몸을 돌아보지 않으며, 이토록 간절히 참회하다니."

지장보살은 계율을 가르쳐주었고, 미륵도 각각 9, 8이라고 적힌 패쪽 2개를 진표에게 주며 말했다.

"이 패쪽 2개는 내 손가락뼈로, 각각 스스로 얻는 깨달음과 남의 도움으로 얻는 깨달음을 상징한다. 9는 선천적인 법, 8은 후천적인 경험과 노력으로 새로 얻게 되는 것들이다. 이 패쪽을 통해 인과응보를 깨달을 수 있다면, 훗날 지금의 육신을 버리고 새 몸을 받아 도솔천에 다시 태어나리라."

말을 마치자 두 보살은 사라지니, 762년 4월 27일의 일이었다.

두 보살에게 가르침을 받은 진표는, 금산사를 다시 지으려고 불사의암에서 내려왔다. 그러자 대연진이란 곳의 용왕이 8만 명의 부하와 함께 나타나 옥빛 승복을 바치고는 금산사 터까지 모시고 갔다. 사방에서 사람들이 몰려 공사는 금세 끝났다. 그때 다시 도솔천에서 미륵이 내려와 진표에게 계율을 내렸고, 진표는 모인 사람들에게 권해서 미륵의 상을 크게 지었다. 그리고 미륵이 내려와 계율을 내렸던 그 장면도 본당 남쪽 벽에 위엄 있게 그리도록 했다. 764년 6월 9일 미륵상이 완성되어 766년 5월 1일, 당나라 대종이 즉위했던 해에 본당으로 모셨다.

진표는 금산사를 떠나 충북과 경북 사이 속리산을 향했다. 길에서 소달구지 행렬을 만났는데, 달구지 끌던 소들이 진표 쪽으로 무릎을 꿇고 눈물을 흘렸다. 달구지를 몰던 이가 물었다.

"왜 이 소들이 스님을 보고 울까요? 어디서 오시는 스님이시오?"

"저는 전북 김제 금산사의 진표라고 합니다. 부안 불사의암에서 미륵과 지장 두 보살님께 직접 계율과 패쪽을 받아서, 절 짓고 길이 도 닦을 만한 곳을 찾고 있지요. 소라는 짐승은 겉보기엔 미련해도 그 속마음은 현명하다오. 제가 가르침을 받은 줄 알고, 그 가르침이 소중한 줄도 알아서 저렇게 무릎 꿇고 우는군요."

이 말을 듣고, 그 사람은 대답했다.

"짐승도 이런 신앙심이 있거늘, 사람으로서 마음먹지 못하겠소?"

낫을 잡고 스스로 삭발했다. 진표는 자비심이 많아, 그 사람이 다시 삭발하는 의식을 치르고 입교하게 했다.

진표는 속리산 자락에서 석가모니가 깨달음을 얻을 때 깔고 앉았던 길상초가 피어 있는 곳을 보고, 그 자리를 표시해 두었다. 그리고는 강원도 강릉 바닷가로 슬슬 가려는데, 바다에서 물고기와 자라 등의 무리가 나와 자신들의 몸을 이어 다리가 되었다. 진표는 물고기와 자라가 모여 생긴 다리를 밟고 바다에 들어가 설법하고 나왔다. 이어서 강원도 고성 금강산에서 발연사를 창건하고 점찰법회도 열었다. 발연사에서 7년을 머무는 동안 강릉 일대에 흉년이 들어 모두 굶주렸다. 진표가 굶주린 이들을 위해 설법했더니, 다들 신앙심으로 공경했다. 그러자 동해 바다에서 물고기들이 죽은 채로 무수히 나타났고, 사람들은 이 물고기들을 팔아 양식을 마련해서 겨우 살아났다.

진표는 발연사를 떠나 불사의암으로 돌아갔다. 그러더니 아버지를 뵙는가 하면, 진문 큰스님과 함께 지내기도 했다. 이 무렵 속리산의 영심 큰스님이 융종, 불타 등과 와서 부탁했다.

"저희가 천 리 길을 멀다 않고 배우러 왔습니다. 부디 가르침을 주십시오."

진표는 대꾸도 없었다. 세 사람은 복숭아나무 위에 올랐다가, 몸을 땅에 던져 용맹스럽게 참회했다. 그제야 진표는 그들을 인정하고, 승복과 지팡이를 주었다. 그리고 공양의 방법과 『점찰경』, 미륵에게 받았던 2개를 포함한 189개의 패쪽을 건네주었다. 특히 2개의 패쪽에 대해서 조심하도록 말했다.

"9자는 선천적인 법, 8자는 후천적인 경험과 노력의 성과를 뜻합니다. 제가 여러분께 드리는 것이니, 지니고 속리산으로 돌아가세요. 그리고 산에 길상초가 자란 곳을 표시해 두었는데, 거기에 절을 짓고 길상사라 하세요. 지금 드린 경전대로 가르침을 베풀어, 온 세상과 후세에 떨치시길 바랍니다."

영심의 무리가 진표의 말처럼 속리산에 돌아가, 길상초를 찾아 길상사라는 절을 지었다. 영심은 여기서 점찰법회를 열기 시작했다.

진표는 아버지를 모시고 다시 강원도 고성 발연사에 가서, 수행도 하며 효도도 했다. 그가 발연사 동쪽 큰 바위 위에서 세상을 떴을 때, 제자들은 그 시신을 옮기지 않고 공양하다가 해골이 흩어져 떨어진 자리에 무덤을 만들었다. 그 자리에 푸른 소나무가 자랐다가 이내 말라 죽고, 다시 나무가 자랐는데 또 같은 뿌리에 다른 나무가 자랐다. 지금도 한 쌍의 나무가 그렇게 있으며, 공경을 잘하면 간혹 소나무 아래에서 진표의 뼈를 찾을 수도 있다고 한다. 나영잠은 진표의 유골이 그렇게 다 사라질까 걱정되어, 1197년 소나무 아래의 뼈를 다 모았더니 500g이 좀 넘었다. 큰 바위 아래 한 쌍의 나무 밑에 이 글이 적힌 비석을 세우고, 진표의 유골을 모신다.

바로 앞의 「미륵의 뜻을 전해준 진표」에서의 행적이 위의 영잠이 남긴 비석의 기록과 다른 부분이 있으므로, 영잠의 기록도 간추려서 실어 둔다. 후세의 현명한 독자들이 비교할 수 있도록, 일연의 제자 무극이 기록하였다.

5-12. 돌무더기를 제자로 삼은 승전

승전勝詮이라는 승려는 그 출신을 알 수 없다. 바닷길로 중국에 가 의상의 동문 현수에게 배웠다. 오묘한 말씀을 듣고 깊이 사색하여 숨은 뜻을 찾아낼 만큼 심오한 경지에 도달하자, 인연 있던 고향 땅에 돌아가고 싶어졌다. 현수는 의상과 동문으로서 지엄에게 배웠던 시절부터 스승의 학설을 풀이하고 분류했던 내용을, 책으로 엮어 귀국하는 승전을 통해 의상에게 보냈다. 의상이 현수의 책과 함께 받았던 편지의 내용은 다음과 같았다.

"『화엄경탐현기華嚴經探玄記』 20권, 완성하지 못한 두 권은 **빼고** 보냅니다. 그리고 『화엄일승교분기』 3권, 『현의장』을 비롯한 여러 논의를 엮은 1권, 『화엄범어』 1권, 『기신소』 2권, 『12문소』 1권, 『법계무차별론소』 1권 등의 사본도 함께 승전 스님 귀국 길에 부칩니다.

신라의 효충孝忠 스님을 통해 보내주신 3cm짜리 황금도 잘 받았습니다. 답장은 따로 못 드렸지만, 정말 감사합니다. 변변치 않으나마 서역에서 온 물병과 대야를 보내 드리니, 꼭 받아주시길 바랍니다. ―현수 올림."

승전이 귀국하여 의상에게 전해 주었다. 의상은 현수의 글을 읽을 때면, 마치 스승 지엄의 말씀이 귀에 들리는 듯했다. 의상이 수십 일 동안 읽고 나서, 제자들에게 널리 읽히고 토론했던 일이 의상의 전기에 실려 있다.

이에 따르면 승전 덕분에 화엄 사상이 우리나라에 널리 전파된 것이었다. 훗날 799년 범수라는 승려가 중국에 가, 『화엄경』의 새로운 번역 성과와 현수의 후계자 징관의 『화엄경』 주석도 가지고 와서 퍼뜨렸다. 범수 역시 승전 못지않은 공로를 불교사에 떨쳤다.

승전은 경북 김천에 암자를 짓고, 돌무더기를 제자로 삼아서 『화엄경』을 강의했다. 제자들 중에 가귀라는 사람이 총명하여, 승전의 법맥을 계승하고 『심원장心源章』이라는 책도 편찬했다. 그 내용은 대략 이렇다.

"승전 법사는 지금의 갈항사葛項寺에서 돌무더기를 이끌고 수업했다. 그 돌 80개를 지금도 길항사 주지가 간직하고 있는데, 볼수록 신비한 느낌이 든다."

그 밖의 행적은 비석과 『대각국사실록』에 똑같이 실려 있다.

해설

돌에게 말하는 '촉루' 자체가 화엄경에 등장하는 수행법인데, 그 실상에 대해서는 설이 분분하다. 앞의 진표와 소들 이야기에 빗대어 보자면, 돌무더기도 알아듣는 화엄경을 사람이 못 알아들을 리 없다는 생각의 표현이지만, 화엄경은 가장 난해한 경전이다. 어쩌면 화엄경 강의자의 외로움(제자=돌)을 표현한 것일까?

5-13. 진표를 계승한 심지

심지心地는 신라 41대 헌덕왕의 아들이었다. 태어날 때부터 효심과 속마음이 깊었다가, 15세에 출가했다. 신라의 중심 산이었던 대구 팔공산에 머물 때, 경북과 충북 사이 속리산의 승려 영심이 진표에게 물려받은 미륵의 패쪽을 지니고 부흥회를 연다는 소식을 들었다. 심지가 뜻한 바 있어 찾아갔지만, 늦었다고 들여보내 주지 않았다. 그러자 땅에 주저앉아 땅바닥을 치면서, 담 너머 남들 따라 불공도 드리고 참회했다. 그런지 7일 만에 큰 눈이 내렸지만, 심지의 자리 주변 3m로는 눈이 떨어지지 않았다. 본 사람들은 신기하게 생각해서 절간 안에 들게 했다. 심지는 병을 핑계로 겸손히 방으로 물러나서, 남몰래 본당 쪽으로 불공을 드렸다. 그러자 진표가 불사의 암에서 그러했듯, 팔과 이마에서 피가 나고 지장보살이 날마다 위문 왔다.

심지가 법회를 마치고 대구 팔공산으로 돌아올 때, 패쪽 둘이 옷깃 사이 붙어 있었다. 발길을 돌이켜 영심에게 알려주었다.

"패쪽은 함에 넣어두었는데, 왜 여기 있을꼬?"

살펴보았더니 봉인은 그대로인데, 안에 패쪽만 없었다. 이상하다는 생각이 들었지만, 거듭 싸매서 잘 두었다. 그렇지만 거듭 그런 일이 생겨 심지가 다시 알려주자, 영심은 말했다.

"부처님 뜻이 당신에게 있군요. 잘 지니고 가세요."

그러므로 패쪽을 받아 머리에 이고 돌아왔더니, 팔공산 산신령이 동자 둘을 거느리고 산꼭대기에서 맞았다. 그러더니 심지를 바위 위로 모시고, 그 아래 엎드려 제자가 되었다. 심지는 말했다.

"땅을 골라 이 거룩한 패쪽을 모셔야 할 텐데, 불교에서 할 수 있는 일은 아니니까 세 분께서 이 패쪽을 높이 던져 점쳐 보시지요."

그리하여 산신령의 무리들은 산꼭대기에서 패쪽을 서쪽으로 던졌고, 패쪽이 바람 타고 서쪽으로 날자 노래 한 가락을 불렀다.

"막혔던 바위 물렀거라, 평평해지게.

낙엽도 날려 흩어져라, 볕 잘 들게.

미륵불 뼈로 만든 패쪽 모실 곳 찾아

깨끗한 곳 정성껏 맞으리라."

노래를 마치자 패쪽을 숲속 샘터에서 찾아, 강당을 짓고 모셨다. 지금 팔공산 동화사 북쪽의 작은 연못이 이 샘이다. 고려 예종이 이 패쪽 2개를 궁궐로 모셨다가, 9가 새겨진 패쪽 하나를 그만 잃어버렸다. 상아로 대신 만들어 동화사에 반환했는데, 점점 색이 비슷해져 분간하기 어려워져서, 상아도 옥도 아니게 되었다.

『점찰경』 상권에는 189개의 패쪽 이름이 나온다. 이에 따르면 1을 새긴 것은 대승불교의 가르침을 얻어 물러서지 않는 경지를 뜻한다. 2는 찾았던 성과가 증거처럼 나타나는 것, 3과 4는 대승의 경지 아래인 중승과 하승을 얻어 물러서지 않는 것, 5는 신통력, 6은 자비를 얻고 모든 것을 버리는 기쁨, 7은 속세에서 선행을 베풀기, 8은 바라던 오묘한 계율, 9는 승려로서 계율을 뜻한다. 여기서 8과 9를 진표의 경우에 비추어 보면, 미륵이 말했던 새로 얻은 계율은 이번 생에, 예전에 얻은 계율은 전생에 받은 것이리라. 그러나 이번 생 역시 윤회를 통해 받아왔던 전생과 다를 게 없으므로, 후천적인 일과 선천적인 법 사이에 새롭고 낡은 차이가 있지 않다.

다음으로 10은 하승을 구하며 신앙심이 없는 상태를 거쳐, 중승을 구하며 신앙심이 없는 상태이다. 이렇게 172까지에 걸쳐, 전생과 현생에서 이룬 선행과 악행들이 나온다. 173은 지옥에 가서 몸을 버린 일로, 여기서부터 내세에 해당한다. 174에 짐승으로 다시 태어나는 일부터, 아귀, 수라, 사람, 인왕, 천상계, 하늘의 신, 불교와의 만남, 출가, 성자를 만남, 도솔천에 태어남, 극락 왕생, 하승에 머물기, 중승에 머물기, 대승에 머물기, 해탈을 얻기까지가 모두 189개이다. 앞서 1에서부터 말할 때는 '물러서지 않는 경지'라고 했지만, 186부터는 해탈을 '얻기까지의 과정'이라 하여 나름 구별하였다.

전생과 현생, 그리고 내세의 선악과 인과응보에는 차이 나는 모습이 있다. 점을 쳐서 마음과 실천이 맞아떨어지면 감응이 있겠지만, 그렇지 않는다면 정성이 부족한 탓이므로 헛된 오류라 한다.

그런즉 8과 9가 새겨진 패쪽은 이 189개 중 2개일 따름이다. 그런데 『송고승전』·「진표전」에만 108개의 패쪽이라고 되어 있다. 왜 그럴까? 108번뇌의 이름만 떠올리고 『점찰경』 원문을 읽지 않았던 듯하다. 그리고 고려의 김관의가 편찬했던 『왕대종록』 2권에서 신라의 석충 큰스님이 고려 태조께 진표의 승복과 패쪽 189개를 바쳤다는 기록이 나온다. 지금 동화사의 유물이 바로 이것인지는 모르겠다. 기리어 말한다.

궁궐에서 자랐지만, 속박이라며 떨치고
겸손과 총명을 하늘에서 받았다네.
뜨락 가득 눈 쌓여도 미륵의 패쪽을 뽑아
팔공산 높은 봉우리에 놓아두었다네.

5-14. 불교 논리학의 시조 태현과 화엄사상가 법해

불교 논리학의 시조 태현大賢 큰스님은 경주 남산 용장사茸長寺에 살았다. 절에는 큰 미륵 석상이 있었는데, 태현이 그 주위를 돌면 불상의 얼굴이 방향을 바꾸어가며 마주 보았다. 불교 논리학은 오묘하고 분별하기 어렵지만, 태현은 판단이 빠르면서도 정밀했다. 그러나 중국의 명사 백거이도 궁리하다가, "불교의 마음공부는 아득하여 논파할 수 없고, 그 논리는 구별하려 해도 이해할 수 없다."고 할 정도였다. 그래서 학자들은 이어받지 못하고 높이기만 했다. 오로지 태현만이 오해를 바로잡고 분별하여 그 논리의 세계에 널리 노닐 수 있었다. 이후로 한국의 학자들은 다 그를 따랐고, 중국에서도 참고하였다.

753년 여름 가뭄이 심할 때, 태현이 궁궐에 들어 호국법회를 열고 비를 기원했다. 어느 날 그릇을 늘어놓고 기다려도 떠 놓을 물이 오지 않아 관리가 일꾼들을 꾸짖었다.

"궁궐의 우물도 다 말라, 멀리서 물 떠오느라 늦었습죠."

태현이 듣고 말했다.

"진작 말하지 그랬소?"

한낮에 설법하다가 향로를 들고 가만히 있자, 우물에서 20m 넘는 물줄기가 절간 깃대 높이만큼 솟았다. 궁궐 사람들이 다 놀라 그때 읽던 경전의 이름을 따라 '금광정'이라고 연못 이름을 붙였다. 태현은 '우리나라 승려'를 자처했다. 기리어 말한다.

남산 불상 따라 빙글빙글 불상도 빙글빙글

한국의 불교가 다시 떠오르고

궁궐 맑은 우물물 솟구쳤던 일이

향로 연기 한 가닥 덕분인 줄 누가 알랴?

이듬해 754년 여름, 경덕왕은 법해法海 큰스님을 황룡사로 불러 『화엄경』을 강의하게 했다. 경덕왕은 가마를 타고 와서 가만히 일렀다.

"작년에 태현 스님께서 호국 법회를 열 때, 우물물이 20m 넘게 솟아났다오. 스님께선 어느 정도 하실 수 있죠?"

"그런 사소한 일을 대단하다고 하십니까? 동해를 기울여 토함산을 잠기게 하고 서라벌을 떠내려 보내기도 그리 어렵지 않답니다."

경덕왕은 농담이라 생각하고 믿지 않았지만, 정오 즈음 강의할 때 법해가 향로를 안고 가만히 있었는데 갑자기 곡소리가 나며 관리가 보고했다.

"동쪽 연못이 넘쳐 방 50칸이 떠내려갔습니다."

경덕왕이 놀라자, 법해는 웃으며 말했다.

"동해가 기울어지려고 수맥이 넘쳤군요."

경덕왕은 자신도 모르게 절했다.

다음날 동해안에 있는 감은사에서 사람이 와 아뢰었다.

"어제 정오 즈음 바닷물이 불당 앞까지 넘쳤다가, 저녁에 원래

대로 되었습니다.”

왕이 법해를 더욱 믿고 공경했다. 기리어 말한다.

온 세상 가득 법해의 물결

온세상을 쉽게도 늘였다 줄였다 하는구나.

수미산아, 크다고 자랑 마라.

우리 스님 손가락 끝에 다 들어간다.

6편
신주, 밀교의 신통력

6-1. 병과 귀신을 물리친 밀본

선덕여왕 덕만이 오랫동안 병들어, 흥륜사 승려 법척法惕이 부름을 받아 고치려 해도 효험이 없었다. 이때 승려 밀본密本이 덕행으로 온 나라에 이름이 높았으므로, 신하들이 법척을 대신하도록 부탁하여 선덕여왕이 허락했다. 밀본은 침실 밖에서 병을 고치는 내용의 『약사경』을 읽었다. 『약사경』을 다 읽자마자 밀본의 지팡이가 침실로 날아들어 늙은 여우 한 마리와 법척을 찔러 뜰 아래로 쓰러뜨렸다. 선덕여왕의 병을 고쳐낸 것이다. 사람들은 밀본의 이마에 오색 빛 광채가 나타난 것을 보고는 다들 놀랐다.

또한 김양도金良圖 정승이 어렸을 때, 별안간 입과 몸이 경직되어 말하지도 움직이지도 못했다. 그럴 때면 큰 귀신이 작은 귀신 여럿을 거느리고 집에 들어와 음식을 훔쳐먹는 게 보였다. 무당이 와 굿을 해도 귀신들은 떼를 지어 조롱해댔다. 김양도는 귀신들을 내 쫓고 싶었지만, 입이 굳어 말할 수 없었다. 김양도의 아버지는 법류 사의 승려에게 경을 읽혀 쫓아내려 했지만, 큰 귀신이 작은 귀신을 시켜 철퇴로 승려의 머리를 때리니 피를 토하며 쓰러졌다. 결국 며 칠 후, 사람을 시켜 밀본을 불렀다.

"밀본 스님께서 우리 부탁을 들어주시겠대요. 곧 오신답니다."

귀신들은 듣고 표정이 달라졌다. 작은 귀신이 말했다.

"밀본이 오면 불리해요. 달아나자구요."

큰 귀신은 허세를 부리며 대꾸했다.

"밀본이 와 봤자, 뭐 해로울 게 있다고."

잠시 후 사방의 무서운 신들이 갑옷 입고 긴 창 들고 와서, 귀 신을 다 잡아갔다. 이어서 무수히 많은 하늘의 신들이 둘러싸며, 밀 본이 와 경전을 읽기도 전에 김양도의 병이 다 나았다. 말도 하고 몸도 움직이며, 김양도는 자신이 보았던 일을 말할 수 있었고, 이날 부터 일생토록 한 점 게으름 없이 불교를 굳게 믿었다. 흥륜사 법당 의 미륵불과 좌우의 보살상이며 그 뒤의 황금빛 벽화는 그가 공양 한 것이다.

밀본이 경주 금곡사金谷寺에 머물 때 일이다. 김유신은 세상 사 람들이 잘 모르는 거사 한 사람과 친분이 있었다. 김유신의 친척 수 천이 오랫동안 병들었으므로, 거사를 보내 살펴보게 했다. 수천의 벗 인혜因惠라는 승려가 대구 팔공산에서 왔다가, 거사를 보고는 모욕했다.

"보아하니 김유신 장군 곁에서 아첨꾼 노릇이나 하던 사람인데, 병을 고칠 수 있다고?"

"김 장군께서 가보라시기에 왔을 뿐이라오."

"그럼 어디 내 신통력 좀 보시게나."

인혜가 향로를 들고 주문을 외웠더니, 이마 위에 오색 빛 구름이 휘돌며 하늘나라 꽃이 흩날리며 떨어졌다.

거사는 말했다.

"스님 재주가 용하구먼. 저도 졸렬한 재주나마 부려 볼 테니, 잠깐 이 앞에 서 보세요."

인혜가 그 말에 따랐더니, 거사는 손가락을 튕겨 소리를 냈다. 인혜는 그 겨를에 넘어져 3m 높이로 날아갔다가, 한참이 지나 머리부터 땅에 떨어져 말뚝처럼 박혔다. 옆의 사람들이 당겨봐도 꼼짝도 안 했다. 거사는 떠났고 인혜는 밤새 거꾸로 처박혀 있었다. 다음날 수천이 김유신에게 부탁하여, 거사가 돌아와 구해주었다. 인혜는 다시는 재주부리며 잘난척하지 않았다. 기리어 말한다.

비슷한 색들이 본래 색깔에 뒤섞이고
생선눈깔을 구슬로 착각하는 이들이 안타깝네.
밀본 스님이 거사가 되어 손가락을 튕기지 않았다면
상자 속에 가짜 옥돌을 넣고 많은 이들을 속였으리라.

6-2. 용을 굴복시킨 혜통

승려 혜통惠通의 출신은 알 수 없지만, 출가 이전에는 경주 남산 서쪽 은천동 입구, 훗날 남간사 동쪽 마을에 해당하는 곳에 살았다. 어느 날 시냇가 동쪽에서 수달 한 마리를 잡고는, 그 뼈를 언덕에 버렸더니 없어졌다. 혜통이 핏자국을 따라가 보았는데, 수달의 뼈가 원래 살던 동굴로 가 새끼 다섯 마리를 품에 안고 웅크려 있었다. 이 광경에 놀라고 감탄하여 오랫동안 가만히 있다가, 속세를 버리고 혜통이란 이름으로 출가했다.

당나라에 가서 인도 사람 무외無畏에게 배우려고 했는데, 무외가 말했다.

"외국인이 밀교의 가르침을 감당할 수 있겠소?"

그러더니 받아주지 않았고, 3년을 극진히 모셔도 소용이 없었다. 혜통은 분해서 머리에 화로를 이고 있었다가, 우레같은 소리와 함께 이마가 터졌다. 무외가 와서 보고는, 화로를 치우고 터진 자리를 손가락으로 짚어가며 주문을 외웠다. 상처는 나았지만, 이마에 '왕王' 자국이 남아 '왕스님'이라 부르며 그 소질대로 비결을 전해주었다.

이때 당나라 공주가 병들어 고종이 무외를 불렀지만, 자기 대신 혜통이 응하게 했다. 혜통은 공주의 근처 별채에서, 흰콩 한 됫박을 은그릇에 넣어 흰 갑옷 입은 병사로 둔갑시켰지만, 효험이 없었다. 그래서 검은콩 한 됫박을 금그릇에 넣어 검은 갑옷 입은 병사로 둔갑시켰더니, 흰색과 검은색이 함께 싸워 비늘 덮인 용을 내쫓고 공주의 병이 나았다.

무외는 715년 입당했으므로, 뒤에서 665년 귀국했다는 혜통과 정말 사제관계였을 가능성은 별로 없다. 그리고 이런 자해 행위로는 달마의 제자 신광이 입문을 청할 때 왼팔을 자른 사례가 있었다. 목숨으로 목숨을 삼지 않는 생사 개념의 초월이라고도 하지만, 불교보다는 자해 행위로 극단적 충과 효를 내세우는 동아시아적 전통에 더 부합하는 것도 같다. 어쩌면 입학/입사 축하를 빙자한 가혹 행위도 이것과 비슷한 발상인 듯하다.

혜통에게 쫓겨난 용은 원한이 생겨, 신라의 문잉림에 가서 사람을 더 해쳤다. 그러므로 정공鄭恭이란 사람이 당나라 사신으로 가서 혜통에게 알려주었다.

"스님이 쫓은 용이 우리나라에 와 말썽을 부려요. 어서 오셔서 없애 주세요."

혜통은 정공과 함께 665년 귀국하여 용을 물리쳤다. 그러자 용은 이번에는 정공에게 원한을 품고, 버드나무가 되어 정씨 집 문밖에 자랐다. 정공은 그런 곡절을 모르고, 울창한 버드나무를 너무나도 좋아했다. 세월이 흘러 신문왕이 죽고 효소왕이 즉위했을 때, 신문왕릉을 만들려고 길을 정비하는데 정씨 집 버드나무가 길을 막았다. 베어버리려고 했지만, 정공이 화를 냈다.

"차라리 내 머리를 베시오. 버드나무는 벨 수 없소."

관리가 효소왕에게 아뢰자, 격노하며 명령을 내렸다.

"정공은 왕스님을 믿고 불손하게도 왕명을 거스르는구나. 머리를 베어달라니, 바라는 대로 해 주자."

정공은 처형되고, 그 집은 묻어버렸다.

조정에서는 왕스님과 정공의 친분을 떠올리고는, 당연히 정공의 처형을 싫어할 테니 선수를 쳐 잡아들이자고 했다. 무장한 병사들이 혜통의 행방을 찾아, 그가 머물던 경주 왕망사에 들이닥쳤다. 혜통은 사기로 만든 병을 지니고 지붕에 올라, 붉은 먹을 묻힌 붓을 들고 외쳤다.

"내가 뭘 하는지 잘 보시오."

병의 목에 붉은 선을 하나 긋더니, 다시 말했다.

"당신들 목을 서로 둘러보시구려."

서로들 보니 놀랍게도 붉은 선이 다 있었다. 혜통은 또 외쳤다.

"병의 목을 내가 자른다면, 당신들 목은 어떻게 되겠소?"

다들 바삐 도망치고는, 붉은 선 그어진 목을 효소왕에게 보여 주었다. 왕은 말했다.

"혜통의 신통력은 사람의 힘으로 당할 수 없겠구나!"

그래서 혜통을 내버려 두었다.

나중에 공주가 갑자기 병들어 혜통에게 부탁하여 치료했다. 효소왕이 기뻐하는 틈을 타, 혜통은 아뢰었다.

"정공은 용에 홀렸을 뿐인데, 억울하게 벌 받았습니다."

효소왕이 듣고는 후회하며, 정공의 가족들을 사면하고 혜통을 나라의 스승으로 삼았다. 용은 정공에게 원수를 갚고, 부산 기장산에 가 곰이 되어 산신령으로 행세했다. 백성들을 너무나 괴롭혔지만, 혜통이 기장산까지 찾아가 깨우쳐 입교시켜 그 피해를 없앴다.

효소왕 이전에 신문왕이 등에 종기가 났을 때, 혜통이 와 주문을 외워 고친 적이 있었다. 이때 혜통이 알려주었다.

"폐하께서 전생에 정승이셨을 때, 잘못된 판결로 양민이던 신충을 노비로 만드셨던 적이 있었습니다. 원한이 있었던 신충이 윤회를 거듭하며 자꾸 복수하니까, 지금도 종기가 난 겁니다. 신충을 위해 절을 하나 지어주시면, 전생의 원한이 풀릴 겁니다."

왕이 그 말에 깊이 수긍하여 '신충봉성사信忠奉聖寺'란 이름의 절을 짓자, 공중에서 노랫소리가 났다.

"임금님께서 절 지어주신 덕분에, 고통을 벗어나 하늘나라에 다시 태어났으니, 원한은 다 풀렸답니다."

어떤 책에는 혜통이 아닌 진표의 이야기라지만, 오류이다. 노래가 들린 곳에 원한을 끊는다는 뜻의 '절원당'을 지었다는데, 고려 후기에는 남아있었다.

밀본의 다음 세대에 명랑明朗이라는 고승이 있다. 명랑은 용궁에서 '문두루文豆婁'라는 비법을 얻어 신유림 땅에 사천왕사를 창건하고 외세의 침략을 여러 번 물리쳤다. 한편 혜통은 속세를 돌아보며 사람과 만물에까지 무외의 밀교를 전했다. 그리고 신문왕과 신충의 전생을 알아보고 절을 짓게 하여 원한을 풀어주었다. 이렇게 밀교의 효력을 떨쳤으니, 경기도 개풍군 천마산의 총지암, 전북 김제 모악산의 주석원 등이 그에게서 비롯되었다.

어떤 분은 혜통의 속명을 '존승尊勝 각간'이라 불렀다. 그런데 각간이라면 신라의 정승일 텐데, 혜통이 벼슬을 했다는 기록은 없다. 화살로 늑대를 잡았다는 말도 확실하지 않다. 기리어 말한다.

산에는 복숭아, 계곡에는 살구, 울타리마다 따로 비치고
봄 깊은 오솔길 꽃도 양쪽 언덕으로 나뉘어 피었지만
혜통이 수달을 잡아 출가한 덕분에
서라벌 바깥 마귀까지 다 깨우칠 수 있었구나.

6-3. 신인종의 명랑

『금광사본기金光寺本記』에 이런 내용이 있다.

명랑明朗은 신라에서 태어나 당나라에서 공부했다. 귀국할 때 용왕의 부탁으로 용궁에 들어가 비법과 황금 100냥(혹은 1,000근)을 받아, 몰래 지하의 수맥을 통해 자기 집 우물 바닥으로 나왔다. 그리하여 집을 절로 만들고, 용왕에게 받았던 황금으로 탑과 불상을 만들었다. 그 빛이 너무나 찬란하여 절 이름을 금광사金光寺라 하였

다. 금우사金羽寺라는 기록도 있지만, 오류이다.

명랑의 자는 국육國育으로, 신라의 사간 벼슬을 지낸 재량才良의 아들이다. 어머니는 남간부인南澗夫人 혹은 법승랑法乘娘이라 하는데, 김무림 소판의 딸로 의해편에 나왔던 자장의 누이였다. 이들 부부에게는 세 자식이 있었는데, 장남은 국교 큰스님, 차남은 의안 큰스님, 막내가 명랑이었다. 어머니가 푸른 구슬을 삼키는 태몽을 꾸었었다.

명랑은 632년 당나라에 갔다가 635년에 돌아왔다. 668년 당나라 이적의 대군은 신라와 함께 고구려를 멸망시키더니, 백제에 남겨두었던 병사와 함께 신라도 쳐 멸망시키려 했다. 신라인들이 알아차리고 거병하여 저항하자, 당나라 고종은 듣고 노하여, 설인귀에게 토벌하라는 명을 내렸다. 신라 문무왕은 듣고 걱정되어, 명랑에게 비법으로 당나라 군대를 물리쳐 달라고 했다. 명랑이 사천왕사 자리에서 문두루비법으로 당나라 함대를 물리쳤던 일은 기이편의 문무왕 기록에도 나오며, 이 때문에 명랑은 신인종을 세웠다.

고려 태조가 개국할 무렵에도 해적 때문에 걱정이 많았다가, 안혜安惠와 낭융朗融의 후예인 광학廣學과 대연大緣 등 두 큰스님께 부탁하여 비법으로 물리쳤다. 이런 비법은 모두 명랑으로부터 유래했다. 그러므로 명랑부터 인도의 논리학자 용수龍樹까지 거슬러 올라 9대조로 삼고, 태조가 개경 동북족에 현성사를 지어 신인종의 기반으로 삼았다. 이 절 기록에는 3명의 법사를 시조로 삼았다고도 하는데, 그들이 누구인지 알 수 없다.

그리고 신라 서라벌 동남쪽 20리쯤 원원사가 있다. 안혜를 비롯한 4명의 큰스님이 김유신, 김의원, 김술종 등과 함께 지었다는 이야기가 있다. 4명의 유골을 절 동쪽 언덕에 모시고, 사령산 조사 암이라 부르는데 다 신라 시대 때 사람들이다.

그런데 돌백사에 관한 공문을 보충한 기록에 이런 내용이 있다.

경주의 유지였던 거천의 어머니는 아지녀, 아지녀의 어머니는 명주녀, 명주녀의 어머니는 적리녀, 그 적리녀의 아들이 광학과 대연(본명은 선회)이다. 형제가 모두 신인종에 출가하여, 931년 고려 태조를 따라 개경에 와 불교 행사를 주관하였다. 그 수고를 포상하여 그들의 부모님 제사를 모실 논밭을 약간 받아 돌백사에 맡겼다.

그렇다면 광학과 대연은 고려 태조를 따라 개경에 와서 지냈고, 안혜 등은 경주에서 원원사를 지었다. 원원사 동쪽 사령산 조사 암에는 광학과 대연의 유골만 있을 뿐, 이들이 원원사를 세운 '4명의 큰스님'에 포함되지는 않는다. 마찬가지로 신라 시대 4명의 큰스님이 다 고려 태조를 따를 수도 없음을 유의해야 한다.

7편
감통, 여러 세상의
공감과 소통

7-1. 선도산 성모가 불교와의 만남을 기뻐하다

8세기 중엽 진평왕 때 지혜智惠라는 현명한 여승이 안흥사에 있었다. 법당을 새로 꾸미려고 했으나 여력이 없었는데, 구슬로 머리를 장식한 아름다운 여자 신선이 꿈에 나타나 위로했다.

"나는 선도산仙桃山의 신어머니라. 법당을 꾸미려는 기특한 뜻이 있다니, 황금 10근으로 도우리라. 내 자리 아래 금을 꺼내서 불상 셋을 장식하고, 그 뒷벽에 여러 부처님과 신들, 하느님과 신라 오악의 산신령까지 그려라. 매년 봄과 가을 각 10일간 단정한 남녀를 모아 중생을 위한 점찰법회 열기를 규칙으로 삼거라."

신라 오악은 서쪽 선도산, 동쪽 토함산吐含山, 남쪽 지리산智異山, 북쪽 강원도 태백산太伯山, 중앙의 대구 팔공산八公山 등이다. 위 내용은 고려에서 울산 굴불 연못의 용이 임금의 꿈에 나타나, 울산 영취산에 약사여래에 대한 행사를 열어달라고 부탁했던 일과 비슷하다.

지혜는 놀라 잠에서 깨어, 신도들과 선도산 성모를 모신 사당에 갔다. 신상 아래를 파 황금 160냥을 얻어, 성모의 말을 정성껏 따랐다. 절을 꾸민 자취는 남았지만, 행사는 없어졌다.

선도산 신어머니는 본디 중국의 공주로, 이름은 사소娑蘇였다. 어려서 신선의 술법을 배워 한반도에 와서는 오래도록 돌아가지 않았다. 아바마마가 솔개의 발에다가 "솔개를 따라가다가, 멈춘 곳을 집으로 삼으라."는 내용의 편지를 묶어 보냈다. 사소가 그 말대로 솔개를 놓아주었더니 선도산에 멈추었으므로, 정착하여 승천하지 않고 땅에 머무는 신선이 되었다. 이 때문에 산 이름에 솔개 연鳶을 넣어 서연산이라 부르기도 한다. 사소는 선도산에 오래 머물며 나라를 지켰는데, 기적이 많아 신라가 생긴 이래로 늘 국가 차원의 제사를 지냈으며 여러 산신의 제사 중에도 으뜸이었다.

10세기 초반 54대 박씨 경명왕은 매사냥을 좋아했는데, 선도산에 올랐다가 매를 잃어버렸다. 신어머니께, "매를 되찾으면 벼슬을 드리겠습니다."라 빌었더니, 매가 상 위로 돌아왔다. 그리하여 대왕으로 삼았다.

선도산 신어머니는 처음 진한 땅에 와, 거룩한 자녀를 낳아 건국 시조가 되게 하였다. 바로 박혁거세와 알영 두 성인을 낳으신 것이다. 그러니까 계룡, 계림, 백마 등의 표현이 나왔던 이유는, 계[鷄]

그리고 흰색이 서쪽을 상징하기 때문이다. 언젠가는 하늘의 선녀 여럿에게 비단을 짜게 하더니, 붉게 물들여 관복을 만들고 남편에게 주었다. 나라 사람들이 이 장면을 보고 그 신성함을 깨달았다.

그리고 『삼국사기』에 이런 기록이 있다. 1110년대에 김부식이 송나라에 사신으로 갔을 때, 어느 사당에서 여자 신선의 조각상을 보았다. 김부식 일행을 보살피던 왕보라는 사람이 말을 꺼냈다.

"이분은 당신 나라의 신인데, 혹시 아시오?"

그러더니 말을 이어갔다.

"옛날 중국 공주가 바다 건너 진한 땅에 가 아이를 낳았는데 건국 시조가 되었다오. 그 공주는 신선이 되었지만 승천하지 않고 길이 선도산에 머문다는데, 이 조각상이 그분이라오."

또한 송나라 사신 왕양도 고려에 와 동쪽의 거룩한 신어머니를 기리며, "현명한 이를 낳아 나라를 세우게 했네."라는 구절을 남겼다. 돌이켜 보면 선도산 성모는 황금을 시주하여 부처님을 모셨고, 향을 피워 중생의 갈 길을 열었다. 성모를 장생불사에나 빠졌던 어리석은 도교의 인물이라 할 수 있을까? 기리어 말한다.

서연산에 온 지도 몇 해런가?
선녀들 불러 신선의 옷 만들더니
장생술도 신통하긴 하겠지만,
부처님 먼저 뵙고 옥황상제도 만나 보자.

7-2. 염불만으로 극락에 간 욱면

8세기 중반 경덕왕 무렵, 경남 진주 혹은 경북 영주로 추정되는 곳에, 수십 명의 귀족 남자들이 극락에 가겠다고 미타사를 세워 10,000일 동안 함께 수행할 모임을 만들었다. 그 일원이었던 아간 벼슬하던 귀진貴珍의 집에 욱면郁面이라는 여종이 있었다. 욱면은 귀진이 미타사에 갈 때면 따라가, 마당에서 스님이 '나무아미타불' 염불하는 대로 따라 했다. 귀진은 욱면이 주제 넘는 짓을 한다고 화가 나서, 매일 곡식 3~400kg씩 주며 저녁까지 다 빻으라고 시켰다. 욱면은 저녁마다 다 빻고는 미타사에 가 밤낮으로 부지런히 염불했다. '내 일 바빠 대갓집 일 서두른다.' 속담이 여기서 나왔다.

귀진은 마당 양쪽 끝에 긴 말뚝을 박아 욱면의 양쪽 손바닥을 노끈으로 꿰어 합장하게 했지만, 욱면은 그런 벌을 받으면서도 즐겁게 노닐며 스스로를 격려했다. 때마침 하늘에서 소리가 났다.

"욱면 낭자는 법당에 들어 염불하시오."

미타사에 모였던 무리는 이 소리를 듣고, 여종 욱면을 법당에 들여 수행하게 했다. 그러자 극락이 있다는 서쪽에서 신성한 음악이 울려 퍼지더니, 욱면이 법당 대들보를 뚫고 저 너머 서쪽으로 날아갔다. 욱면은 속세의 몸을 벗고 부처님의 몸이 되어, 연꽃 모양 받침에 앉았다가 엄청난 빛을 내며 떠났다. 공중의 음악 소리는 그치지 않았고, 지금도 욱면이 날아오르며 뚫린 구멍이 미타사에 있다. 여기까지가 욱면에 관한 설화이다.

불교 공동체의 평등성을 언급할 때 언급하곤 하는 설화이지만, 오히려 신분과 성별에 따른 불평등의 흔적 또한 읽어낼 수 있다. 그리하여 신분과 성별의 압박을 떨치고 떠나는 욱면의 후련함을 반복적으로 묘사하고 있다.

이제부터는 『고승전』의 귀진 관련 기록이다. 관음보살의 화신 가운데 동량팔진棟梁八珍이란 이가 있었다. 제자가 1,000명이었는데, 둘로 나뉘어 한쪽은 몸으로 고행하고 다른 쪽은 마음의 수행을 했다. 고행하던 이들 중 한 사람이 계율을 어겼다가, 벌을 받아 경북 영주 부석사의 소로 다시 태어났다. 그래도 절간의 소라서 경전을 싣고 다녔던 공덕으로, 귀진 아간의 여종 욱면으로 다시 태어날 수 있었다. 욱면은 영주와 예천 사이 하가산으로 일 보러 갔다가, 꿈을 꾸어 깨닫고 신앙심이 생겼다. 귀진과 욱면이 살던 집은 7세기 진평왕 때 혜숙이 세운 미타사와 멀지 않았으므로, 귀진은 늘 그곳에 가 염불했는데 욱면도 따라가 마당에서 염불했다고 한다.

이렇듯 9년을 하여, 815년 1월 21일 불공드리다가 욱면은 법당 대들보를 뚫고 소백산까지 날아가다가 신발 한 짝을 떨어뜨렸고, 산자락에서 속세의 몸을 버렸다. 욱면이 신발을 떨어뜨린 자리에 보리사라는 절을 짓고, 속세의 몸을 버린 산자락에 제2의 보리사를 또 짓고 그 법당에 '욱면이 승천한 곳'이라는 현판을 붙였다. 미타사 법당 지붕에 뚫린 구멍은 150cm 정도 되었지만, 눈비가 아무리

내려도 젖지 않았다. 훗날 일 벌이기 좋아하는 어떤 사람이, 구멍의 모양대로 황금 탑을 만들어 올려놓고 욱면의 기적을 기념했다. 이 현판과 탑은 고려 후기까지 남아있었다.

	[A] 향전	[B] 승전
욱면의 전생	없음	관음보살 수하의 수행승 – 부석사의 소
주인과의 관계	욱면의 염불을 방해함	주인을 따라 미타산에서 염불
하늘의 소리	들림	없음
깨닫는 기간	비구체적(또는 순식간)	9년
깨닫는 모습	솟구쳐 뚫고 오르는 과정 묘사	없음
이후 사찰 창건	없음	보리사, 제2 보리사

욱면이 극락으로 떠난 후에, 귀진도 거룩한 이가 살았던 곳이라며 자기 집과 논밭을 내놓아 법왕사라는 절을 세웠다. 세월이 흘러 법왕사는 폐허가 되었다가, 승려 회경懷鏡이 유석, 이원장 등의 벼슬아치와 함께 다시 지었다. 회경이 목재를 나르며 직접 노동할 때, 꿈에 어떤 노인이 나타나 삼과 칡으로 된 신발을 하나씩 주었다. 노인이 나온 꿈을 근거로 옛 신을 모시는 사당에 가 불교로 개종하게 하고, 사당 옆 나무를 베어 5년 만에 다 지었다. 인원도 늘어나고 법왕사도 번창하여 동남 지역의 유명한 절이 되었다. 사람들은 회경이 전생에 귀진이었다고들 했다.

먼저 나왔던 설화에 따르면 욱면 이야기가 8세기 경덕왕 때 일이지만, 귀진의 승전에 따르면 9세기 초반 애장왕 때의 일이라 한다. 둘 사이에는 다섯 임금 60여 년의 시차가 있다. 그리고 설화는 욱면을, 승전은 귀진을 각각 주인공으로 내세웠다. 그러므로 두 기록을 다 보존하여 의문을 없애고자 한다. 기리어 말한다.

서쪽 이웃 절엔 등불도 밝다지만,

방아 찧고 절간 가면 어두운 밤.

한번 염불할 때마다 한번 성불하니

손바닥이 노끈에 뚫려도 아픈 줄 모르겠소.

7-3. 광덕과 엄장

7세기 후반 문무왕 때 광덕廣德과 엄장嚴莊이라는 승려들이 있었다. 둘은 우정이 깊어 밤낮으로 약속했다.

"먼저 극락에 드는 사람은 꼭 서로 기별해 줍시다."

광덕은 서라벌 분황사 서쪽에 살았다는데, 400m 남쪽의 황룡사에 그가 머물던 방이 있다고도 한다. 뭐가 맞는지는 모르겠지만, 광덕은 짚신 장수로 처자식과 먹고살았다.

한편 엄장은 지리산에서 화전민으로 살았다. 해그림자 붉게 드리우며 소나무 그늘 잔잔한 어느 저녁에, 창밖에서 기별하는 소리가 났다.

"여보게. 나 극락 간다네. 자네도 잘 지내다가 금세 나 따라오소."

엄장이 서둘러 문 열고 나와 돌아봐도, 구름 밖 거룩한 음악 소리에 지는 햇빛만 땅에 머물러 있었다. 다음날 광덕의 집에 가보니, 과연 고인이 되어있었다. 그래서 광덕의 아내와 장례를 치르고 무덤도 만들어주었다.

그리고는 광덕의 아내를 떠보았다.

"남편은 죽었으니, 나랑 같이 살래요?"

"그럴게요."

밤이 되어 동침하려고 했더니, 그녀는 거절하며 말했다.

"스님께서 극락 가시겠다니, 나무에 올라 물고기 잡겠다는 말씀이라오."

엄장은 놀랍고도 이상해서 물었다.

"광덕도 당신과 동침하고도 극락에 갔는데, 나는 왜 안 된단 말이오?"

"남편은 저와 10년을 살면서 단 하룻밤도 동침하지 않았는데, 부정한 일이 있었겠어요? 매일 밤 번듯하게 앉아 아미타불 염불 소리 한결같이 내고, 경전에 나오는 그대로 수행하면 문으로 들어오는 달빛을 올라타고 앉았답니다. 이렇게 정성껏 수행하니, 극락에 안 가려고 해도 갈 수밖에 없겠지요? 천 리 길도 한 걸음부터라는데, 스님의 길은 서쪽의 극락이 아니라 그 반대편 동쪽으로 가는 거죠."

엄장은 부끄러운 마음에 얼굴을 붉히고 물러났다. 이윽고 원효를 찾아가 수행할 방법을 물어보니, 원효가 엄장에게 광덕의 경우보다 더 쉬운 방법을 일깨워주었다. 엄장이 몸을 깨끗이 닦고 참회하며 그 방법대로 수행하자, 광덕과 마찬가지로 극락에 갈 수 있었다. 엄장이 했던 수행법은 원효의 전기와 『해동고승전』에 실려 있었다. 광덕의 아내는 분황사의 종이었는데, 관음보살의 19가지 화신 중 하나였다. 광덕이 불렀던 다음과 같은 노래가 있었다.

달님이 어째서
서방까지 가실는지?
아미타불 앞에
알려주시렵니까?
다짐 깊으신 아미타불께
두 손 모아 우러러
극락왕생 비나이다, 극락왕생 비나이다.
그렇게 극락을 그리워하는 이 있다고요.
아아, 이 몸 버려두시고도
모든 중생 구하신다던 그 다짐 이루실까요?

해설

원왕생가는 광덕과 엄장에게 약간 다른 의미를 지닌다. 광덕 입장에서 열심히 수행했지만 나를 버려두실까? 하는 근심이

라면, 엄장의 처지에서는 지난날의 과오 때문에 나를 버려두
실까? 하는 후회와 참회가 된다. 아마 대다수 독자는 철저한
광덕(작가)보다 죄지은 엄장에 자신의 상황을 이입했을 것이
다.

7-4. 문수보살 만난 경흥

7세기 후반 신문왕 때 경흥憬興 큰스님은 충남 공주 출신의 수
씨로, 백제 유민 출신이었다. 18세에 출가하여 모든 경전에 통달하
였으므로 당시 명성이 높았다. 681년 문무왕이 죽을 때, 신문왕에
게 유언을 남겼다.

"경흥 스님은 나라의 스승이 될 만하다. 짐의 말을 잊지 말라."

신문왕은 즉위하여 경흥을 나라의 원로로 삼아, 서라벌 삼랑사
에 모셨다.

경흥이 갑자기 병들어 한 달을 앓았다. 어떤 여승이 병문안을
왔다가, 『화엄경』에서 '착한 친구가 있어야 병이 낫는다.'는 말을
인용하며 일러주었다.

"스님의 병은 시름 탓이니, 웃어야 나아요."

그러더니 11가지 표정을 바꿔가며 배우처럼 춤을 추었다. 뾰족
뾰족 까끌까끌 뭐라 하기 어려울 정도로 달라지는 게 턱 빠질 만큼
웃겼다. 덕분에 경흥은 자신도 모르게 병이 나았다. 여승은 문을 나

서 삼랑사 남쪽으로 남항사 근처에서 사라졌고, 그 지팡이만 11가지 얼굴을 한 관음보살 그림 앞에 남아 있었다.

하루는 경흥이 왕궁에 들어가려고, 그 시종이 동쪽 문밖에서 준비하고 있었다. 안장과 말, 신발과 갓이 모두 화려하고 사치스러웠으며, 행인들도 지나다니지 못했다. 그런데 어떤 초라한 거사가 광주리를 이고 지팡이를 짚으며 와서는, 말 타는 자리에 앉아 쉬었다. 광주리 안에는 건어물이 가득 보였다. 시종이 성을 냈다.

"당신, 승복을 입은 몸으로 건어물을 이고 다니시오?"

"말 탄다고 산 짐승의 살을 양다리에 끼기도 하는데, 시장바닥 건어물 지고 오는 게 무슨 잘못이라고?"

거사는 말 다하고 떠나버렸다. 경흥이 문을 나서다 이 말을 듣고는 사람을 시켜 따라가 보라 했더니, 경주 남산 입구에서 광주리를 버리고 사라졌다. 거사의 지팡이는 문수보살상 앞에 남아있었고, 건어물은 소나무 껍질이었다. 경흥에게 알려주자, 듣고 한탄했다.

"문수보살께서 내가 말 타고 우쭐대는 모습을 경고하셨구나."

경흥은 죽을 때까지 다시는 말 타지 않았다. 경흥의 업적은 현본이 엮은 삼랑사 비문에 실려 있다.

일전에 당나라 징관의 『화엄경』 주석서를 살펴보았더니, 미륵보살의 이런 말씀이 있었다.

"내가 훗날 말세가 되면 속세에 와서 신도들을 다 구원하겠지만, 말 타고 우쭐대는 남자 승려만은 만나지도 않겠다."

이러니 조심하지 않을래야 않을 수 없겠다! 기리어 말한다.

옛 성현의 남긴 뜻 많다는데
어째서 후손들은 갈고 닦지 않으시오?
차라리 건어물을 등에 짊어지더라도
장차 미륵의 구원을 어찌 저버릴까?

7-5. 부처님께 직접 공양드리다

692년 효소왕은 즉위하여 망덕사를 세워 당나라 황실을 축복
했다. 훗날 755년 경덕왕 시절 망덕사 탑이 흔들릴 때, 당나라에서
안록산과 사사명이 반란을 일으켰다. 신라 사람들은 당나라를 위해
세운 절이므로 응당 그럴 법하다고 생각했다.

697년에 망덕사가 완공되어 효소왕이 직접 가마를 타고 법회
에 갔다. 그때 어떤 초라한 승려가 뜨락에 움츠리고 있다가 부탁했
다.

"저도 행사에 끼고 싶습니다."

효소왕은 맨 끝자리에 끼워주었다가, 법회를 마치고 장난삼아
말을 걸었다.

"어디 사시오?"

"경주 남산 비파암琵琶嵓 삽니다."

"돌아가시거든 임금이 직접 공양한 법회에 참석했다고 하지 마시오."

승려는 웃으며 대답했다.

"폐하께서도 진짜 부처님을 공양했다 하지 마소서."

말을 마치고는 공중으로 몸을 솟구쳐 남산 쪽으로 날아갔다.

왕은 놀랍고도 부끄러워, 동쪽 고개로 말달려 그가 갔던 쪽으로 절했다. 승려의 행방을 수소문했더니, 모래가 많이 쌓였던 남산 삼형제 바위 위에 지팡이와 그릇을 남기고 사라졌다. 심부름꾼은 돌아와 보고했다. 그리하여 비파암 아래 석가사란 절을 짓고, 승려가 모습을 감추었던 곳에 불무사無事寺를 지어 지팡이와 그릇을 모셨다. 두 절은 고려 후기까진 있었는데, 지팡이와 그릇은 남아있지 않았다.

『대지도론』 4권에 이런 내용이 있다.

옛날 북인도 카슈미르의 고승이 수행 다니다가 어떤 임금이 세운 절에 다다랐다. 절에서는 큰 법회가 열리고 있었는데, 수문장이 고승의 초라한 옷차림을 보고 못 들어가게 했다. 초라한 옷 때문에 여러 번 실랑이하다가, 방편 삼아 좋은 옷을 입고 갔더니 문지기가 막지 않았다. 자리에 앉아 음식을 받고는 옷에 쏟기부터 했다. 사람들이 왜 그러냐고 물었더니, 이렇게 대답했다.

"내 여러 번 왔지만 들어오지 못하다가, 좋은 옷 덕분에 자리도 음식도 얻었잖아요. 그러니 옷에 음식을 줘야지요."

지금 살펴본 이야기와 같은 내용이다. 기리어 말한다.

향 사르고 부처님 맞아 새 모습 보아야 하건만

공양하는 승려들은 옛 친구들만 가려 부르네.

그래도 비파암 위 떠오른 달빛은

때론 구름에 덮여도 늦게나마 연못 비추겠지.

7-6. 월명사와 도솔가

760년 경덕왕 무렵, 해 2개가 함께 떠서 열흘 내내 지지 않았다. 하늘을 보는 일관이 아뢰었다.

"인연 있는 스님께 부탁해서 〈산화가散花歌〉를 부르며 불공을 드리면, 이 변고를 물리칠 수 있겠나이다."

그리하여 왕궁 한가운데 조원전에 제단을 깨끗이 마련하고, 경덕왕은 왕자가 머무는 동궁으로 행차하여 인연 있는 스님을 기다렸다.

이때 승려 월명은 밭두둑으로 난 남쪽 길을 지나다가, 경덕왕의 부름을 받았다. 제단을 열고 글을 지으라는 명을 받은 월명은 말했다.

"저는 화랑의 무리에 소속된지라, 향가만 알 뿐 불교음악은 잘 모릅니다."

"인연 있는 스님으로 뽑히셨거늘, 향가를 불러도 괜찮지요."

월명月明은 〈도솔가兜率歌〉를 지어 읊었는데, 그 가사는 이렇다.

오늘 이 자리에 〈산화가〉를 부르며
뿌리어진 꽃(=화랑)이여! 너는
곧은 마음에 명을 받들어
미륵의 화신(=왕실)을 모시어라.

한시로 이렇게 번역되기도 했다.

오늘 동궁에서 〈산화가〉를 부르며
푸른 구름에 꽃 한 송이 보내나니,
은근하고도 곧은 마음으로 명을 받들어
멀리 미륵보살을 맞이하여라.

고려 후기에는 이 노래를 〈산화가〉라고도 했지만, 틀린 말로 〈도솔가〉라 해야 옳다. 〈산화가〉는 따로 있지만 가사가 워낙 길어 싣지 않겠다. 아무튼 2개였던 해 하나가 사라지자, 경덕왕은 기뻐하며 차 1봉과 108알로 된 수정 염주를 월명에게 주려고 했다. 어떤 단정한 옷차림의 동자가 무릎 꿇고 그것들을 받더니, 서쪽에 난 작은 문으로 나갔다. 월명은 왕궁의 사자인 줄 알았고, 경덕왕은 월명의 제자라 생각했다. 그렇지만 서로 캐물어 보니 다 아니었다. 경덕왕이 이상하게 생각해서 쫓아보게 했더니, 동자는 궁궐 안쪽 탑으로 사라졌고, 차와 염주는 남쪽의 미륵보살 벽화 앞에 남겨져 있었다. 월명의 덕과 정성은 이렇듯 미륵보살을 불러낼 정도로 대단하다는 게 알려져, 조정부터 초야까지 모르는 이가 없게 되었다. 경덕왕은 월명을 더욱 존경하여, 비단 100필을 더 주는 성의를 보였다.

산화가에 해당하는 작품은 일본 승려 엔닌의 『입당구법순례행기』에서 당나라의 신라 사찰 법화원의 행사를 인용할 때 나온다.

월명은 일찍이 죽은 누이를 위해 불공드리며, 향가를 지어 그 명복을 빌었다. 그러자 문득 세찬 바람이 불어와 종이돈을 누이가 떠난 저승 방향이라 생각했던 서쪽으로 날렸다. 그 향가의 내용은 이렇다.

삶과 죽음의 갈림길이
여기 있어서 머뭇거리고
나는 간다 그 한마디도
못다 하고 어찌 떠났소?
어느 가을 이른 바람 불면
여기저기 떨어질 낙엽처럼
한 가지에 태어났는데도
가는 곳 모르다니!
아아, 아미타불 세상에서 다시 만날 나,

도 닦아 기다리리다.

월명은 늘 사천왕사에 머물렀다. 피리를 잘 불었는데, 사천왕
사 문 앞 큰길을 거닐며 피리를 불 때면, 달도 듣느라 시간이 멈추었
다. 그러므로 그 자리를 월명리라 불렀고, 승려 능준의 제자였던 월
명의 이름도 유명해졌다.

신라 사람들이 향가를 떠받든 지 오래였다. 『시경』같은 경전처
럼, 제사를 지내며 신께 아뢰는 노래처럼 생각했다. 그러므로 온 세
상과 귀신까지 향가에 감동했던 적이 한두 번이 아니었다. 기리어
말한다.

바람이 날린 종이돈 누이의 노잣돈 되고

달빛 탄 피리 소리 달을 멈추게 하는데,

미륵님 머무는 하늘 멀다 마시구려.

향가 한 편이면 온갖 꽃들 반겨 준다오.

7-7. 환생한 선율

망덕사의 승려 선율善律은 시주받은 돈으로 600권짜리 『반야
경』을 출간하려고 했지만, 뜻을 이루기 전에 저승에 잡혀 왔다. 저
승사자가 물었다.

"이승에서 무슨 일을 했는가?"

"제가 『반야경』을 출간하려다가, 늙은 탓에 그만 다 못하고 왔습니다."

"당신 수명은 다 되었지만, 못다 한 착한 일이 있으니 돌아가서 마저 마치라."

선율이 풀려나 돌아오는 길에, 어떤 여인이 곡소리를 내며 그 앞에 절했다.

"저도 생전에 신라 사람이었어요. 부모님께서 100걸음쯤 되는 금강사의 밭을 빼돌리신 탓으로, 제가 저승에서 오랫동안 벌 받고 있어요. 스님께서 돌아가시거든, 저희 부모님께 금강사에 밭을 얼른 돌려주라고 알려주세요. 그리고 제가 살았을 때, 침상 밑에 참기름 그리고 이불과 요 틈에 곱게 짠 옷감을 두고 왔거든요. 스님께서 불경 작업하실 때 그 기름으로 불 밝히시고 옷감으로 비용을 써 주시면, 저승에서도 제가 고뇌를 벗어나 은혜를 입겠지요."

"댁이 어디시라구요?"

"사량부 구원사久遠寺 서남쪽 마을에 살았어요."

선율은 듣고서, 바야흐로 소생하였다.

때는 선율이 죽은 지 열흘, 경주 남산 동쪽 언덕에 묻혀 있었다. 선율은 무덤에서 3일 내내 소리쳤고, 목동이 듣고 망덕사에 알렸다. 승려들이 무덤에서 꺼내주자, 선율은 겪었던 일을 알려주고 여인의 집을 찾아갔다. 여인은 15년 전에 죽었는데도, 기름과 옷감은 그대로 있었다. 선율은 여인의 말대로 조치하고 명복도 빌어 주었더니, 여인이 혼이 나타나 알려주었다.

"스님의 은혜로 저는 고통에서 벗어나 해탈하였습니다."

듣는 사람마다 놀라고 감동하지 않을 수 없어, 선율의 불경 출간을 도왔다. 그가 남긴 『반야경』은 고려 후기에도 경주의 승려들 창고에 남아있었으며, 매년 봄가을마다 돌려 읽으며 재앙을 물리쳤다. 기리어 말한다.

부러워라, 우리 선율 스님! 좋은 인연 덕분에
저승길 떠났다가도 이승으로 돌아오셨네.
부모님께서 죽은 이 몸 안부 물으시거든,
어서 밭 돌려주는 게 저를 위한 일이라 알려 주세요.

7-8. 호랑이와 사랑했던 김현

신라 풍속에 음력 2월 8일부터 15일까지, 서라벌 남녀들은 흥륜사에 모여 탑돌이를 하며 복을 빌어 왔다. 9세기 원성왕 때 김현金現이라는 남자가 밤늦도록 쉬지 않고 탑을 돌다가, 염불하며 따라 돌던 여인과 눈이 맞아 마음이 통했다. 탑돌이는 마치고 으슥한 곳으로 가 관계를 맺고, 여인이 떠나려 했다. 김현은 여인이 말렸는데도 억지로 바래다준다고 했다.

서쪽 선도산 기슭의 초가집에 들어갔더니, 어떤 할머니가 여인에게 물었다.

"웬 사람이 따라왔냐?"

여인이 사연을 털어놓자, 노파가 말했다.

"좋은 일이지만, 없는 게 더 좋았겠어. 그래도 이왕 된 일을 뭐라 할 순 없지만, 이 분을 잘 숨겨라. 너희 오빠들이 알면 나쁜 짓 할까 걱정되네."

김현을 구석진 곳에 숨기자, 이윽고 호랑이 셋이 나타나 포효하곤 사람의 말을 했다.

"집에 고기 냄새가 나네. 재수 좋게 잘 먹을 수 있겠군."

노파와 여인은 화를 냈다.

"코가 참 신통하네. 무슨 미친 소리를?"

때마침 하늘에서 소리가 울려 퍼졌다.

"너희가 남의 목숨 해치기를 너무 즐겼으니, 벌을 내려 한 마리를 죽이리라."

이 말을 듣고 호랑이 셋이 모두 걱정하는 표정을 짓자, 여인은 말했다.

"오빠들은 멀리 떠나 반성하세요. 벌은 제가 대신 받을 수 있습니다."

다들 기뻐하더니, 머리를 조아렸다가 꼬리를 말고 달아났다.

여인은 김현에게 일렀다.

"애초에 당신에게 우리 집안을 보여주기 부끄러워서 오지 못하게 했지만, 숨길 수 없게 됐으니 제 마음을 다 말해야겠죠. 저는 당신과 같은 인류는 아니지만, 하룻밤의 인연이라도 평생 부부로 지낸 만큼의 의리가 있습니다. 오빠들의 악행이 하늘의 노여움을 사, 이 집안에 내린 재앙을 제가 감당해야 할 텐데요. 상관없는 사람 손에 죽느니, 당신의 칼에 쓰러진다면 당신 사랑에 보답이 되겠죠. 내일 서라벌 시내에서 내가 사람들을 많이 해치면, 벼슬아치들도 어쩔 줄 모르고 임금은 나를 잡는 자에게 큰 벼슬을 내리겠다 하겠죠. 그러면 당신은 나를 두려워 말고, 서라벌 성의 북쪽 숲까지 날 쫓아와요. 기다리고 있을게요."

"사람은 사람끼리 사귀는 게 떳떳하고, 사람이 아닌 존재와 만나는 건 비정상이라고 하오. 그렇더라도 우리가 순조롭게 만난 게 다행인데, 아내의 죽음을 팔아 벼슬을 얻으라 하시오?"

"그런 말 마세요. 내 죽음은 하늘의 명이고, 내 소원이고, 당신에겐 경사고, 우리 집안의 복이며, 사람들이 다 기뻐할 일이오. 한번 죽어 다섯 가지 이익이 생기는데, 왜 마다합니까? 그저 나를 위해 절 하나 짓고 불경이나 읽어 명복을 빌어준다면, 그보다 큰 은혜가 없겠네요."

마주 보며 울다가 헤어졌다.

다음날 사나운 호랑이가 서라벌 안에 나타나 막을 수가 없었다. 원성왕이 듣고는 호랑이를 잡으면 2급의 벼슬을 내리겠다고 하니, 김현이 할 수 있다고 나섰다. 원성왕은 먼저 벼슬을 주어 격려했고, 김현은 단검을 들고 약속했던 숲으로 갔다. 호랑이는 여인의 모습으로 환히 웃으며 반겼다.

"어젯밤 우리 다정했던 기억, 잊지 말아 주세요. 그리고 오늘 제 발톱에 다쳤던 이들은 흥륜사 된장을 바르고 그 절 나발 소리를 들으면 바로 나을 거에요."

그리고는 김현이 가져온 단검으로 자기 목을 찌르고, 호랑이의 몸이 되어 죽었다. 김현은 숲을 나와 외쳤다.

"지금 호랑이를 너끈히 잡았다."

그 곡절은 숨기고, 처방대로 치료하여 다들 나았다. 고려 후기까지도 상처에는 이 처방을 썼다.

김현은 벼슬길에 올라, 서쪽 선도산 가는 길 개울가 호랑이 여인의 집이 있었던 곳에 호원사라는 절을 지었다. '모든 생명이 차별 없이 극락에 갈 수 있다.'는 내용의 불경을 늘 읽게 하여 호랑이였던 아내의 명복을 빌며, 자신을 희생하여 남편을 출세시킨 은혜에 보답하려고 했다. 김현은 죽음이 임박했을 때, 아내와의 기이한 인연에 더욱 감동하여 세상에 알리기 위한 기록을 남겼다. 〈호랑이와 숲에서 이야기를 나누다論虎林〉라는 제목으로 지금도 남아있다.

중국의 『태평광기』에 실린, 793년의 일이었다. 신도징申屠澄이라는 사람이 사천성 성도의 관리가 되어, 진부현 동쪽으로 10리쯤에 다다랐다. 눈보라와 추위 탓에 말도 못 움직이므로, 길가에 불 피워진 초가집으로 등불을 비춰 나아갔다. 노부부와 15, 6살쯤 된 아가씨가 불가에 둘러앉아 있었다. 아가씨는 흐트러진 머리에 더러운 옷을 입었지만, 하얀 피부 예쁜 얼굴에 맵시가 좋았다. 노부부는 일어나서 신도징을 환대했다.

"추운 날씨에 고생 많으시네. 이리 와 불 좀 쬐시구려."

신도징은 한참을 앉아 있었지만, 날이 어둡도록 눈보라는 그치지 않았다.

"서쪽 길이 아직 먼데, 여기 묵어가도 될까요?"

"이렇게 누추한 곳도 괜찮으시다면, 그렇게 하세요."

신도징은 안장을 풀고 이부자리를 폈다. 그 아가씨는 손님이 묵으려는 걸 보고는 세수하고 화장해서 장막을 걷고 나왔는데, 처음보다 더 아름답고 우아한 모습이었다. 신도징은 말했다.

"따님께서 누구보다 똑똑하시네요. 혹시 혼처가 없으시다면, 저는 사윗감으로 어떠실까요?"

"손님처럼 귀하신 분께서 거두어주실 줄은 몰랐는데, 이것도 인연 아니겠소."

신도징은 사위의 예절을 갖추어드리고, 아내를 말에 태우고 떠났다.

성도에 도착하여, 봉급은 적었지만 헌신적인 아내 덕분에 늘 즐거웠다. 임기를 마치고 돌아갈 때, 똑똑한 1남 1녀도 생겨서 더욱 아내를 공경하고 사랑했다. 이런 시를 신도징이 아내에게 주기도 했다.

한 번 벼슬하니 신선 된 학자에게 부끄럽고,

3년 지나니 훌륭한 아내에게 미안하네.

이 마음 비길 것은

냇물 위의 원앙뿐이라네.

아내는 화답하는 듯 뭔가 읊조렸지만, 입 밖으로 말하지 않았
다.

신도징이 임기를 마치고 본가로 돌아가는 길에, 아내는 슬픈
표정으로 말했다.

"예전에 주셨던 시에 화답할게요.

부부의 정도 두텁지만,
고향에의 그리움도 깊구나.
시절이 변할까 근심하다가,
혼인의 서약 저버리면 허물이 될까?"

처가에 들렀더니 아무도 없어, 아내는 친정 생각에 종일 울었
다. 그러다가 벽에 걸린 호랑이 가죽을 찾고는 활짝 웃었다.

"이게 여기 남아있을 줄이야!"

가죽을 뒤집어쓰고는 호랑이가 되어 울부짖고 문을 부수며 떠
났다. 신도징은 놀라서 피했다가, 두 아이를 안고 아내의 흔적을 찾
아 산과 숲을 바라보며 며칠 내내 울었다. 그러나 끝내 행적을 알
수 없었다.

오호라, 김현과 신도징은 다른 세상의 존재가 변하여 사람이
된 여성을 만나 혼인했다는 공통점이 있다. 그러나 배신하는 내용

의 시를 주고, 울부짖고 할퀴며 떠난 신도징의 아내는 김현의 경우
와 다르다. 김현의 아내는 부득이하게 남들을 다치게 했지만, 좋은
처방으로 구해 주었다. 원래 짐승이었던 이도 이렇게 선량한데, 사
람이 그보다 못해서야 되겠는가? 김현의 아내를 잘 살펴보자. 탑돌
이를 할 때 김현이라는 사람과 통한 것이나, 하늘에서 오빠들의 나
쁜 짓을 벌줄 때 자신을 희생한 것이나, 신묘한 처방으로 사람들을
구한 것이나, 절을 지어 불경을 읽게 한 것이나, 다 짐승에게 어진
성품이 있어서 그럴 수 있었던 게 아니다. 그보다는 부처님께서 여
러 방식으로 가르침을 베푸신 덕분이다. 김현이 정성껏 탑돌이를
했으므로 그에 부응했을 따름이다. 그러니 그때 그런 복을 받을 수
있었다. 기리어 말한다.

산속의 세 오빠 죄가 많아
대신 희생하리라 아름다운 말 한마디.
겹겹이 중한 인연을 위해 기꺼이 죽으려 하니,
숲 속에서 몸 바쳐 꽃처럼 졌구나.

해설

일연의 평가와는 달리, 신도징의 아내가 오늘날의 관점에서
는 더 주체적인 여성상일 수도 있겠다. 이렇게 다른 세상의
존재들과 혼인하는 이야기로는 〈선녀와 나무꾼〉이 유명하
다.

7-9. 진평왕 때 천사 융의 혜성가

다섯째 거열랑居烈郎, 여섯째 돌처랑突處郎, 일곱째 보동랑寶同郎 등 화랑 셋이 금강산을 돌아보려는데, 혜성이 임금을 상징하는 별을 스쳐 갔다. 화랑과 낭도들은 불길한 느낌이 들어 행차를 중단하려고 했지만, 천사天師 융融이 향가를 지어 불렀더니, 혜성의 변고도 사라지고 침입했던 일본군도 돌아갔다. 혜성의 변고가 오히려 경사가 되었으므로, 진평왕은 기뻐하며 화랑들이 금강산에 가도록 했다. 융이 지었던 노래는 다음과 같다.

옛 동쪽 물가
음악의 신들이 노닐던 성을 잘못 보고
"왜군이 왔다!"
봉화를 올렸던 그 숲을 거쳐
세 화랑이 금강산 가신다는 소식에
달도 불빛 밝히려 떴는데
길 쓸어주는 별을 "혜성이라!"
착각하여 알린 사람이 있구나.
아아, 달은 떠나버렸고,
이 자리에 무슨 혜성이 함께 했다고 하시오.

7-10. 얼어죽을 뻔한 여인을 살린 정수

9세기 초반, 40대 애장왕 때 황룡사의 승려 정수正秀는, 눈 쌓인 겨울 저녁 삼랑사三郞寺에서 돌아오며 천엄사天嚴寺 문밖을 지나던 길이었다. 갓난아이를 끌어안은 어떤 가난한 여인이 얼어 죽을 지경이었는데, 불쌍한 마음이 든 정수가 안아주었더니 기운을 차렸다. 정수는 옷을 벗어 덮어주고, 벌거숭이가 되어 황룡사에 돌아와 거적대기를 덮고 밤새웠다. 한밤중에 왕궁 뜰에서 하늘의 소리가 났다.

"황룡사의 승려 정수를 임금의 스승으로 삼아라."

급히 사람을 보내 살피고 적어 아뢰게 하니, 애장왕은 위엄을 갖추고 궁 안으로 정수를 맞아 그렇게 했다.

8편
피은, 숨은 은자들

8-1. 구름 탄 낭지와 보현보살의 나무

구불求佛 혹은 굴불屈弗이라고도 불렸던 울산 영취산에 신비한 승려가 살았다. 암자에 머문 지 오래였지만, 마을 사람 누구도 알지 못했으며 승려도 굳이 자기 이름을 밝히지 않았다. 늘 『법화경』을 읽어 신통력이 있었다.

7세기 중엽 당나라 고종 때, 지통智通이라는 이가 이량伊亮이라는 귀족 집 종으로 있다가 17세에 출가하게 되었다. 그때 까마귀가 나타나 외쳤다.

"영취산에 가 낭지朗智 스님의 제자가 되렴."

지통이 듣고 영취산을 찾아가, 골짝의 나무 아래 쉬던 중 어떤 특이한 분이 나타났다.

"나는 지혜를 상징하는 보현보살이라네. 자네를 입교시키려고 예 왔다지."

그러더니 계율을 내려주고는 사라졌다. 지통은 신앙심이 열리고 확 깨닫게 되었다.

더 가던 길에 어떤 승려를 만나 낭지의 거처를 물어보았다.

"낭지는 왜 찾으시오?"

지통이 까마귀 이야기를 해 주었더니, 승려가 활짝 웃었다.

"내가 낭지라네. 법당 앞에 까마귀가 나타나, 훌륭한 청년이 온다고 알려주기에 이렇게 마중을 나왔지."

낭지는 지통의 손을 잡고 반겼다.

"신통한 까마귀가 자넬 내게 이끌었구먼. 얼마나 경사인가? 산신령님께서 도우신 게야. 영취산 산신령님은 음악과 지혜의 화신 변재천녀辯才天女시라고들 하더라니까."

지통은 이 말을 듣고 감읍하더니, 낭지를 스승으로 모셨다.

낭지가 지통을 입교시키려 하자, 지통은 말했다.

"골짜기 들어설 때 나무 아래서, 보현보살을 뵈어 입교했습니다."

낭지는 놀라 감탄했다.

"대단하구나! 자네가 보살님께 계율을 직접 배웠다니 말이야. 내 평생 종일토록 애쓰고 염원해도 뵙지 못했거늘, 자네에겐 나타나셨다니 나보다 훨씬 낫구먼."

도리어 낭지가 지통에게 예의를 차렸고, 이 일 때문에 그 나무를 '보현나무'라 부르게 되었다. 지통이 물었다.

"스승님께선 여기 얼마나 머무셨습니까?"

"527년 법흥왕 때부턴데, 세월이 얼마나 흘렀는지도 몰랐다네."

지통이 영취산에 온 때는 661년 문무왕이 즉위했을 무렵이니, 낭지는 135년을 머문 것이다. 훗날 지통은 의상의 제자가 되었고, 심오한 이치를 깨달아 화엄 사상의 전파에 이바지했다. 의상의 저술 『추동기(이본 화엄경문답)』을 지통이 맡아 기록했다.

원효가 울산 반고사에 머물 때, 늘 낭지를 만났던 덕분에 「초장관문初章觀文」, 「안신사심론安身事心論」 등 2편의 저술을 집필할 수 있었다. 원효는 다 쓰고는, 벼슬하지 않은 문선이란 선비를 통해 낭지에게 정중히 보냈다. 그 책 끝에 이런 시가 실려 있었다.

서쪽 골짝의 어린 중이
동쪽 산꼭대기 높은 스님께
보잘것없는 먼지 더미 삼가 절하며 불어 보내드리니,
용이 사는 연못에 물방울 하나 날리는 꼴이군요.

원효가 머물던 반고사는 영취산 서북쪽에 있으므로, 1행의 '어린 중'은 원효 자신이다. 4행의 '용연'은 중국 태화지의 연못 이름인데, 영취산 동쪽에도 태화지가 있으므로 이렇게 표현했다. 지통과 원효는 모두 한국 불교의 위인인데, 둘 다 낭지를 이렇게 떠받들었다고 하니 그 경지를 알 만하다.

낭지는 구름을 타고 중국의 오대산인 청량산淸凉山에 가, 설법을 듣고 순식간에 돌아오기도 했다. 청량산의 승려는 이웃 사람인가 했지만, 낭지가 어디 사는지 아무도 몰랐다. 그래서 하루는 모인 이들에게 일렀다.

"우리 절에 소속된 분들 말고, 다른 데서 오신 스님들은 각자 사시는 곳의 이름난 꽃이나 특산품 나무를 우리 절에 시주해 주세요."

낭지는 다음날 영취산의 신기한 나무에서 가지를 하나 꺾어다 주었다.

그 절의 승려는 나무를 알아보고 말했다.

"이 나무는 인도 말로 '달제가怛提伽'라고 부르는 혁나무요. 인도와 신라 각각의 영취산 2곳에만 있지요. 두 산은 모두 보살님 머무시는, 지혜의 구름이 드리운 곳이라오. 정말 거룩하신 분이셨군요."

그리고 낭지의 옷차림을 살피더니, 신라 영취산에서 온 줄 알게 되었다. 이로 인해 사람들은 낭지를 다시 보고, 나라 안팎으로 유명해졌다. 마을 사람들은 낭지가 머물던 암자에 '혁나무'란 이름을 붙였고, 고려 후기 혁목사의 북쪽 언덕에 그 터가 남아있었다.

울산 영취사의 옛 기록에 따르면, 낭지가 이 절을 두고, "석가모니 이전 가섭 부처님 시대의 절터였다."라고 하며 땅을 파 등잔 2개를 얻었다. 그리고 8세기 후반 원성왕 때는 연회 큰스님이 머물며 낭지의 전기를 지어 세상에 전했다고도 한다. 위에 "보살님 머무시는, 지혜의 구름이 드리운 곳"은 『화엄경』에 나오는 표현인데, 낭지가 구름을 타고 오갔으므로 나온 말이다. 이런 기적은 부처님이 세 손가락을 구부리고 원효가 몸을 100개로 나누었다는 이야기와 다르지 않다. 기리어 말한다.

돌이켜보면 한평생 암자에 숨어
속세에 이름 날리지 않았거늘,
산새 지저귀는 소리 막지 않는 바람에
구름 타고 오가던 일 다 소문났네.

8-2. 은둔하려다 문수보살을 만난 연회

연회緣會라는 고승은 영취산에 숨어 살며, 늘 『법화경』을 읽고 보현보살의 가르침을 실천했다. 뜨락 연못의 연꽃은 1년 내내 시들지 않았는데, 이곳을 훗날 용장전龍藏殿이라 부르게 되었다. 이때 임금이었던 원성왕이 이 신기한 일을 듣고는, 연회를 불러 나라의 스승으로 삼고자 했다. 연회는 이 소식에 암자를 버리고 달아나다가, 서쪽 언덕 너머 밭 갈던 웬 노인을 만났다.

"스님, 어디 가시나요?"

"나라에 이름이 잘못 팔려, 제게 벼슬을 내린다기에 얽매이기

싫어 달아난답니다."

"여기서 팔렸는데, 멀리 가서 또 파시게? 스님은 이름 팔기를 참 꺼리지 않으시는구려."

연회는 노인이 나를 놀리는구나 싶어, 더 듣지 않고 한참을 더 갔다.

시냇가에서 또 노파를 만나, 어디 가냐는 말을 듣고 먼저처럼 대꾸했다.

"혹시 앞에서 누구 만나신 적 있어요?"

"웬 노인이 저를 모욕하길래, 화를 내고 왔지요."

"그분은 문수보살이신데, 그 말씀을 왜 안 들으셨을까?"

연회는 깜짝 놀라 급히 돌아가, 노인에게 머리를 숙이며 뉘우쳤다.

"보살님 말씀을 왜 안 들었을까요! 이제 돌아왔습니다. 그런데 그 할머니는 누구셨죠?"

"여기 산신령인 변재천녀라오."

말을 마치자 사라졌다. 연회가 암자로 돌아오자, 원성왕의 사자가 도착했다. 연회는 벼슬을 받을 수밖에 없음을 깨닫고, 조서에 따라 대궐에 가 나라의 스승이 되었다.

연회의 전기에 따르면 9세기 중반 헌안왕이 연회를 두 세대에 걸쳐 임금의 스승으로 삼았으며, 연회는 '조照'라는 이름도 받고 864년에 죽었다고 한다. 그렇다면 8세기 후반인 원성왕 때와는 시기가 맞지 않는데, 어느 쪽이 옳은지 알 수 없다. 연회가 노인을 만났던 곳을 문수 고개, 노파를 만났던 곳은 아니 고개라 불렀다. 기리어 말한다.

장바닥에서 오래 숨을 수 있으랴?
차라리 주머니 속 송곳을 감추지.
절로 자란 뜨락 아래 연꽃이 잘못이랴?
구름 낀 산 깊지 않은 것도 아니었는데.

8-3. 조용히 지내고 싶던 혜현

승려 혜현惠現은 백제 사람이었다. 어려서 출가하여 애써『법화경』외우기에 전념하였고, 복을 빌고 재앙을 물리치려 기도하면 효험도 꽤 있었다. 인도의 나가르주나[용수, 龍樹]가 지었다는 3권의 경전 맛을 보더니, 신통력이 생겼다.

처음에는 충남 예산 수덕사修德寺에 머물며, 신도가 있으면 경전을 강의하고 없으면 경전을 암송했다. 사방에서 그를 존경하여 찾는 이들의 신발이 가득 찼지만, 요란스러운 게 싫다고 호남의 달라산으로 떠났다. 아주 험하여 다니기 어려운 산이었다.

혜현은 조용히 도 닦다가 산에서 세상을 떠났다. 동료들이 그 시신을 돌방으로 모셨건만, 호랑이가 다 먹어 치우고 뼈와 혀만 남겨두었다. 3년이 지나도록 혜현의 혀는 더 붉어지고 연해지더니, 그

후로는 검붉고 돌처럼 단단하게 변했다. 절에서나 속세에서나 다 그 혀를 떠받들어 탑에 모셨다. 혜현은 향년 58세로, 627년에 작고 했다. 외국에 유학 가지 않고 조용히 물러났으나, 명성이 중국에 알려져 전기가 남았고 당나라 시절까지 그 자취가 이어졌다.

6세기 후반 고구려 승려 파약波若 역시, 중국 천태산에 가서 지자에게 『법화경』을 배워 신통력이 있었다고 알려졌다가 세상을 떠났다. 당나라 『속고승전』에도 영험한 일이 많이 실렸다. 기리어 말한다.

한바탕 설법하기도 지겨워
맑게 읽던 독경 소리는 구름 속에 숨겼지만
세상 역사에 아득히 전해진 그 이름
죽은 뒤에도 붉은 연꽃처럼 향기로운 혀[말씀]

8-4. 벼슬을 버린 신충

8세기 초반 효성왕이 즉위하기 전, 신충信忠이라는 인재와 궁궐 뜨락 잣나무 아래서 바둑을 두다가 말했다.

"자네가 해준 일을 내가 훗날 잊는다면, 이 잣나무에 무슨 일이 생길 걸세."

신충은 일어나 절했다.

몇 달 뒤 효성왕이 즉위하여 공신들에게 상을 내리는데, 신충이 빠져 있었다. 신충이 원망스러운 마음에 향가를 지어 잣나무에 붙였다. 그러자 누렇게 시든 잣나무를 본 왕이 이상하게 생각하여 알아보게 했더니, 사자가 얻어 온 향가에 깜짝 놀랐다.

　　"갖은 일로 바쁘다고 충신을 잊어버렸구나!"

　　신충을 불러 벼슬을 주었더니 잣나무가 되살아났다. 신충의 향가는 이렇다.

'질 좋은 잣나무가
가을에도 마르지 않듯
너를 소중히 여기리라.' 말씀하셨던
우러르던 그 낯빛 바뀌시다니!
달그림자 진 연못에
물결 따라 흘러가지 않는 모래처럼
임 모습 바라보며 버티지만
세상 다 잃어버린 처지라.

　　향가의 뒤 2행은 없어졌다. 이 시절부터 신충은 두 임금을 거치며 권력자가 되었다.

　　효성왕의 아우 경덕왕이 즉위하고 22년이 흘러, 763년이 되었다. 신충은 두 벗과의 약속을 지켜, 은퇴하고 지리산으로 떠났다. 임금이 다시 불러도 오지 않고, 출가하여 승려가 돼서는 경덕왕을 위해 단속사斷俗寺라는 지었다. 임금의 복을 빌며 죽을 때까지 은거하겠다는 허락도 받았다. 경덕왕의 초상을 본당 뒤에 그렇게 붙여두었다. 단속사 남쪽에 속세를 떠나 쉬겠다는 뜻의 '속휴俗休'라는 마을이 있었는데, 소화리라고 잘못 발음하게 되었다.

〈세 승려의 전기〉라는 글을 보았더니, 신충을 위해 지었다는 봉성사라는 절이 나온다. 여기 나온 신충과 헷갈릴 법한데, 7세기 신문왕 때 일이므로 여기 경덕왕과는 100여 년이나 차이가 난다. 게다가 신문왕과 신충 이야기에는 그 전생의 일까지 나오므로 더욱 멀다. 여기 신충이 그 신충이 아닌 게 명백하니까, 유의해야 한다.

단속사에 관해서 다른 기록도 있다. 경덕왕 때 관리 이준李俊, 『해동고승전』에는 이순李純이라고도 나오는데, 50세가 되면 출가하여 절을 짓겠다는 생각을 지니고 있었다. 748년에 50세가 되자, 조연소사槽淵小寺라는 절을 단속사라 이름을 고치고 크게 지었다. 출가하자마자 공굉장로라는 법명을 받고, 20년을 절에서 지내다 세상을 떴다. 『삼국사기』와 이 기록이 다르므로, 헷갈리지 않게 둘 다 실었다. 기리어 말한다.

공명을 채 이루기 전에 머리가 세니
임금님 은총 많이 누렸어도 한평생 짧더라.
꿈에 저 건너 산이 자꾸 아른아른,
떠나가도 향을 피워 우리 임 복을 빌어야지.

8-5. 포산의 두 은자

　　신라 때 포산包山에 숨어지내던 관기觀機, 도성道成 두 은자는
그 출신이 알려지지 않았다. 마을 사람들은 포산은 소슬산所瑟山이
라고도 불렀는데, 인도 말로 '감싼다包.'는 뜻이었다. 관기는 남쪽
고개 암자에, 도성은 북쪽 토굴에 살았는데, 달과 구름을 헤치듯 노
래하며 10리쯤 거리를 서로 왕래했다. 도성이 관기를 부를 때면 포
산의 나무들도 맞이하듯 남쪽으로 구부러질 정도였다. 관기가 도성
을 만날 때도 마찬가지로 북쪽으로 나무가 굽었다. 이러기를 몇 년
째, 도성이 뒷산 높은 바위에 올라앉아 수행할 때였다. 그는 바위
갈라진 틈에서 몸이 튀어 올라 하늘을 날아 알 수 없는 곳으로 떠났
다. 어떤 이는 대구까지 가서 열반에 들었다고도 하는데, 관기도 역
시 도성을 뒤따랐다. 두 승려가 살던 곳에 관기, 도성의 이름을 붙
였는데, 그 자취가 고려 후기까지도 남아있었다. 도성이 살던 토굴
은 몇 길 높이에 있었는데, 훗날 사람들이 그 아래 절을 지었다.

　　982년 성범成梵이라는 승려는 그 절에서 지내다가, 아미타불께
10,000일 동안 불공드리는 자리를 마련하고 50년 내내 정성을 다
했다. 그 덕분에 신기한 일도 많았다. 언젠가 점잖고 믿음직한 사람
20명이 매년 모이더니, 향나무를 모아 절에 바쳤다. 산에 들어갈 때
마다 향나무를 캐서는 다듬고 씻어 발 위에 늘어놓았는데, 밤이면
나무에서 촛불처럼 빛이 났다. 그래서 마을 사람들을 향을 모으는
향도에게 기부하고, 빛을 얻은 해라며 경축했다.

이것은 관기, 도성 두 성인의 영험 덕분이라고도 하고, 산신령의 도움 때문이라는 이도 있다. 포산의 산신령은 정성천왕이란 이름으로, 석가모니 이전 가섭 부처님의 시대에 부처님께 감화되어 이렇게 맹세했다.

"산속에서 1,000명의 성인이 세상에 나타나게 하여, 사명을 마저 다 이루겠습니다."

포산에서는 지금껏 아홉 명의 성인이 나왔다고 한다. 남은 기록은 별로 없지만, 관기, 도성, 반사, 첩사, 백암사의 도의, 자양, 성범, 금물녀, 백우 등의 승려이다. 기리어 말한다.

달빛을 밟고 구름 샘터에서 놀던
두 노인의 풍류 몇백 년 전이런가.
안개 그득한 골짜기에 고목만 남아
굽었다 폈다 찬 그림자 여전히 맞아주는데.

위에 소개한 승려 가운데 반사와 첩사의 이름은 각각 '반搬'은 피나무, '첩㯇'은 갈나무이다. 그들은 오랫동안 암자에 숨어 세상에 나오지 않았는데, 나뭇잎을 엮어 옷으로 삼아 추위와 더위를 넘기며 습기와 부끄러움을 겨우 막을 따름이었다. 그래서 피나무, 갈나무로 이름을 삼았다. 예전에 금강산에도 이렇게 이름난 이들이 있다고 들었는데, 옛적의 은자들 같은 운치를 지닌 이들이 많다고는 해도 반사, 첩사를 본받기는 어려울 것이다. 포산에 머물 때 두 분에 대한 시를 보았으므로 함께 싣는다.

　　풀과 약초로 배 채우고

　　베틀도 없어 나뭇잎을 옷 삼아

　　솔바람 쓸쓸히 부는 돌산에서

　　날 저물도록 숲에서 나무하다 돌아와

　　야심한 밤 달을 마주하고 앉으면

　　쌀쌀한 바람결에 반남아 날아올랐다가

　　이부자리에 누워 단잠 들다 보면

　　꿈결에도 속세에 가 얽매일 일 없어라.

　　구름 타고 놀다 간 두 암자의 자취여!

　　산 사슴만 올라다니고 사람 발길 없어라.

8-6. 도적을 만난 영재

　　승려 영재永才는 유쾌한 성품에, 재물 욕심 없이 향가를 잘했다. 늙어서 지리산에 은거하려고 가는 길에, 경북 청도와 경남 밀양 사이 대현령大峴嶺을 넘다가 60명의 도적을 만났다. 위협을 받아도 무서워하지 않고 편안한 영재의 모습에, 도적들은 이상하게 생각해서 이름을 물었다. 영재라고 하니 평소 들었던 이름이라며, 향가를 불러달라 했는데 그 내용은 이러했다.

자기 마음의

모습도 알 수 없어 헤매다가

해는 멀리 지고 새도 흩어져 달이 뜬 걸 알고

이제야 숲을 지나고 있더이다.

그러다가 잘못된 당신 같은 분들이

나를 잡는다고 놀라겠습니까?

무기를 물리치고

즐거운 깨달음을 들으려면

아아, 조그마한 착한 일만으로는

아직 택도 없습니다.

도적들은 향가에 감동하여 비단 10m를 선물로 주었지만, 영재는 웃으며 사양했다.

"재물은 지옥 가는 근본인 줄 알았지요. 그러니 피해서 여생을 산에서 보내려는 길인데, 이걸 어찌 받겠소?"

그러고는 비단을 땅에 던져 버렸다. 도적은 영재의 말에 더욱 감화되어, 칼과 창도 던져 버리고 머리를 깎아 그 제자가 되었다. 함께 지리산에 숨어 다시 세상에 나오지 않았다. 영재의 나이 90세로, 8세기 말 원성왕 때 일이었다. 기리어 말한다.

지팡이 짚고 산으로 떠난 그 뜻 깊구나.

고운 비단 화려한 보석으로 그 마음 못 돌리리.

도적님들아, 그런 걸 선물이라고 하지 마시게.

지옥은 근본도 없이 황금 한 조각에서 솟아난다네.

8-7. 물계자

신라 10대 나해왕 17년, 212년에 보라국(전남 나주), 고자국(경남 고성), 사물국(경남 사천) 등 여덟 나라가 힘을 합쳐 국경을 침범했다. 임금은 나음捺音 태자와 일벌一伐 장군에게 반격하게 하니, 여덟 나라가 항복하였다. 이때 물계자勿稽子가 제일가는 공을 세웠지만, 태자의 미움을 받아 상을 못 받았다. 어떤 이가 물계자에게 말했다.

"이 전쟁에서 당신만 공을 세웠다. 그런데 상을 받기는커녕 태자의 미움을 샀으니, 원망스럽지 않으시오?"

"임금이 위에 계시거늘, 신하로서 원망할 수 있겠소?"

"그러면 임금께 아뢰어 보시는 게 좋을 텐데."

"공을 얻겠다고 목숨을 내놓고, 자기가 크겠다고 남을 깎아내리는 건 선비가 할 일이 아니라오. 그저 때를 기다려야지요."

215년 골포국(경남 창원) 등 세 나라의 임금이 각각 군대를 이끌고 울산으로 쳐들어왔다. 나해왕이 친히 요격해서 모두 물리쳤는데, 물계자가 수십 명의 적을 베었지만 아무도 그 공로를 말하지 않았다. 물계자는 아내에게 말했다.

"임금을 모시려면 위태로울 때 목숨을 돌아보지 않고, 어려울 때 자신을 잊으며 절개를 지켜 목숨 바쳐 충성해야 한다고 들었소. 두 차례 전쟁으로 나라에 난리가 났지만, 나는 용기가 없어 죽지 못했으니 충성심이 부족했소. 불충한데 임금을 모시면 조상을 부끄럽게 할 일이니, 효자라 할 수도 없겠지요? 충효의 마음을 다 잃고서 조정과 동네 사람들 볼 면목도 없소이다!"

머리를 풀고 거문고를 메고, 어딘지 알 수 없게 된 사체산師彘山이란 곳으로 떠났다. 대쪽 같은 성격이 병이었다고 서글퍼하며, 이 상황을 비유하는 노래를 지었다. 시냇물이 흐르는 소리 따라 거문고를 연주하고 작곡하며, 다시 세상에 나오지 않고 숨어 지냈다.

8-8. 승려 영여

8세기 서라벌 실제사實際寺의 승려 영여迎如는 그 출신을 알 수 없었지만, 덕행이 다 높았다. 그리하여 경덕왕이 대접하려고 사자를 통해 불렀다. 영여가 입궐했다가 행사를 마치고 돌아갈 때, 경덕왕은 또 사자를 통해 실제사까지 모셔가게 했다. 그런데 절에 들어가자마자 사라져서, 어디로 갔는지 모르게 되었다. 사자가 돌아가 아뢰었더니, 경덕왕이 신기하게 생각해서 나라의 스승으로 삼았다. 그래도 다시는 나타나지 않았고, 사람들은 실제사를 나라의 스승이 지내던 방, 국사방이라 불렀다.

8-9. 경덕왕 때 포천산의 다섯 승려

경남 양산 동북쪽 20리 포천산에, 사람이 빚은 듯 빼어난 돌부처의 상이 있었다. 여기에 이름을 남기지 않은 다섯 승려가 머물며, 아미타불을 10년 염불하였더니 서쪽 정토의 보살이 다 나타났다. 다섯 승려가 각각 연꽃 받침에 앉아 통도사 문밖까지 날아갔는데, 하늘나라 음악도 울려 퍼졌다. 통도사 승려들이 나와보니, 다섯 승려가 모든 것이 고통이면서 공空이라는 내용의 설법을 들려주었다. 그들은 몸을 벗어나 뼈만 남기고, 크게 빛나며 서쪽으로 떠났다. 뼈를 남긴 곳에 치루라는 정자를 세웠는데, 고려 후기까지 남아있었다.

8-10. 염불 스님

경주 남산 동쪽 피리촌避里村 그 이름 따라 피리사라는 절에, 이름 모를 특이한 승려가 있었다. 나무아미타불 염불만 늘 했는데, 그 소리가 성의 안으로, 온 서라벌 집집마다 들리지 않은 곳이 없었다. 소리에 높낮이도 없이 한결같이 낭랑하니, 너무도 신기해서 다들 공경하여 염불 스님이라고 불렀다. 그가 죽은 뒤 진흙으로 상을 만들어 민장사에 모시고, 원래 살던 피리사는 염불사로 이름을 바꾸었다. 염불사 옆에도 양피사讓避寺라는 절이 있었는데, 이것도 피리촌의 이름 따라 붙인 것이었다.

9편
효선, 효도와 선행의
실천

9-1. 효심과 선행을 두루 실천한 진정

승려 진정眞定은 신라 사람으로 출가하기 전에 군인이었다. 가난해서 결혼도 못 했지만, 근무하는 틈틈이 품을 팔아 곡식을 얻어 홀어머니를 모셨다. 살림살이라야 다리 부러진 솥 하나가 고작이었지만, 어느 날 찾아온 승려가 절 짓는데 쇠가 필요하다기에 어머니가 줘 버렸다. 일하고 돌아온 진정에게 알려주며 어떻게 생각하는지 묻자, 기쁜 표정으로 말했다.

"부처님께 바쳤으니 다행이죠. 솥이 없은들 걱정일까요?"

질그릇 항아리를 솥 삼아 음식을 하며 어머니를 계속 모셨다.

군대에서 근무하다가 승려 의상이 태백산에서 설법하며 사람들을 이끈다는 소문을 듣고는, 따르고 싶은 마음에 어머니께 알렸다.

"어머니를 다 모신 다음에, 의상 스님께 출가하여 깨달음을 얻으려고 해요."

"좋은 스승은 만나기 어렵고, 인생은 순식간에 지나가지 않냐? 나 죽은 다음에 간다면 너무 늦어. 이왕이면 나 죽기 전에 네가 깨달았다는 소리 듣고 싶구나. 기다릴 것 없이 어서 가려무나."

"늙으신 어머니 곁에 저뿐인데, 어머니를 버리고 출가하라니요? 차마 그럴 수 없어요."

"야, 내가 네 출가에 방해가 된다면, 죽어 지옥에 갈 거야. 그렇게 된다면 살아서 좋은 음식 얻어먹어 뭐하겠냐? 나는 빌어먹고 얻어 입다가 명대로 살 테니까, 네가 효도하려거든 더 말을 말아라."

진정은 계속 고민하고 있었는데, 어머니가 일어나 곡식 자루를 탈탈 털었더니 쌀 일곱 됫박이 나왔다. 어머니는 바로 주먹밥을 짓고는 또 일렀다.

"음식을 익혀 먹으며 가다 보면 그만큼 더 늦게 도착할까 걱정이구나. 한 됫박은 내 눈앞에서 당장 먹고, 여섯 개는 싸서 당장 떠나라!"

진정은 눈물을 머금고 사양했다.

"어머니를 버리고 출가하라시니, 사람으로서 어떻게 그럽니까? 게다가 며칠 먹을 양식까지 다 제가 가지고 가면, 하늘과 땅이 제게 뭐라 할까요?"

여러 차례 서로 사양하고 권하다가, 진정은 고집을 꺾고 길을 나섰다. 3일 만에 태백산에서 의상을 만나, 제자가 되고 진정이라는 법명을 받았다.

3년 후 진정의 어머니가 돌아가셨다. 진정은 7일 동안 단정히 앉아 명상했다. 사람에 따라 진정이 그리움과 슬픔을 견디지 못하여 마음을 가다듬느라 그랬다고도 하고, 마음속 세상을 통해 어머니가 어디 환생하셨는지 알아보았다고도 하며, 그냥 실제로 어머니의 명복을 비는 모습이었다고도 했다.

아무튼 진정이 자세를 풀고 스승인 의상에게 알렸더니, 의상은 제자들을 소백산 추동이란 곳에 모았다. 초막을 지어 3,000명을 모아 90일 동안 『화엄경』을 강의했고, 의상의 제자 지통이 그 중요한 내용을 2권으로 기록하여 『추동기』(이본 『화엄경문답』)라는 제목으로 세상에 퍼뜨렸다. 의상이 강연을 마치자, 어머니가 진정의 꿈에 나타났다.

"얘야, 나 하늘나라에 다시 태어났단다."

9-2. 전생과 현생의 부모에게 효도한 김대성

서라벌 서쪽 지역 모량리의 가난한 여인 경조慶祖의 아들 대성大城은, 머리가 크고 정수리가 성처럼 평평해서 대성이란 이름이 붙었다. 집이 가난하여 기르지 못하고, 복안이라는 부자의 집에서 머슴살이했다. 그 집에서 약간의 밭을 얻어 농사지으며 생계를 꾸려왔는데, 점개漸開라는 승려가 흥륜사에서 참회하는 행사에 쓸 비용을 얻으려고 복안의 집에 왔다. 복안은 베 20m를 바쳤고, 점개는 축복했다.

"기부하기 좋아하시니 하늘이 보살피시며, 10,000배로 돌려받고 만수무강하시리라."

대성은 듣고 어머니께 달려가 말했다.

"문 너머 들려온 스님 말씀과 축복하는 노래를 들어보니, 하나를 기부하면 만 배로 돌려받는대요. 우리는 전생에 기부한 게 없어 이렇게 어렵나 봐요. 지금이라도 하지 않으면 다시 태어나 더 어려워질 텐데, 우리가 얻었던 밭이라도 바쳐서 나중 생각을 좀 해보면 어때요?"

"괜찮겠다."

그래서 점개에게 밭을 바쳤다.

얼마 후 대성은 사고로 죽었는데, 그날 밤 김문량金文亮 재상의 집에 하늘의 소리가 들렸다.

"모량리 아이 대성을 이 집에 맡기노라."

집안사람들이 놀라 모량리로 사람을 보냈더니, 과연 대성이란 아이가 죽었다. 하늘의 소리가 들렸을 때 임신하여 태어난 아이는 왼쪽 손을 꼭 쥐고 있었다가 7일 만에 펼쳤다. 그 손에는 '대성'이란 두 글자가 적힌 금빛 쪽지가 있었다. 그리하여 대성이라 이름 짓고는, 전생의 어머니도 김문량의 집에서 함께 지내게 했다.

대성은 자라면서 사냥을 좋아하게 됐다. 하루는 토함산에서 곰 한 마리를 잡고, 아랫마을에서 잘 때 꿈에 곰이 나타나 혼냈다.

"왜 나를 죽였느냐? 내 너를 잡아먹으리라."

대성은 놀라 용서를 빌었다.

"그러면 나를 위해 절을 짓겠느냐?"

"그러겠소!"

잠에서 깨니, 이불이 흠뻑 땀에 절어 있었다. 그래서 사냥을 끊고 곰을 사냥했던 자리에 장수사라는 절을 지었다. 그러므로 느낀 바 있어 신앙심이 두터워졌다.

그리하여 현생의 양친을 위해 불국사를 짓고, 전생의 부모를 위해 석불사[석굴암]를 지었다. 불국사에 신림, 표훈 등 성현을 모시고 석굴암에 큰 불상도 만들어 키워주신 은혜를 갚았으니, 한 몸으로 두 시간대의 부모님께 효도한 일은 예로부터 드물다. 대성이 밭을 바쳤던 기부의 효험을 안 믿을 수 있겠는가?

석굴암을 지을 때, 천장에 큰 돌 하나를 올려놓다가 갑자기 셋으로 쪼개졌다. 화가 난 대성이 잠들었을 때, 하느님이 밤중에 내려와 고쳐놓고 갔다. 깨어난 대성은 토함산 남쪽 언덕으로 가 하느님께 향나무를 피워 바쳤다. 그리하여 그 언덕에 향령이란 이름이 붙었다. 불국사의 계단과 탑, 석재와 목재에 새긴 조각은 서라벌의 여러 절간 중에도 비길 게 없었다.

옛이야기는 위와 같고, 불국사에 전해지는 기록은 이렇다.

8세기 중엽 경덕왕 때, 김대성이라는 재상이 751년 불국사를 짓기 시작했다. 혜공왕 시절도 지나 774년 12월 2일, 김대성은 죽고 결국 나라에서 다 지었다. 처음에는 유가 큰스님과 항마 등의 승려들을 불국사에 모셨고, 그들의 후예가 지금껏 이어져 온다.

두 기록이 같지 않지만, 어느 것이 맞는지 알 수 없다. 기리어 말한다.

모량리 봄날에 바쳤던 밭,
향령에 가을 들어 만 배로 늘었구나.
평생 가난했다가 부귀를 누리는 어머님,
꿈 하나로 전생과 현생을 오간 김대성 재상이여.

해설

본문에서 현생의 부모님을 위해 불국사를, 전생의 부모님을 위해 석불사(석굴암)를 지었다고 했다. 불국사는 탁 트인 야외에 있어 현실적(?)이라면, 석굴암은 어두운 굴속에 부처님을 모신 모습이 현생이 아닌 전생 또는 저승을 나타낸 것처럼도 보인다. 전생에서 현생으로 오려면 어차피 저승을 거쳐야 하니, 저승은 또 다른 삶을 잉태한다는 점을 김대성의 두 차례 인생을 통해 보여주었다.

여러 부처와 보살이 각각의 자리를 차지하고 있는 불국사의 모습이 귀족불교의 다채로움을 보여준다면(김대성의 현세의 부모님 역시 귀족이었다.), 단 하나의 불상을 향해 여러 보살과 신들이 집중하고 있는 석굴암의 구조는 중앙 집권을 추구했던 신라 왕실만을 위한 신앙을 상징한다고 보기도 했다. 현생과 전생(혹은 저승), 귀족과 왕실, 여럿과 단 하나라는 대립적인 소

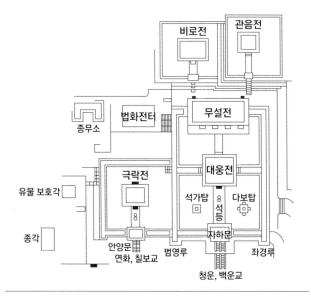

불국사 가람 배치도

재들이 김대성이라는 한 사람의 윤회를 통해 마주 보며 오묘한 대칭을 이루고 있다. 어느 것 하나 소홀히 하지 않으면서도, 또 어느 하나에만 너무 집착하지도 않았던 신라 문화의 여유로움이다.

신라 문화의 꽃 향가 역시 불국사와 석굴암의 시대에 가장 많이 이루어지고 남았다.

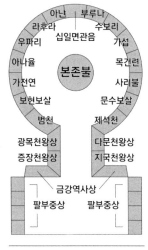

석굴암 불상 배치도

9-3. 다리를 베어 부모를 봉양한 상득

8세기 중엽 경덕왕 때, 충남 공주의 상득向得이란 벼슬아치는 흉년으로 굶주린 아버지에게 다리를 베어 먹였다. 마을 사람들이 그 사정을 임금께 아뢰니, 두 가마니의 곡식을 상으로 내렸다.

9-4. 자식을 땅에 묻은 손순

손순孫順은 서라벌 서부 모량리 사람으로 학산鶴山의 아들이었다. 그 아버지가 돌아가신 뒤, 남의 집에서 품팔이해서 얻은 쌀로 운오라는 이름의 어머니를 모셨다. 그런데 손순의 어린 자식이 번번이 어머니 반찬을 뺏어 먹었다 난처해진 손순은 아내에게 말했다.

"아이는 또 낳으면 되지만, 어머니는 돌아가시면 또 모실 수 없지요. 아이가 자꾸 뺏어 먹으니까 어머니께서 얼마나 배고프시겠소! 아이를 땅에 묻어 어머니가 배부르시게 모십시다."

아이를 업고 모량리 서북쪽 취산 북쪽을 올라, 땅을 파다가 돌로 된 특이한 종 하나를 얻었다. 부부가 놀라 나무 위에 걸고 쳤더니, 예쁜 소리가 은은하게 났다. 손순의 아내가 말했다.

"이런 물건을 얻은 건 아이의 복이겠지요. 묻으면 안 되겠어요."

손순도 그렇게 생각해서, 아이와 종을 지니고 집에 돌아왔다.

종을 들보에 걸고 쳤더니 궁궐까지 소리가 울려 퍼졌다. 흥덕왕도 듣고 신하들에게 말했다.

"서쪽에서 신비한 종소리가 나오. 비길 데 없이 맑고도 아득한데, 어서 조사해 보시오."

사자가 손순의 집을 찾아내 그 사정을 임금에게 아뢰었다.

"중국의 효자 곽거가 아이를 땅에 묻을 때 황금 솥을 하늘이 내렸다더니, 우리 손순이 아이를 묻으려니 땅에서 돌 종이 솟아났다고? 두 효자를 하늘과 땅이 본보기로 삼았소."

집 한 채와 매년 벼 50석을 주어 순수한 효심을 기렸다. 손순은 옛집을 홍효사라는 이름의 절로 만들어, 돌 종을 모시게 했다. 그러나 9세기 진성여왕 때 후백제가 쳐들어와 종은 없어지고 홍효사만 남았다. 종이 나왔던 곳은 완호평인데, 고려 후기에는 지량평이라는 잘못된 이름으로 불렸다.

9-5. 가난한 딸이 어머니를 모시면

9세기 진성여왕 때 화랑 효종랑孝宗郎이 경주 남산 포석정과 삼화령을 돌아보던 중에, 낭도들을 급히 소집했는데 두 사람만 늦었다. 효종랑이 왜 늦었는지 물었다.

"분황사 동쪽 마을에 20살쯤 된 여인이 장님인 어머니와 끌어

안고 서로를 부르며 통곡하더이다. 이웃에 알아보니, 이 여인의 집이 가난하여 구걸하며 어머니를 모신지 몇 년인데 흉년이 들어 그마저 어려워졌다 하네요. 그래 대갓집 종이 되어 30석 곡식을 얻어 두고, 해가 지면 집에 와 밥해 드린 다음 함께 자고, 해 뜨면 그 댁에 돌아가기 며칠째, 어머니가 이러더래요.

　'예전엔 밥이 부실해도 마음은 편했는데, 요즘은 맛 좋은 쌀밥을 먹어도 가슴을 찌르듯 불안하구나. 어째서일까?'

　딸이 곡절을 알려주어 어머니가 통곡하고, 딸도 어머니께 음식만 해 드리느라 자기 사정을 온전히 숨기지 못한 게 안타까워 그렇게 끌어안고 운다는군요. 그걸 보느라 늦었습니다."

　효종랑도 눈물이 나서 그들에게 곡식 100가마를 보냈다. 효종랑의 부모도 옷 한 벌을, 1,000명의 낭도들 역시 1,000가마 곡식을 걷어 보내주었다. 진성여왕도 이 소식을 듣고는 500가마 곡식에 집 1채를 내렸으며, 병사를 보내 그 집을 지키고 도둑을 막게 했다. 그리고 효녀가 사는 고장이라는 깃발도 세워 주었다. 훗날 그 집을 바쳐 양존사라는 이름의 절이 되었다.

해설

신라 말기 화랑은 이렇게 민심을 시찰하고 개인적 차원의 구제를 벌이기도 했다. 그런데 건국 초기 유리왕 〈도솔가〉 시절에 갖추었다는 복지 제도의 행방이 궁금해지기도 한다.

발문

우리나라의 『삼국사기』와 『삼국유사』는 다른 곳도 아닌 이곳 경주에서만 출간되었다. 그러나 세월이 흐르고 닳아 한 줄에 네다섯 글자만 겨우 알아볼 지경이었다.

우리는 선비로 태어나 역사를 두루 살피고, 세상이 좋았다 나빠졌다 흥했다 망했다 하는 자취를 널리 알아야 한다. 그러자면 우리나라 일을 몰라서 되겠는가? 그러므로 이 책을 다시 출간하려고 온전한 판본을 널리 찾았지만, 몇 년째 얻을 수 없었다. 세상에서 잊힌 지 오래라 얻어 보기도 어려워졌다. 그렇다면 이제라도 다시 발간하지 않는다면, 영영 잃어버릴 것이다. 우리 지난 역사를 후손들이 알지 못하게 될까 참 걱정이다.

다행스럽게도 성주의 권주 목사께서 우리가 책 찾는다는 소식을 듣고, 온전한 판본을 보내주셨다. 기쁜 마음으로 받아 안당과 박전 등에게도 알려주니 모두 좋아했다. 그리하여 여러 고을로 나누어 인쇄하고, 경주에도 소장하게 되었다.

　그렇다! 오래된 건 없어지기 마련이고, 없어진 건 다시 나타나게 된다. 나타났나 하면 사라지고, 사라졌나 하면 나타나는 게 불변의 이치이다. 이런 이치를 알아 때마침 길이 전해지도록 발간하며, 후학들에게도 보탬이 되길 바란다.

　—1512년 12월, 경주의 이계복은 이산보, 최기동, 이류, 박전, 안당 등과 함께 쓰다.

삼국유사

현실과 환상이 만나고 다투다가 하나 되는 무대

1판 1쇄 인쇄 2022년 10월 21일
1판 1쇄 발행 2022년 11월 2일

지은이 일연
번역·해설 서철원
펴낸이 김영곤
펴낸곳 (주)북이십일 아르테

TF팀 이사 신승철
TF팀 이종배
출판마케팅영업본부장 민안기
마케팅1팀 배상현 한경화 김신우 이보라
출판영업팀 최명열
제작팀 이영민 권경민
진행·디자인 다함미디어 | 함성주 유예지

출판등록 2000년 5월 6일 제406-2003-061호
주소 (10881) 경기도 파주시 회동길 201(문발동)
대표전화 031-955-2100 **팩스** 031-955-2151 **이메일** book21@book21.co.kr

ISBN 978-89-509-4242-7 03910